求索

● 王友林 著

——谨与竞争最激烈却最具活力、创造力的民企同仁共求索

復旦大學出版社

序

　　清明祭祖后的回沪途中,一时兴起,顺道探访康力电梯总裁王友林先生。闲话中,王董提及有意将其自创业到公司上市后高速发展过程中的所历所悟记录下来并付梓印行,邀我为之作序。受此邀请,甚感惴惴。一者,我虽长期从事经济理论研究,但对管理理论远未臻精通;二者,友林是国内电梯业界著名民族品牌企业的掌门人,我唯恐为其处女作所撰之序未收点睛之效,反致蛇足之憾。然藉数年交往之谊及对书中内容之感,欣然提笔略抒陋见,代以为序。

　　在关注中国民营经济发展过程中,人们会时常为其顽强的生命力所感动。自新中国成立以来,民营经济从"扶植"、"改造"后的绝迹,到改革开放后的重生与高速发展,其间历程真可谓跌宕婉转。而截至2010年底,民营经济创造的财富已超过我国GDP的50%;其固定资产投资占比超过全社会城镇投资总量的1/2,超出国有及国有控股企业8.8个百分点,达51.9%;工业增加值增长速度分别超过全国和国有及国有控股企业的平均水平4.3和6.4个百分点,达20%;出口规模占全国出口总额的30.5%,增速达42.2%,比国有及国有控股企业分别高出15.6和19.9个百分点。在促民生、保就业上,民营经济作出了巨大的贡献。2011年前10个月,全国新增城镇就业人口1 082万,而民营经济中仅私营企业前9个月就提供了800多万个就业岗位。毫无疑问,民营经济的高速发展与政策禁锢的破除不无关系;但在融资难、融资贵、市场限入等不时地为媒体和学者所诟病的今天,规制缓和似乎已不足以诠释这一现象。

对于这一现象,经济学理论给出的解释是:明确的产权关系对合理的公司治理结构及其激励相容机制的形成具有重要作用。根据制度经济学的观点,只有在产权关系得到明确的条件下,"公地悲剧"才能得以幸免,资产的价值才能得到充分发掘,所有者的内在动力才能够得到有效激发。诚如本书所述:"长期被'一大二公'的计划经济体制束缚住手脚的人们,一夜之间获得了自己经营的资产权,那种精耕细作的热情和专注,那种拼命苦干的劲头,那种夜以继日的亢奋状态,是无法形容的。"而更为可贵的是,作者在明确这一产权变革所具有的激励效果的同时,还明确地指出了以家族治理为基础的产权结构对民营企业发展可能产生的制约。他认为,要克服这一制约,企业家特别是一个成功的企业家,要善于自我否定和自我超越,并对制度始终保有敬畏之心;要充分利用公司上市的机会完成治理结构的转型,实现管理模式由"家长式"向制度化的转变,等等。唯有如此,民营企业才能为自我发展奠定常青之基。

这些观点充分展示了一个勤于学习、善于思考的企业家从自我发展过程中总结出的,且对当代中国民营经济发展所面临的理论问题能够给予合理解答的真知灼见。这对充实我国现有民营经济管理理论研究是难能可贵的。笔者之所以持如此观点,是因为现有管理类书籍之多虽可用"汗牛充栋"来形容,但阅后又总让人有种隔靴搔痒之感。究其原因,则正如孔茨(H. Koontz, 1980)在《再论管理理论丛林》一书中所指出的,"自20世纪50年代中期以来,从事管理理论研究的主要是高等学府中受过专门训练但却缺乏实际管理经验的人。这有点像医学院里教外科学的教授,却从来不曾给病人做过外科手术,于是难免造成混乱,并失去实际管理人员的信任"。因此,那些接受过良好教育且又勤于思考的企业家们能够参与到管理理论研究中来,必将推动我国管理理论研究及民营经济发展进入一个新的高度。

  管理学是一门应用性极强的学科。西方最早的一批管理学著作都源自那些富有实际经验的管理人员,如泰罗的《科学管理原理与方法》、法约尔的《工业管理与一般管理》、歇尔登的《管理哲学》、厄威克的《动态管理学》和《科学的组织原则》等;由于这些著作有效地将管理理论与实践有机结合起来,才使其成为管理学理论的经典。在中国,由于受多种因素的影响,有关现代企业管理理论,特别是民营企业管理理论的研究起步较晚,且所有著作几乎全部由学院派学者在引进国外最新理论研究成果基础上编撰而成。这也就难怪读者对此类著作会产生"理论丰满,实践骨感"之憾了!不过,伴随中国经济的高速成长,一些富于实践经验而又勤于学习和思考的企业家对企业管理理论研究的介入,这使种理论与实践脱节的现象开始得到缓和。《求索》一书正具有这一特征。它将现代企业管理理论与中国民营经济实践结合起来,从一个管理者的角度对民营企业发展所面临的一些核心问题进行了深入分析。其中的观点虽不能说有多精辟,但对于业界及理论工作者还是颇具启发意义的。

本书的另一重要特征,就是涉及面广、语言精练。本书不仅对企业经营管理所涉及的一些具体问题,如公司治理、团队建设、品牌管理、质量控制等,进行了论述;还就企业文化建设、社会责任理念的建立、管理者的心态等看似不甚重要,但实际上对企业长远、持续发展具有决定性作用的"软"实力因素进行了深入探讨。在对这些问题的分析过程中,作者并没有采用管理学理论中常见的晦涩的语言,而是以通俗易懂的案例加以归纳,从而使本书具有了极高的可读性。

最后,我还想就本书的作者谈点自己的认识。与王董相识经年,在我的印象中他除了热情豁达、行为低调、语言幽默之外,似乎就是为做企业而生的!在他的生活中,除了企业似无他物,每当企业取得新的进步或新的成果以及谈及这些话题时,就会露出孩子般的微笑。除了对事业的这一执著追求外,创新则是其另一兴奋点。在他的带领下,不仅新产品、新技术不断涌现,企业管理模式和管理思想也不断得到创新。正是这种执著的追求和不断的创新,康力电梯才得以实现超常规的发展,并成功地跻身国内规模最大、实力最强的民营电梯企业。

"书要读到博士,公司要做到上市"所隐含的一个草根企业家曾有的志向虽已经成为历史,但众多与友林同志一样怀揣追月之梦的民营企业家必将引领中国民营经济进入一个新的高度。

强永昌于复旦
2012年8月12日

目 录

上篇　苦练内功　求真务实

素质铸造未来，未来基于素质……………………………… 3
敬畏制度，取胜于"方圆"………………………………… 10
民企常青的"根"——企业文化…………………………… 19
铸造具有人格力量的企业文化……………………………… 29
诚实赢来市场，守信树立口碑……………………………… 37
战略统揽全局，"纲举"方可"目张"……………………… 45
危机管理是抵御风险的护身符……………………………… 54
成功——永远保持学习的饥渴状态………………………… 62
企业家的价值、智慧和创造力……………………………… 73
人才战硝烟四起，人力资源直面挑战……………………… 83
执行力的"刚性"与"柔性"……………………………… 90
品牌在创新中成长…………………………………………… 95
主营·多元化和产业转移…………………………………… 103
不可或缺的竞争力——企业社会责任……………………… 111
家族企业的"基因"优势、成长"瓶颈"及突破方向……… 120
民族品牌的艰难崛起和光明未来…………………………… 128
"转型时期"的企业战略调整……………………………… 134

民企上市：一次脱胎换骨的价值提升 ………………… 139
民企监管机制的作用和构建 …………………………… 145
努力让企业成为"企业公民" …………………………… 151

中篇　若有所悟　与时俱进

常怀"敬畏"之心 ………………………………………… 159
跨越一山又一山，征程万里无穷期 …………………… 162
宁静以致远，激荡以力量 ……………………………… 165
"蛋糕"：既要做大，更要分好 ………………………… 169
有一种杀伤力，叫做"捧杀" …………………………… 174
创业艰辛多，是非功过谁评说 ………………………… 178
点评：企业家周围的几张脸谱 ………………………… 183
儒道文化在企业管理中的价值发现 …………………… 187
从《道德经》中汲取人生智慧 ………………………… 193
用企业家的精神锻造企业家的后辈 …………………… 201
谋划从《三国演义》武库中借"剑" …………………… 206
春天当须防严寒——感悟任正非和"华为"的危机感 … 219
让市场的血管里流淌道德的血液 ……………………… 227
从"想成功要先想失败"谈起 …………………………… 233
浅议品牌经营与资本经营的结合 ……………………… 239
管理要从复杂中解放出来 ……………………………… 245
管理者的最高智慧：自我"解剖" ……………………… 251

下篇 放飞梦想 任重道远

坚守价值观,才能走向未来 …………………………… 263
市场·法制·规则 ……………………………………… 274
国产电梯为何不能进入中国名牌目录 ………………… 279
做企业要有小学生心态 ………………………………… 282
转型是一场深刻的"自我革命" ………………………… 289
寻找"潇洒" ……………………………………………… 297
让员工感受温暖和幸福 ………………………………… 303
浅议"天人合一"——经济、社会发展的原点 ………… 308
关于企业发展"快"与"慢"的辩证法 ………………… 313
"思路决定出路"辩 ……………………………………… 318
对"华为"忧患意识的再认识 …………………………… 323
让哲学成为我们的精神财富 …………………………… 328
用乔布斯的思想武装自己 ……………………………… 336
企业家·小说家及其他 ………………………………… 346
"踏平坎坷成大道,斗罢艰险又出发" ………………… 355
睿智·机会·勇气和价值发现
  ——有感于"大连·中国经济论坛" ………………… 360
"革命尚未成功,同志仍须努力" ……………………… 366
跋 ………………………………………………………… 368

上篇

苦练内功　求真务实

素质铸造未来,未来基于素质

素质教育,现已成为学校教育的一大热点和焦点,引起广泛关注。其实,素质关系到全社会、全民族的未来。只有全体炎黄子孙素质的提高,才有中华民族的伟大复兴。尤其在跨过贫穷门槛后,正向富裕小康迈进时,更应强化和提升民族素质。其中,提升广大民营企业的素质,有着举足轻重的意义,将产生巨大的推动力量。

不断发展壮大的民营企业,由于原先文化根基较浅,产业根基幼稚,企业素质普遍不高,严重阻碍和制约企业发展。为适应知识经济和信息化时代的挑战,以及内外两个市场的风云变幻,强化和提升企业素质,已迫切地摆在管理者面前,成为打造企业优势竞争力的一个重要课题。

一、素质在企业竞争中的作用和地位

个人的素质,在某种意义上,决定其事业的成败;同理,一个企业的素质,在市场经济日臻成熟、规范的环境下,决定这个企业的命运。

海尔集团有句名言:"要么不干,要干就要争第一",便是优秀企业素质的集中体现和生动写照。这个"第一",首先是企业素质的第一。

一流的企业，其企业素质必然是一流的；优秀的企业，其企业素质也必然优秀。企业的整体素质，充分体现企业的创新能力和综合竞争优势。

良好的企业素质，是在企业家先进价值观、优秀经营理念的驱动和影响下逐渐形成的，并得到全体员工的高度一致认可，并且是视企业利益为生命的一种自我修身、调整、否定、反省、超越及不断完善的综合品质和能力。

素质虽属于内在的品质，却充分表露于企业外部形象、员工的职业道德和行为规范上。

有心人只要一踏进一家企业，里外兜上一圈，其企业素质的轮廓就可尽收眼底。一个环境洁净、企业文化浓烈、员工精神饱满的外在企业形象，首先给人以一个良好的企业素质外部形象，留给人们（客户）的印象，是鲜活而深刻的，极有可能成为被市场"亲吻"的第一个契机。

去年，笔者有机会到外地学习，去了内蒙古的蒙牛、伊利、包头稀土。一进厂门，逗留片刻，一种亲和、舒心、令人振奋的感觉油然而生。厂家的几位领导谈吐不俗，志气高昂，气质风度超然，一下子把我们吸引住。最令人激动的是蒙牛的奶牛，真是神牛，它们会自己去挤奶，挤完奶，自己去吃牧草。这些奶牛全给老牛训得服服帖帖，简直像一群群乖巧的孩子。这也折射出牛董事长管理智慧的灵光。

企业的外在素质形象，建立于内在素质基础上。只有提升内在素质，外部良好形象才能得以持久和完善。

提升企业素质的关键在于人的素质。其中，领导团队的素质，具有决定意义。唯有这个团队素质的提高，才有整个企业素质的提高。

一个孜孜于事业的老总,会时刻不停地调整自我、否定自我、超越自我、完善自我,并以顽强的意志和毅力,力排前进路上的各种障碍,以超前的战略眼光,紧盯市场风云,占领市场制高点。

企业家素质的优秀,必定会带动整个企业素质的提升。而一个以投机眼光看待市场,以欺诈为手段惑众的老总,其团队的不良素质会变本加厉地表现出来,直至彻底陷进死胡同。

企业的素质决定产品的品质。一流的产品,是企业优秀素质的结晶;而粗劣的产品,往往是低素质企业孵出来的怪胎。

由此可见,强化和提升企业素质,在营造企业优势竞争力的过程中,起着牵一发而动全身的重要作用。

二、强化和提升民企素质是一项意义深远而紧迫的战略任务

广大中小民企,在市场经济体制改革不断深化、所有制观念空前解放的今天,雨后春笋般地迅猛发展。过快的发展速度下,往往对企业素质无暇顾及,甚至到了初具规模后,因受企业整体素质欠佳的拖累,而导致业绩裹足不前。尽管企业经营者倾注全力于营销,但对因企业素质下滑造成的成本逐渐加大、利润稀释现象,往往没有引起足够的警觉,这便成为严重制约企业可持续发展的瓶颈。

一个真正想把自己企业做专、做精、做强、做大、做久的企业家,如培养自己的孩子成才一样,应全面关心其成才。而素质的进步和提升,应列在诸成长要素之首。

企业素质的提高,绝非一朝一夕所能奏效,而是一个逐步积累、提升的过程。欲一蹴而就、一步升天是极不现实的,等待发展之后再重视的想法,更是极端错误。除非短视眼,在市场上捞一把就跑,那是赌徒,绝非办企业的料。其结果往往不是"捞一把",却是"蚀一筐"。

鉴于目前中小企业的素质状况,令人颇为忧虑。

笔者曾调查过几个规模尚可的民营企业,职工中初中文化程度占90%以上,缺失文明、操作不尽规范的占15%以上,心理素质脆弱、动辄怨天尤人的不在少数。管理层中,有急功近利者,有浮躁不定者,有少年老成者,有埋头苦干却无创意者。

试想,这样的企业,在市场竞争日益激烈的大潮中,能有立足之地吗?而被市场无情淘汰出局是迟早的事。

没有企业的高素质,想去市场上打天下,是"癞蛤蟆想吃天鹅肉"。可就有一些"癞蛤蟆",还整天做着"吃天鹅肉"的美梦,置企业素质于一边,可叹的是意识不到素质的缺陷是它们致命的内伤。

综上所述,提升和强化企业素质与企业成败密切相关。广大有志于事业的创业者们,务必扪心自问一下,自己的企业素质处于何种状态,现实面对,审慎反思,明素质提升之意义,立素质为先之观念,快快筑起提升素质之平台,激发员工的主动性、积极性、创造性。这实在是一笔巨大的财富,在某种意义上说,比你一时拥有多少资产重要得多。珍视并开掘这笔财富,成功就在你的脚下。

三、铸造辉煌企业,塑造完美人生,是提升企业素质的出发点和归宿

企业素质是一种综合素质,它包括技术素质、管理素质、营销素质、人力素质,而其中人力素质是第一位的,它又是人的综合品质的反映,包括文化、道德、意志、心理及应变能力等。

蒙牛集团的牛根生,希望集团的刘永好,格兰仕的梁庆德,万向集团的鲁冠球,现在都是建树卓著的企业家。他们在创造辉煌业绩的历程中,也经历了无数挫折、险阻和磨难,饱尝失败的苦楚,但凭着沉着、执著、顽强的良好素质,力排万难,终率自己的企业起锚远航,并一步步驶向成功的彼岸。与此相反,某些经营者,顺利时忘乎所以,自诩本领不凡;失败时满脸沮丧,似天塌下来近在眉睫,怨天恨地,就此一蹶不振。如此素质,还是赶早收摊,若是因此而突发脑溢血之类,太不值得。

素质不同于天赋,是后天铸就的,是人们为追求人生价值最大化的一种"自我炼狱"。企业家要将自己的企业带大做强,长存不衰,就得在肯定和否定中,不断调整和充实,提升自己的素质,使之成为打造企业辉煌、塑造完美人格的基石。这就决定了提升素质绝非权宜之计,而是一个不断挑战自我、战胜自我的漫长的锤炼过程。

我国有传统的修身、养心之美德,经得起磨难,耐得住寂寞,挺得住贫穷,"天将降大任于是人也,必先苦其心志,劳其筋骨,饿其体肤,空乏其身,行拂乱其所为";更有"富贵不能淫,威武不能屈,贫贱不能移"的高风亮节,为着"治国平天下"的远大抱负,鞠躬尽瘁,死而后已。诚然,今天的素质含义和宗旨,已注入了新的时代内容。提升素质,就企业而言,是打造企业优势竞争力,铸造辉煌企业,奉献于社会;就企业家而言,是完善人格,实现自身价值,打造辉煌人生。优良传统的发扬光大,新时代血液的不断输入,已成为今天企业家提升素质、追求价值目标体系的坐标。

四、企业应成为素质教育的学校和阵地

一个企业应成为一所素质教育的学校。老总即是校长,管理层就是教务委员会,全体员工便是学生;实行教学相长、能者为师、共同提升的办学方针。

作为校长的老总,应率先在素质上起榜样示范作用,这是企业素质教育之关键,事关企业发展百年大计。

纵观中国民企发展史,具有优良素质的企业,如接力赛一样一代代长存不衰。荣氏家族、乐氏家族就是最生动杰出的代表。从荣宗敬、荣德生到荣毅仁,家族、事业皆兴旺。1669年创立的同仁堂,企业代代相传,每代主持业务的都是乐氏家族中有威望的高素质人员。这两所素质教育的百年名校,其主要课程就是"素质提升"。

关于如何提升企业素质,笔者认为有以下几个命题值得研究探讨。

第一,做企业首先是做人。企业老总要身体力行,作出表率。正直、诚实、守信、敬业、爱国。关心自己的企业,比关心自己为重;尊重员工的人格价值比尊重自己的家人为重。工资能够按时发放,加班会有相应的报酬,提供相应福利,这是远远不够的,还应满足员工的精神诉求,建设更多的公共空间,如免费的公共图书馆、体育馆等,放下老板的架子,平等对待每一位员工,倾听他们的意见和呼声。

第二,高度重视管理者团队素质的提升。管理者团队犹如企业家的两翼,唯两翼有力,方能振翅腾飞。故提升该队伍之

素质,尤显迫切和重要。他们追求的目标要比员工高,执行制度要比员工严,提升速度要比员工快。

第三,不断加强培训,创建学习型组织。不仅是技术培训、人力资源培训、营销战略战术的培训,更重要的是人的价值理念、创新意识、情操、道德、意志力的培训。这将会起到"纲举目张"的作用。

第四,企业机制的构建和运作,其过程都应充分考虑企业素质的强化和提升。

第五,建立和完善企业素质教育对员工的量化考核制度。

第六,新员工的第一堂课应由老总亲自主讲素质教育课。

随着社会的进步和经济全球化的挑战,企业素质的提升已成为企业综合竞争力的核心要素之一。

市场竞争,在某种意义上说,是企业综合素质的竞争。加快提升企业素质的步伐,加速构建先进的企业文化平台,以迎接和适应颠覆传统经营的新经济的到来。

敬畏制度,取胜于"方圆"

一、制度建设的现实和战略意义

无论何种社会形态,制度建设和道德建设,对于社会文明进步、经济稳定健康发展都将产生巨大而深远的影响。一个企业发展,除了应具有良好的道德氛围外,还必须在良好的制度环境下有效运行。依法治国,同样也要依法治企。优秀企业的运作,都有一整套既相互制约又相互激励促进的企业制度作为切实保证。

广大民营企业,成长迅速,规模不断扩张,但因创业历程较短,且未经市场充分竞争的洗礼,先天不足的管理缺陷日益显现,制度建设严重滞后于发展速度,因制度短缺而引发的管理风险时有所闻。制度的缺欠,不但严重制约企业的发展空间,甚而会带来经营风险。企业的衰退和失败,有些往往不是因外来的袭击,却来自内部城堡的松散和坍塌,即因"不成方圆"的制度性风险而酿成。

纵观民企制度建设的现状,还处于初创阶段。片面认为办企业即业务。有了业务,就沾沾自喜,自以为赢得市场;而一旦丧失业务,便诚惶诚恐,满眼皆是风险。经营者唯市场马首是瞻,终日驰骋,疲于奔命。其间,有所向披靡、节节胜利的喜乐,也有连连挫败、节节败退的苦楚。至于企业内部管理、制度化建设相对忽视放松,则无暇顾及。由于制度链的不畅和断裂,常顾此失彼,头痛医头,脚痛医脚,很难治愈因制度缺失给企业烙上的内伤。有的则想当然操作,"老板=制度",一切皆以老板的言行为企业准则。这种以个人意志为"制度"的企业,在民企中占相当比重,最终的结果,不是失败,就是"长不大"。笔者调查过十来个起步较早的民营企业,几年来还是徘徊不前,"江山未改",面貌依旧,虽是厂房更换一新,设备添了不少,队伍也有所壮大,但业绩平平,仅能养家糊口而已。年终稍有盈利,算是"赵公元帅"帮了大忙。究其原因,一是无制度可循,操作随意,造成失误;二是虽制定了若干规章制度,但残缺不全,常常造成制度间相互摩擦和碰撞,内耗十分严重,经营者难以有效控制,企业各部门基本处于各行其是的混沌状态,最后"推倒重来",还是老板说了算为好。有的则是制度一大堆,插花装门面,即花瓶制度。但实际操作各取所需,严重走样。仍要"早请示,晚汇报",制度等于白设。

以上状况,与其说管理者无知,不如说囿于自身文化素质所限。另外,民企是个新生事物,对制度的陌生,迟缓了建设的步伐。但随着内外市场环境的剧变,挑战日趋严峻,民企制度建设已事不宜迟,刻不容缓。这种因制度缺失而造成的制度内伤,已到了非疗救不可的地步。中小民企欲壮大发展,没有制度的保证,没有由制度凝聚起来的企业力量,注定是短命的。好比急流中的航船,失去了正确的航道,不是触礁沉没,便是被急流卷走。

市场竞争是有规则的游戏,企业随之适应的是有规则的运作，这个规则就是制度。竞争在某种意义上是制度的竞争。制度有先进和落后之分，先进的淘汰落后的，今天的先进可能变为明天的落后，制度建设永无止境。社会变革，市场节奏，有时比制度建设更快。所以，制度建设对市场环境的变化，要始终保持灵敏的直觉，麻木和迟钝都将带给你伤害。这样看来，制度缺失的民企，是处于多么危险的境地！只要你一天不退出市场，制度的严厉拷问一天也不会停止，一个"人治"的企业，是经不起时间和市场考验的；同样，日趋规范的市场也不会去亲近一个制度残缺不全的企业。

综上所述，制度建设对于发展中的中小民企来说，是一项奠基工程。离开这项重大工程而侈谈发展，是空中楼阁，犹如"雾里看花"、"水中捞月"。

因制度缺失而被制度风险吞噬的教训，既惨痛又深刻。无论是现在，还是将来，也无论是刚起步的企业，还是正在不断成长壮大的企业，制度建设是支撑你的企业做大、做精、做强的骨架和脊梁，其现实和战略意义重大而深远。

西方经济体的崛起，盖缘于"敬畏制度"。经济的发展，皆在"敬畏制度"的框架内有序进行。反之，任何貌似坚不可摧的城堡，都将在蔑视"敬畏制度"中面临坍塌之险。

唯我独尊，唯我独大，"老子天下第一"，就是对"敬畏"的极大漠视。殊不知，在你头上有天，在你脚下有地，你总是生活在天地之间，所谓"顶天立地"者是不存在的，唯有将"敬畏"二字铭刻于心，方可在天地之间找到一块生存发展之土。

二、构建既相互制约又相互协调、促进的制度链

企业的健康运行，必须有一系列行之有效的制度作为保

障。若干制度层面构成完整的管理体系,即制度链。每一项制度则是这个链上的重要组成部分,既有它的独立性,各自发挥其管理职能;又有它的不可分割性,彼此紧密相连,环环紧扣,相互牵引、制约,并协调发展。每一单项制度,犹如整部机器上的某一齿轮和螺丝钉,各自发挥自己的效能,以保证其高效运转。

任何制度有它的严密性、约束性和不可替代性。企业制度也是如此。企业制度是本企业经营活动的行为准则,必须符合本企业的特点。任何不切实际的机械的照抄硬搬、移花接木,不会收到预期的效果。

制度的单打一,是中小民企制度建设的又一缺陷,在运作过程中,难免发生碰撞和摩擦,以致受阻、中断。故在构建过程中,必须统揽全局,强调总体设计,明晰局部与局部、局部与整体的辩证关系。任何单打一的制度分割,只会加大运作难度,增加制度成本,应尽力避免。

制度化建设是一项系统化工程,是企业走向市场的基本功。如果连这项基本功都缺失,那么,企业的发展就只是老总的"单相思",可偶尔逞强于一时,但市场最终会抛弃那些无章可循的企业。

企业的制度体系,主要体现在以下六大板块上:

(1) 人力资源的管理与开发;

(2) 创新机制构建与实施;

(3) 质量管理的流程与改进;

(4) 营销战略、战术和管理评审;

(5) 财务成本核算及风险防范;

（6）企业文化培育与运行。

其中,最为关键的是人力资源和企业文化建设。时代已进入知识经济的快车道,掌握最新知识和创造知识能力的人才,成为企业成功的宝贵资源。如何吸引人、培养人、激励人、留住人,给人力资源的管理与开发提出了新的课题,注入了时代的内容。

市场竞争,说到底是人才竞争。谁掌握了人才资源的制高点,就赢得了市场的主动权。一流的品牌,必然有一流的人才。品牌效应即人才效应。日本松下称"公司首先制造人才,兼而生产机器",足见人才的战略意义。企业的业绩,不是取决于企业物质基础的厚薄,而是取决于人才的创新能力。从这个意义上说,人力资源的管理与开发,可谓企业管理制度中的重中之重,其地位牵一发而动全身。

现代企业管理已进入新的阶段（第三阶段）,即文化管理阶段,其特点是"文治",以先进的企业文化带动企业管理达到更高更新的境界。21世纪是"文化管理"、"文化制胜"时代,企业文化建设无疑成为今后企业管理的重磅砝码、市场竞争的重要领域。海尔公司CEO张瑞敏回答记者提问时,特别强调海尔的核心竞争力,就是海尔文化。他说:"海尔的什么东西别人都可以复制,唯独海尔文化是无法复制的。"

海尔把企业文化提到核心竞争力的战略高度,充分显示并雄辩地证实了加强企业文化建设的必要性和紧迫性。

一流企业,必然有一流的企业文化。在市场竞争中被淘汰出局的企业,其企业文化必然是失败的。企业文化是一种客观存在,不论企业大小、行业各异。关键在于构建和打造优秀的企业文化。内聚人心、苦练内功及外塑形象的优秀企业文化,必将为企业开拓无限发展空间。现在,越来越多的中小民企把企业文化的策划和建设列入重要议事日程,这是提升企业竞争力的十分可喜的现象。

制度化建设要抓住核心,纲举才能目张。要建立严肃、严密并可量化操作的管理制度。

竞争规则即规则的竞争。致力于持续发展的民企的经营者,制度化建设的重任已迫在眉睫地摆在你面前,制度只青睐于讲究速度的人们。

三、制度创新,是企业制度化建设的生命,是企业发展永恒的原动力

创新是人类社会不断走向文明的太阳能。唯有创新,企业的潜能才取之不尽、用之不竭。企业的制度创新,是企业适应并挑战内外环境变化,持续发展、永恒不衰的生命源泉。

每一项管理制度,都是一定经济发展阶段的特定产物,都不可能永远独领风骚。无论是人力资源的管理开发还是企业文化建设,在不同经济发展阶段,其内涵和外延是不同的。20世纪80年代的价值观和人才观,显然远不能适应现代知识经济的需求,有的可能成为影响企业发展的桎梏。所以,没有一劳永逸的制度。只有不断吐故纳新,企业才有生命力。否则,落伍和淘汰离你的距离就会越来越近。

所以制度是动态的,必须持续改进和完善,随着社会政治经济的深刻变化,制度必须作相应调整,甚至重新构建,力求相对完善。那种认为制度一旦建立便万事大吉的想法,是缺乏最起码的哲学思维,也是惰性在作怪。

企业的制度建设,既需要立足现实,一切从实际出发,更需要有战略眼光。对眼前制度短缺的中小民企来说,首要的是,在充分调查研究的基础上,使企业纳入制度化的轨道。

培育和造就高素质的严格执行制度的精明管理者,同样是制度建设的一项紧迫任务。制度是按本企业经营活动规律制定的,执行时同样需要深谙本企业经营规律的人员去操作。

机不可失,时不我待。在国家政策、外部环境越来越有利于中小民企发展的今天,务必踏准时代的节奏,把握时代的脉搏,肩负时代的重任,挑战自我,完善自我,在制度化建设上有所突破和建树,唯有如此,方可带领自己的企业,在激烈的市场竞争的大海中起锚远航。

四、制度建设中应力避的几个误区

明确了企业制度建设的重大意义,意识到必须构建的必要性和紧迫性之后,在构建中应力避下面几个误区。

(一) 偏离实际的制度误区

制度建设应以企业的原有基础、企业规模、实际运作需要为出发点,哪些制度应率先构建,哪些待条件成熟后考虑,在时间次序上可有先有后。任何不切实际的机械照抄照搬、移花接木,不会收到预期的效果。小企业制度与具有一定规模企业的制度,其构建总量和操作方式有很大差异。如合同管理与评审、财务核算、广告策划,小企业就简单得多。所以,制度建设要力求针对性、有效性,不是越少越好,也不是越多越好。

(二) 碰撞和摩擦的误区

上面说过,制度构建的每个独立个体都具有它自己的制度功能,并相互联动。这个联动起到相互制约和相互激励的作用,以最大限度地降低企业运行成本,提高企业运行质量。它们是不可分割的整体,彼此紧密相连,环环紧扣,相互牵引协调。所以,在构建时应力避碰撞和摩擦。如某项制度就本身而言是可行的,但放到制度链中去考察有可能形成摩擦,这就不可取。

（三）制度倾向性的误区

中小民营企业多数是家族性企业,"人治"色彩较浓。在构建各项制度时,会涉及各方利益关系。制度的天平一旦有所倾斜,制度大厦就有倒塌的危险。经营者必须站在企业利益的高度,权衡各方利益,根据制度本身的科学性、逻辑性进行构建,防止有碍制度构建的任何干扰。

纵观市场中那些优秀企业,一代接一代地持续发展的秘诀,不是依仗雄厚的资本实力,而是善于不断刷新制度,把握"天时、地利、人和"之良机。

敬畏制度,在于不断创新制度,因为任何僵死的东西都是没有生命力的。创新是社会发展的原动力,同样也是企业拓展空间的"核反应堆",而制度创新则是"反应堆"中的重要元素——"铀"。

制度的创新,源于创业者对宏观经济走向的细微洞察和深刻把握。缺乏前瞻眼光和感觉迟钝者,在制度创新上是不会有作为的。只有达到管理最高境界时,才会不失时机地去调整和提升,才会使你的企业长存不衰,基业长青。

敬畏制度,在于捍卫制度的严肃性,任何人不能凌驾于制度之上,不能超越制度,更不允许践踏制度。

中国的民营企业,正处于成长期,准备尚不充分,理念尚不成熟,制度尚不健全,经营环境尚不宽松,摆脱"人治"框架,还有很长的路要走,制度建设任重而道远。但曙光初现,前途光明,既扎扎实实又只争朝夕地去开创制度建设的新天地,不会十分遥远。

民企常青的"根"
——企业文化

企业文化对于企业的生死成败、荣辱兴衰,其地位、功能和作用已得到经济学界和企业界的普遍认同,并提到前所未有的高度。中外企业的管理实践雄辩地证明:企业文化释放的能量,是企业的一笔巨大的精神财富和珍贵的无形资产。

对企业文化的培育和建设,已别无选择地摆在民营企业创业者的面前;并在经济视野里成为一道亮丽的风景线,已成为民企持续发展、二次创业的主要愿景。

实践证明,任何漠视企业文化的观念和行为,任何扭曲企业文化的做法,都将延缓企业文化建设的步伐,并制约企业发展的速度。不管是刚起步的企业,还是正在迅速成长壮大的企业,抑或是已发展到相当规模并具一定影响力的企业,概莫能外。全球范围内的管理和市场实践,对企业文化的价值定位,是最有说服力的教员。

这么多年来,众多民企的起起落落、生生死死,关键在于创业者的先天性缺陷和后天的营养不良。对办企业的宗旨目的、价值理念、经营思想、创新意识普遍存在片面认识和糊涂观念,不是小生产者的经济视野,就是乌托邦式的狂热。感情多于理智,主观代替客观。离开了优秀企业文化的指引,和融洽热烈的企业文化氛围,在一片"大干快上"的呼喊中败下阵来,不足为怪。

"根"一旦病态,枝叶岂能常青?

民企常青的"根"——企业文化。

一、"根"与企业的生死情结

企业文化与企业与生俱来。企业刚呱呱落地,文化的基因便植根其中。创业者办企业的价值理念正确与否、先进与落后,以及创新意识的强弱,为以后企业的兴衰成败埋下了伏笔。

几年前,笔者曾走访几位乡镇企业主,开办之初,雄心勃勃,壮怀激烈:"三年赚它几百万,厂房扩展两三倍。"至于办企业的宗旨、理念、精神,则视之漠然,弃之一旁。一叶障目,眼中除了钞票还是钞票。"抢市场,挣大钱"是他办企业的座右铭;挖空心思拉关系,投机取巧施招数是他的经营之道;"三年净赚几百万"是他追求的唯一目标。

经营理念的落后和腐朽,是失败企业文化的本质特征。给美好事物抹黑,念歪经,必然会走歪门邪道,最后受伤的是自己。

不出所料,这几家企业的存活以天计算,300天不到,就呜呼哀哉了。以假乱正,以次充好,欺诈诓骗,终致血本无归。一座原有的中西式别墅,因累累负债易了新主,当年傲气十足的"创业者",而今成了浪迹江湖的躲债"流浪汉",成了人们茶余饭后谈论的笑柄。

仅此一例,足见企业文化的威力!

办企业,创业者满眼是金钱,满肚是"馊水",满嘴是歪经,以小偷和盗贼的眼光去窥视市场,哪有不败之理?中小企业如此,庞然大物也难幸免。

美国的"安然",曾几何时,十足的傲气,十足的霸道,一时间呼风唤雨,似乎"天下英雄无敌手",威风凛凛,盛气凌人。可如今的"安然"呢?债台高筑,大厦倾塌,"尸骨"近乎不剩,扮演了市场的反面角色,充当了市场的反面教员。

"安然"轰然倒塌,其深层次的原因在于失败腐朽的企业文化。目空一切,私欲膨胀,制度失控,官僚习气,整个企业散沙一盘,最后只能落得个"无可奈何花落去"了。这是失败的企业文化让企业尝到的苦果。

企业文化是一种客观存在。你不承认也罢,不喜欢也罢,其力量,其气势,可置你于死地,使你永无翻身之日;也可使你起死回生,挥戈跃马重上阵;也可使你持续发展、基业长青。

融企业宗旨、经营理念、战略抉择、道德行为、企业形象于一身的企业文化,对企业的发展具有永恒的推动力,这是任何资源所无法替代的。

美国通用电气公司事业的永恒,是优秀企业文化的结晶。"投资于人","以服务为念","热爱未来",独具魅力的企业文化,铸就了通用电气的基业长青。

美国的通用汽车公司,堪称全球汽车一霸,在其发展起始时,就定位在让每个美国家庭拥有一辆买得起的好车,而绝无打算去市场上捞一把。多么高尚的经营理念!这一理念来自令人折服的高尚的企业文化。

杜邦公司的价值理念是:通过化学的办法,为改善生活而生产更好的产品;松下的口号是:我们松下首先是创造人才,兼而生产电器。百年老店同仁堂,"仁心仁术","货真价实","服务真诚",称得上真正的中国民族品牌。

这些在市场经济中千锤百炼的企业,无一不是以优秀的企业文化为底蕴、为向导,整合企业资源,凝聚企业力量,时刻关注变化,深刻洞察未来,不断把自己的企业带大做强,成为参天大树。

企业文化将伴随企业一生,决定企业一生。企业生生死死,荣荣辱辱,与企业文化结成生死情结。

二、根深才能叶茂

企业文化是一项系统的奠基工程,它担负着对内和对外的管理职能。对内提升企业的管理价值、理念,整合企业资源,凝聚企业合力,营造竞争优势;对外塑造企业形象,弘扬产品品牌,提升企业身价。将企业文化与企业发展之关系,比作"根"和"枝叶",一点也不为过。根深才能叶茂。

现在民企的企业文化日益受到创业者的关注,不少企业的企业文化建设正迈上健康发展轨道。但也不排除有些企业,或认识模糊,或失之偏废,存在诸多迷思。

有的认为企业文化多此一举,搞经济与文化无缘。更有甚者,不知企业文化为何物,对之全然陌生,犹如进入"桃花源"。

这是对企业文化作为现代企业管理理论的无知,是狭隘的小生产者的经济视野和经营理念。与现代知识经济的潮流格格不入,最终被市场淘汰出局,将是它必然的归宿。

有的认为企业文化可有可无,因为不产生经济效益,无关乎企业发展。

一个企业对"公司为什么而存在,应该本着什么目的,用什么方法去经营"认识模糊,方向不明,能产生经济效益吗?这不是企业文化出了问题吗?那绝对不是企业发展的问题,却是能不能继续存在的问题。这样的企业,随时有"翻车"的可能。

还有的认为企业文化是"包装文化",纯粹为企业作秀。它的功能仅是娱乐化+口号化+政治化。

这是对企业文化的质的扭曲。只求形式上的轰轰烈烈,这是表象企业文化。凡表象的东西,只能求得一时的虚假繁荣。配合认证质检,贴几条横幅;配合政治活动,写几句口号;年末配合总结,搞次文娱联欢会。这是对企业文化本质的误解,是弱势企业文化的表象特征。这对企业的发展与核心竞争力的营造,起不了多大作用。

根的扭曲,必然导致枝叶的枯萎。或幼芽一出土就夭折;或长成树苗而枯黄;或已绿树成荫而动摇;或成材了却轰然倒塌。何故?根扭曲所致也!

根深,才能叶茂。美国历史学家戴维·兰德在《国家的穷与富》中说了一句颇有深意的话:"如果经济发展给了我们什么启示,那就是文化,乃举足轻重的重要因素。"企业文化虽不是明明白白的规定和政策,但它可以决定你的企业做什么和怎样做。企业的成败就在于"做什么"和"怎样做"上。那些世界重量级的跨国公司的优秀文化,给我们树立了"做什么"和"怎样做"的榜样。所以说企业文化建设并非作秀,只有企业文化的"根"深扎于土壤,企业发展的"枝叶花果"才茂盛硕大。

三、生命永恒的"根"——"合金文化"

民企文化从它一诞生起,无不打上传统文化的胎记。传统文化的核心是"忠"、"义"、"节"。家族中、邻里间三五个弟兄白手起家办起了企业。"忠"和"义"把他们凝聚在一起,齐心协力把企业推向前进。随着企业规模的发展、员工队伍的壮大,"忠"和"义"的内涵和外延在不断丰富和延伸,为使企业持续发展,创业者必须有号召力唤起整个企业群体忠诚如一、忠心耿耿、赤胆忠心为企业效力,并实现自己的人生价值,让这具有魅力的传统文化,构成企业发展的有力支撑。

但良好的愿望往往和行动方向不一致。传统文化有它的局限性,诚如最美好的事物也有缺陷一样。随着企业规模发展壮大,宏观、微观经济环境的变化,它的不完善性日益显露,运作的难度日益加大,个人的力量已难以制衡企业全局,失控随时有可能发生,企业文化的单一性缺陷暴露无遗。此时你就会觉察,只弘扬传统的道德力量去推动企业发展已力不从心,精疲力竭。应该借助"法"的武器,以强有力的制度去规范企业的运作和员工的行为,以此调动和凝聚团队力量。这就对传统文化提出了挑战,借鉴和吸收西方先进的管理文化就成了企业新的资源。

东西方文化的差异就在于:东方文化讲究道德魅力,而西方文化注重制度规范;东方文化看重个人力量,而西方文化立足整体推进。中西方文化,各有其特色和长处,不能简单地用"好"和"不好"来评价。对于企业的发展来说,两者的有机结合,恐怕是企业文化建设的正确选择。

西方的企业文化正从东方的儒家学说那里吸收营养;东方的企业文化,也须从西方企业文化的武库里寻找武器。

笔者接触过几位对企业文化建设颇有见地的民企老总,他们都深感东西方文化融合的意义,认为凡传统文化中能提升企业价值、凝聚企业精神的精粹部分,都应发扬光大;凡西方文化中能整合企业资源、有效形成控制、激励机制的精粹部分,都应大胆吸收应用。两者的有机结合,便是"合金文化"。只有融合的文化,才有生命力,才是伟大的文化。

凡两者融合得很好的企业,东方道德文化浓烈,员工忠诚于企业的"忠"字精神,形成一种信念,对企业不忠,就意味着背叛。而严肃、严格、严密的管理制度,又切实保证了企业的规范高效运作。两种文化的优势互补,在企业中得到淋漓尽致的发挥。

所以,若只有刚性的制度,而忽视道德人格的力量,企业将缺乏生机,犹如死水般沉闷,有可能产生意想不到的劳资双方的矛盾;若单靠道德人格的魅力,而淡化制度法规,道德的力量将难以持久,企业的成果有可能被非道德的力量所吞噬。

诚然,企业文化最本质的内容是以人为本、人文关怀,由过去倾向于物的管理转移到对人的管理,并且由对人的行为的管理转移到对人的思想感情的管理。这是管理的最高境界。但所有这一切,都必须以制度、法规去调动和激励。离开了制度文化,侈谈情感管理,是不现实的。

鉴于此,构建融中西文化精粹于一体的合金企业文化,也许是解决的有效途径。所谓合金企业文化,就是以传统文化的精粹为底蕴,吸收并兼容西方有生命力的企业文化,为我所用,洋为中用,而绝非是"中学为体,西学为用"。这并不意味着对传统文化的弱化,而是为其注入了新鲜血液后,放射出更灿烂的光辉。

一个企业如果有效地构筑起"合金文化"的平台,其文化的影响力、震撼力、鼓动力,对企业发展的作用无疑是巨大的。现代企业的企业文化必将是中西兼容、相得益彰的"合金文化"。

既有东方道德文化的魅力,又有西方以制度为核心的文化保证;既有一个群体的"忠诚度",又有整体团队的向心力;既有企业发展的成就感,又有个人发展的广阔新天地;这样的"合金文化"犹如给企业筑起了一堵铜墙铁壁,可谓牢不可破、坚不可摧。

时下民企的文化,多数处在萌芽状态。构建具有自己特色的"合金文化",实为不易。观念上的障碍是主要的,实务的操作更会遇到各种习惯势力的阻碍。传统的东西虽根深蒂固,但坚冰必须打破,航道必须开通,企业文化必须走向新天地,融中西方文化于一体的企业文化必须构建,这是适应并融入全球经济一体化的时代召唤,也是使传统文化生命永恒,共享世界企业文明成果的时代选择。

四、品牌命系"根"文化

产品命系品牌,品牌命系企业,企业命系文化,文化决定品牌。

品牌是一种独特资源,是财富的源泉、企业的象征。创业者为圆品牌之梦,呕心沥血,"衣带渐宽终不悔,为伊消得人憔悴"。

但打造品牌，离不开品牌的企业文化。有了具有鲜明时代特征、高度个性化并充分体现企业和市场价值的企业文化，才有可能创建产品的名牌。英特尔、通用电气、微软、苹果、杜邦、松下、同仁堂、海尔，这些品牌企业，其文化必定是品牌文化。否则，充其量是没有品牌的一张牌子而已。

什么样的价值理念，就有什么样的战略和战术，就有什么样的企业文化，就产生什么样的产品牌子。品牌的企业文化是在优秀企业家的精心培育下，基于由他率领的团队的高度认可和行为一致，艰苦卓绝地打造出来的，其结晶就是产品的品牌。

现在有一些具有较大发展空间的民企，都有自己的企业文化，但缺乏鲜明的个性化特色，谈不上品牌文化。品牌文化具有抢不走、偷不动、不可模仿复制、不可跟风的凝固性和独特性。可以断定，不建设起自己独特品牌的企业文化，欲打出自己的产品品牌，是难以想象的。

品牌的树立是一种文化的长期积淀，一个漫长的渐进过程，一个由量变到质变的飞跃，非一时所能奏效，非主观意志所决定。必须从一点一滴做起，犹如辛勤的园丁，今天浇一桶水，明天培一铲土，后天施一点肥，辛勤耕耘，精心培育。品牌文化树起来了，产品的品牌、企业的品牌也就水到渠成了。

品牌企业文化的缔造者是企业家。企业家的价值理念、胆识策略、智慧和创造力，是打造品牌企业文化的关键。

笔者大胆预言，中国未来重量级的知名品牌及品牌文化，必将在最具活力的民营企业中诞生。

一切具有远见、富有创造智慧的企业家们，应以振兴民族工业的宽广胸怀，以"数风流人物，还看今朝"的豪气，以"可上九天揽月,可下五洋捉鳖"的气魄和"不到长城非好汉"的雄心壮志,去创造品牌、拥抱品牌,让"中国制造"响彻地球村。

　　企业文化是企业的"根",根深才能叶茂,根深才能常青。一束鲜花可艳丽于一时,却无法永远美丽,因为它离开了根。

　　根的粗壮有力,根系的发达延伸,除了大自然的阳光、空气和雨露的恩赐外,就是靠主人的精心培育和辛勤耕耘。

　　经历了跌、打、滚、爬市场洗礼的中小民营企业,随着市场经济的不断深入和成熟,全球经济周期性的动荡,企业会面临更大更严峻的洗礼,但待你构筑了优秀的企业文化,便可谓是"撼山易,撼你企业难"了!

铸造具有人格力量的企业文化

步入新世纪后,高瞻远瞩、具有战略眼光的企业家,面对政治民主化、经济全球化的深刻社会变革,正在精心策划一场具有时代意义的管理革命——"文治"。而企业文化的提升和创新,是这场革命的重要内容和表现形式。培育和铸造具有人格力量的企业文化,成为新的探索课题,并为"文治"管理注入新鲜血液。

打造具有人格魅力的企业文化,是未来战略管理的重心,是形成企业核心竞争力的主要元素。当人们还束缚在条条框框这种惰性思维的管理误区中,尚未充分认识其巨大资源时,谁具有前瞻性的眼光,领先一步,谁就将成为管理上的大赢家。

笔者从人本主义出发,以为下列几个命题,对培育和锻造具有人格力量的企业文化,具有十分重要的现实和战略意义,现提出来就教于企业界同仁。

一、培育、锻造具有人格力量的企业文化,是知识经济对管理的内在要求,也是对企业管理资源的深层挖掘和提升

时代已踏上知识经济快车道,素质日益提高的产业大军,正以前所未有的崭新姿态,带着他们的聪明才智,充满自信地步入各产业领域。对他们而言,显得至关重要的是,充分释放创造性智慧的潜能,充分显示自己的人生价值。

创造辉煌,打造辉煌人生,成了新时代高素质员工的人生坐标,而企业是实现他们人生价值的重要舞台。

面对这样一支新经济时代成长起来的员工队伍,企业家如何从"以人为本"出发,启动这支队伍的人格力量,提供施展其才华的舞台,满足其成就感,是企业管理创新的重要课题,也对现有管理模式提出了挑战。

对大多数企业而言,企业界管理的现状是刚性有余,柔性不足,缺乏融洽的气氛和人性化特点,甚至以惩罚来代替管理。这种严重忽视生产力中最活跃的人的因素,严重阻碍和扼杀人的创造性智慧释放的管理模式,是毫无生命力的。它窒息管理的创新,最终将导致企业竞争力的丧失,置企业于绝境。更有甚者,把员工当作"机器",当作"罐装了的劳动力",这是对人的本性的严重伤害和扭曲,也是管理文化的失败,为文明社会所不容。

培育和锻造具有人格力量的企业文化,正是为了纠正这种管理认识上的误区,从人类文明和时代进步的高度,整合现代企业管理资源,适时提出的具有前瞻性眼光的建设性课题。

实践证明,那些成功的企业,在人格魅力的激发、调动、设计上,都作出了有益的尝试,积累了新鲜的经验。

海尔的具有人格力量的文化,是令人大为赞赏的。在张瑞敏的身先士卒下,提出"真诚到永远"的理念。这个"真诚",不仅是对产品服务的真诚,更是对员工价值的真诚,这是海尔人格力量的最生动体现,并成了海尔上上下下共同的价值追求,因而形成海尔产品独具优势的竞争力。

铸造具有人格力量的企业文化

独具人格力量的企业文化,正是适合了现代政治经济变革的潮流,有助于对企业人力资源的深层挖掘和提升。因此,培育和锻造具有人格魅力的企业文化,是企业管理中一个具有战略意义的创造性突破。这个突破,将对企业持续发展、永葆青春具有决定意义。许多百年不衰的成功企业,无一不在表现人格魅力方面为我们提供了学习的榜样。

二、培育、锻造具有人格力量的企业文化,其核心是"以人为本"、"人文关怀"

衡量一个企业制度的优劣,不仅看其制度的严密、执行的力度,重要的倒是充分尊重人、信任人,营造一个战胜人性弱点、激发调动人格智能的良好企业环境。

那种见物不见人的管理模式,在社会政治经济发生重大变革的今天,很难担当起打造核心竞争力的重任,并将愈益显出管理的疲态。

企业的每项制度,都应充分考虑,让各个管理层面包括一线员工的人格力量充分展露。海尔的"赛马不相马",就是为此搭建了一个在同一条起跑线上的公平竞争的平台。

在物质愈益丰富的社会,往往人性的"表现"比物质的诱惑更具吸引力。中国有几千年的文化积淀,在大多数人越过了贫穷的门槛后,对精神和物质的追求,似乎愈来愈看重自身价值的体现。在这个人生舞台上充分展示自己的价值,成了他们梦寐以求的想法。

笔者调查过一个制度相当刚性近乎严厉的中型民营企业,接触了不少具有中等以上文化水平的员工,他们普遍感到空气的沉闷、自尊的挫伤、创造性的压抑,有一种"罐装了的劳动力"的感觉。他们中间不乏有志于创新者,如在能源的节省、工艺流程的改进、新产品的开发等方面,均有不少独到的见解和可以采纳的积极建议,但因企业缺失这种有利于他们展露才华的机制,创造性智慧难以发挥,自身价值被严重低估,离岗而去的人正逐渐增多。企业主整日四处奔波,深感市场越来越窄。殊不知自己最大的内伤,是没有充分认识自己本身拥有的智能资源,激发和调动人的智慧因素。一个本身智能资源十分丰厚的企业,却陷入了发展的困境。

那种漠视人性力量的纯刚性管理,将严重制约管理的创新,在未来的管理中将日益力不从心。至于那种认为企业管理就是制定条条框框的看法,不说是管理上的无知,也未免把管理这门艺术看得太简单化了。制度的失败,或许首先就在于对制度观念认识的误区上。

企业文化的核心是企业家的价值观及企业家人格力量的全面整合。这就奠定了具有人格力量企业文化的战略地位。

日本有一部电视连续剧《阿信》,具有极强的人格震撼力,剧中主人公阿信那种不怕艰难困苦,在磨难、挫折面前百折不挠、一往无前的勇气和精神,催人泪下,感人肺腑。凭着这种坚韧不拔的人格力量,终从一家不起眼的小店铺,发展成拥有十数家超级市场的大企业,其欣欣向荣令人艳羡不已。这不能不令人折服、感叹人格力量的无穷魅力。

闻名于世的日本京都制陶公司,其产品科技含量高,效益突出。但在发展初期,因忽视了人的因素,缺失"以人为本"、"人文关怀",劳资双方矛盾激化,最后酿成员工集体罢工事件,给企业造成重大损失。通过这件事,终使高层管理者彻悟:

"以人为本"的企业文化的缺失,是十分危险的,也是最可怕的。

可见,人格力量是在价值观主导下的最具爆发力的人智核能,由此管理的着眼点应在这个"核能源"的开发利用上,用尽心思,动足脑筋。"攻心为上"恐怕是最高明的管理方法,而攻心管理的指导思想是"以人为本"、"人文关怀"。培育和锻造具有人格力量的企业文化,是"攻心"在管理上的具体体现。

三、培育、锻造具有人格力量的企业文化,是对中国传统文化的发扬光大

作为观念形态的文化,深深植根于传统文化的深厚土壤中。不论中西方文化有多大差异,都离不开自己的母土文化。中国的企业文化,自然也离不开传统文化的"黄土地"。

构建独具自己民族特色的企业文化,应在充分吸收西方文化精粹的同时,继承和发扬传统文化中的优秀部分,古为今用,为我所用,这是中国企业文化肩负的重大使命。

博大精深的传统文化,为企业文化提供深广可资借鉴的资源,其中蕴含着激励我们奋进的巨大精神力量,而这种力量正是打造企业竞争力的充分必要条件。

忍辱负重,卧薪尝胆,不辱使命,精忠报国,就是展示人格力量的传统文化的精粹,而"忠"是核心。现在我们所提倡的忠于职守、忠诚奉献,就是给传统的"忠"文化注入新的时代内容,古为今用。

办企业没有忠诚不行,员工对企业缺乏忠诚不行。人格力量的源泉就是和价值观连在一起的"忠心度"。可以说,这是衡量一个企业是否具有向心力、凝聚力的标尺,与那种"身在曹营心在汉"的态度是格格不入的。

聪慧、胆识、创新来自对事业的"忠"。若一个企业在忠诚于这个企业的企业家的带领下,组织起一支无限忠诚于这个企业的团队,其战斗力、创造力,还有谁可与之匹敌呢?

传统文化中激发人格力量的资源,拿来用于企业管理,不失为一笔极其珍贵的财富。

离开自己的传统文化,照抄照搬西洋文化,是企业文化建设上的错位,是对传统文化的背叛和扼杀。

日本是所有非西方国家中唯一的发达国家,虽然它的企业形式完全是"西方化"的,但它的文化依旧是日本式的。"阿信精神"是贯穿于日本企业的核心。

所以,要培育和锻造具有人格力量的企业文化,也只有走中国式的发展之路。只有在传统文化的基础上构建,在充分吸纳西方文化精粹上整合,剔除其糟粕,吸收其精华,革新陈腐观念,注入时代内容,让这具有人格魅力的文化,在打造优势企业文化中熠熠生辉。

四、企业家的优秀人格,在铸造具有人格力量的企业文化中起主导作用

人格是性格、气质、能力、道德品质在社会政治经济活动中的综合表现,在人生观、价值观的驱动下形成。

企业家人格,对企业价值观、团队职业道德及人格力量的形成起主导作用。

一个具有先进世界观、价值观的企业家,在他人格力量的感染和影响下,其团队的人格力量会在企业运作的过程中得到淋漓尽致的发挥,并给企业拓展未来带来无穷的想象空间。

一个蔑视一切艰难险阻,在市场的竞技场上经历跌打滚爬,具有大无畏气魄的企业家,绝不容忍他的团队谨小慎微,畏葸不前,"前怕狼后怕虎",陷于到处被动挨打的境地。

同理,一个富有战略眼光、时刻关注企业创新发展的企业家,也绝不会去欣赏那些目光短视、故步自封、亦步亦趋的"井底之蛙"。

一个尊重员工人格,关注员工幸福的企业家,他的团队必具有向心力和凝聚力。他也会得到员工的发自内心的尊重和爱戴。

所以,企业家的人格力量,在形成具有人格力量的企业文化中起到关键作用。

实践证明,一个成功企业的背后,必定有一个具有人格魅力的企业家,以及在他带领下的人格化的团队。

海尔团队"服务真诚"和"争第一"的人格力量,是在企业家人格魅力的培植和影响下成长起来的,在他团队人格力量的合力下有效形成的。相信一切有志于表现这种人格力量的精英人士,会集合于他"争第一"和"真诚"的旗帜下,勇往直前、顽强不屈地去开拓新的发展空间。

三国争雄,各霸一方;英雄豪杰,各树旗帜。这是中国历史上非常壮观的人格力量的大比武。现在,在市场日趋成熟、竞争愈益残酷的经济环境中,将形成在各自企业旗帜下的"春秋战国"局面。割据、兼并、重组,"你方唱罢我登场",其间人格魅力将成为决定谁是"霸主"的关键因素。

五、铸造具有人格力量的企业文化宗旨,是形成企业核心竞争力和充分体现社会责任感的重要手段

手段是目的的载体,手段的有效性是由其科学的设计、方法及智慧、胆识所决定的。不同历史时期,其内容和表现形式也不同。

办企业的目的,显然是为了追求最大的市场成就和社会价值,而达此目的离不开高超的手段,特别是起核心作用的手段。

高明的企业家,总是依据社会政治、经济的变革,踩准时代节奏,根据市场环境变化,从战略和战术需要出发,采取和调动各种手段,而其中激发人性中最活跃、最积极、最富有生气和活力的智慧因子,可谓是手段中"牵一发而动全身"的明智首选。

激发和调动人的智慧和创造性,培育和铸造具有人格力量的企业文化,既为有效形成企业核心竞争力服务,为充分体现企业的社会价值服务,也是为满足员工的成就感,体现他们人生价值服务,更是为肩负社会责任的使命服务。

在全球经济加速一体化,机遇与挑战并存,发展与死亡同在,"如履薄冰"的危机感日益加重的今天,企业家人格魅力尤显重要。不断调整充实、战胜、超越自我,不断寻找"新的奶酪",集群体智慧,培育和铸造人格力量的企业文化,不失为企业拓展发展空间的良策。具有战略思维并视人身价值高于一切的企业家们,应在启迪和开发人的智慧大脑,调动和尊重人的人格力量方面,迈出实践性的一步。

航向已经明晰,航道已经开辟,让我们扬起具有人格力量企业文化的风帆,带领自己的企业驶向成功的彼岸,这是历史赋予中国企业家的责无旁贷的重任。

诚实赢来市场，守信树立口碑

社会由封闭至开放，经济由计划至市场，创造财富成了人们不懈追求的目标。然而，缘于市场尚未规范，诚信尚未普遍建立，道德堤岸时有崩塌。社会诚信受到严峻挑战。

"不要做假账"，这是对市场失信的严重警告，也是对社会诚信的最权威的捍卫。

民企发展如雨后春笋，生机勃勃。但须有诚信土壤，方可根深叶茂；须有诚信种子，方可茁壮成长。

万丈高楼，源于根基。民企的基石就是诚实守信。当你雄心勃勃带领你的企业，步入市场竞技场时，第一步是诚信，第二步还是诚信……

当诚信的铜墙铁壁构筑之时，便是你企业步入成功之始。

一、诚信的道德意义和市场意义

诚信属道德范畴，是社会文明的标尺。诚信既是一种美德，更是一种社会责任。人无信不立，事业无信不荣。

诚信的"失血"，就意味着道德的沦丧，社会稳定性的脆弱和动摇，以及对市场资源的肆意掠夺。一个社会若瞒、骗、假、诈横行无忌，人际间无信任可言，道德堤岸坍塌，不仅有碍经济持续发展，整个社会也将处于无序的混沌状态。鱼目混珠，满眼是假，真假难辨，"假作真来真亦假"，其灾难将是毁灭性的。

做企业首先是做人。诚实、守信、正直，这是最基本的品质。纵观世界百年企业，无一不是诚信的典范，其经营者的高尚道德，为企业持续、稳定发展带来无穷的发展空间。其信用本身就是企业的一笔巨大财富。

众多历经沧桑却屹立不倒的百年老店，它们一贯以"诚实守信，真诚回报"为经营宗旨，以社会效益为根本大计，铸就了中国民族工业的诚信范例。作为一家现代企业，海尔的"真诚到永远"的企业文化，也将为市场经济提供诚信的榜样力量。

诚实守信的企业，筑起的是一道坚不可摧的道德城墙，而道德的力量，是非金钱可战胜的，它是企业发展的利器和最可宝贵的战略资源。诚信是中华民族的文化精粹，并将在逐渐规范完善的市场规则下，放射出更灿烂的光辉。不坚信这一点，将会失去民族的自信心。

道德与市场似乎是截然不同的两个层面，道德属伦理范畴，市场属经济层面，但两者的相互作用和挤压所产生的社会效应不可忽视。诚信可帮你开拓市场、积攒财富；失信不仅失去市场，并将你原来的积累荡涤殆尽。诚信的魅力远远超过资本的实力，一旦诚信丧失，将众叛亲离，四面楚歌，血本无归，身败名裂。而因一时失误造成资本丧失，因诚信尚在，还可"东山再起"，这方面的案例，恐也不在少数。正迈在健康发展路上的广大民营企业，必须充分认识诚信的道德意义和市场意义。"诚信"不只是口号，重要的是迈开"诚信"步子，诚心诚意、理直气壮去铸造"诚信"企业。

二、失信＝自我毁灭

因诚信的丧失,财富的创造已被非道德行为所扭曲。因失信的机会成本、交易成本的低下,在巨大利益的诱惑下,短视者会孤注一掷,这已成为社会的一大公害。面对诚信欠缺的社会经济环境,短视的管理者,有的竟敢冒天下之大不韪,招摇撞骗,成了短期利益的收获者,殊不知却埋下了严重的祸根。而大部分一贯诚信至上的企业,一时可能会感到极大的困惑和迷惘,但市场最终会让它们看到希望。必须深信这一点。

社会的进步,人类的文明,绝不容忍诚信的丧失。对失信的强烈谴责和对诚信的勇敢捍卫,已成为全社会的共同愿望,也是规范市场经济的切实保障。

造假不会有好下场,而造假的各种表现真可谓五花八门:"中国第一大牛股"银广夏造假,曾经业绩斐然的蓝田股份造假;牛皮鞋原来是纸糊的,白酒竟是酒精加水,五颜六色的饮料是色素掺糖精水的混合液;学校原是神圣的殿堂,有的也开始造假,明码标价收费,变着法儿弄钱,验收一类学校,玩弄数字游戏。更有甚者,不只造假,更是售毒,竟然让有毒的三聚氰胺危害千万孩子的生命。是可忍,孰不可忍?

此次以次贷危机为导火索的全球金融危机,充分暴露了华尔街对诚信准则的肆意践踏,和对外掠夺的狼子野心。因贪欲极度膨胀,失信于全球投资者,失信于市场经济公平公正的原则。嘴上高喊公平和诚信,背后却干着千方百计掠夺别人财富的阴谋勾当。雷曼兄弟曾被誉为美国保险行业的泰斗,在安然度过了158年后,居然也利用金融保险的手段虚报收入,多次转移资金,在其营业报告中却没有任何这方面的记录。在雷曼倒闭的同一天,德国国家发展银行居然汇出3亿欧元给雷曼,真是损己害人,也让美国的民众怨声载道。当然,雷曼的破产还有其他极其复杂的政治因素,但有一点可以肯定:没有诚信的政府,也就不会有诚信的企业。

造假种种,不一而足,但最终是搬起石头砸自己的脚。"机关算尽太聪明,反误了卿卿性命"。"玩火者必自焚",造假者必遭到市场的严惩。

所以,靠造假失信所抢来的利润是短暂的,为天理所不容,最终信誉扫地导致血本无归乃势所必然。现在还无法精确统计因造假而酿成的巨大经济损失。恐怕这个阿拉伯数字会令人毛骨悚然。不仅是经济损失,更可怕的是撕裂了社会公德的底线,动摇了人们对市场的信念。

千万别以为人家"安然"、"世通"也在作假,就可熟视无睹,君不见"安然"、"世通"遭全美一致强烈谴责而信誉狼藉陷于困境吗?信誉的修复远比构筑要艰难得多。

因此,企业万万不可贪小失大,因短期而弃长远。牢记"失信=自我毁灭"的真理,以道德的力量,构筑起一道坚固的诚信长城,这样方可让自己的企业在日益规范的市场经济竞争中立于不败之地。

三、市场亲吻"诚信"

市场经济是诚信经济,诚信经济亲吻诚信企业。

安徽省霍邱县有个冯井镇,1 100多名"泥腿子"进驻中关村,牢牢占据中关村CPC芯片市场60%的经营份额,创造了

"泥腿子"进"硅谷"的奇迹。

除了他们"坐在路灯下啃读电脑书"、"饿肚子也要去上电脑夜校"的孜孜以求的勤奋精神外,诚实守信是他们成功的重要经验。不用先付定金,货物送到手中,上午一个国际长途,马来西亚的货物晚上空运即到。可见,诚信与市场达成何等的默契!这是"诚信是金"的最生动体现,它与那些走捷径、抄近路的失信行为,是多么格格不入。

诚信企业能经受住各种考验,有时虽面临困难,但只要诚信不倒,企业就不倒。在渡过了难关以后,也许你诚信的品牌,就此在市场上树起一块丰碑。

美国有个强生企业,生产市场极畅销的泰利诺胶囊。有人闹恶作剧,在里面下毒。强生的老总没有掩饰和遮盖,而是以诚信的负责态度紧急处置:迅速将所有泰利诺产品从货架上取回,并亲自去电视台向全美消费者道歉。当事情真相大白后,公众对该公司产品的忠实信任,和对公司的敬重,达到了前所未有的高度。

再看看"同仁堂",这个百年老店越办越强,越强越红火。秘诀就在于诚实守信,始终没有离开当年乐氏家族办店的宗旨:仁心仁术,精工细作,真材实料,治病救人;始终牢记老祖宗传下来的家训:兢兢业业,一丝不苟,该用什么料就用什么料,该经过什么工序就经过什么工序,绝不马虎。药方都是古时候流传下来的,但所有的药物没有一个不是真的,有些药方要下很多人参,非常贵,但他们也绝不省料。

历史上,宁波的商人是个诚信的商帮。有个叫宋汉章的人,他是非常典型的代表。他在1931年创办中国保险公司,资本额250万银元。当时,荣氏家族在汉口办了一个纺纱厂,在宋汉章那里投了意外保险。非常不幸,纺纱厂发生了火灾。赔多少钱呢?200万银元。信托责任告诉宋汉章,非赔不可,于是咬紧牙赔了200万银元。要知道,当时宋只有250万资本,荣氏家族的汉口纺纱厂,火烧了要赔200万,这是何等可贵的信托责任!

赔了以后,荣氏家族万分感谢。有可能他们期望赔一半就满足了,没想到全赔,而且速度如此之快。这令荣氏家族激动不已,在当时的《申报》上大登广告,深表感谢。

在当时,宋汉章办的保险业,能有这种气魄和信托责任,其精髓就在于精诚守信。

观其言,更要察其行。老总的诚信人格,企业运作的诚信风范,赢来了市场,拓展了发展空间。这样的市场案例,举不胜举。

诚信企业的背后,必定有一个诚信至上的老总,其品德、素养较高,且有较明确的办企业宗旨和正确指导思想。在他的价值观里,办企业决非仅是为赚钱,而是把它当作一项事业来办,当作充分展示人生风采,实现自身价值的舞台。这样,他就会一心一意去构筑诚信,去创造诚信,真正在他的企业里筑起一座诚信的长城。

管理的最高境界,就在于营造一种生机勃勃,充满生命活力,助人成长的企业环境,但这首先是诚信的环境。对内对外,表里如一,言出如山,一视同仁,袒露胸怀;不为短期利益所诱,不为诚信短缺所迷,驾驭诚信的企业航船,向着诚信的航标奋勇前进!

四、呼唤"诚信"回归

当前,面对市场经济中普遍存在信用"败血症",并正透过社会各个层面严重腐蚀社会健康肌体的现实,为"诚信"呐喊,呼唤"诚信"回归,已成为全社会最强烈的市场呼声和道德呼声。

市场经济的游戏规则是以诚信为共同基础的,诚信是现代商业文明的核心,也是支撑企业可持续发展的重要战略资源。

诚信必须回归,市场必须诚信,法制必须保障诚信。须知,一个无诚信可言的市场,会使整个社会失序,并遭受灾难性的严重后果。

构筑"诚信"企业,打造"诚信"名片,营造"诚信"环境,不能只是一句空洞口号,要在道德、制度、法规、文化诸多方面提供理念和制度保证。

在理念上,要充分认识诚信的社会功能和市场功能,弘扬中华民族诚信文化,大力维护和宣扬诚信企业,确立以"诚信为荣、失信为耻"的道德共识。

在制度层面上,要政府、社会、企业三管齐下,共同努力,逐步建立起符合国际惯例的信用管理体系,建立信用评估、发布、监督和奖惩机制;企业自身要建立诚信教育、管理、监控、奖惩的诚信体系。

单靠道德的力量,是难以制伏造假恶行的,必须握有利剑,构建有威慑力的市场机制。一定要使造假的成本,足够令造假企业付出极其惨痛的代价。要形成一个社会氛围,对不良企业,一要曝光,二要声讨谴责,三要责令其付出百倍的失信代价。严重者必绳之以法。真正使造假者成为人人喊打的"过街老鼠"。在这方面,政府必须采取铁的手腕。另外,社会对诚信企业,要大加褒奖,政府应组建诚信基金,奖励诚信优良的企业、企业家,大造舆论声势,让"诚信光荣,失信可耻"的理念深入社会的每个细胞。作为社会诚信的主体——企业,应率先大张旗鼓进行诚信教育,建设诚信企业文化,营造诚信经营环境,建立诚信监控机制,打造诚信品牌。企业的经营者应自觉成为诚信环境的守护者。唯有如此,才能真正使你体味到诚信是一笔巨大财富,一项取之不尽、用之不竭的宝贵资源。

战略统揽全局,"纲举"方可"目张"

一、惨重的代价

据报载:民营企业中早在 1988 年就成为"雇工大户"的,至今存活率只有 9.2%。近几年,民营企业发展迅猛,以全国每天平均增长 809 家计,其发展态势蔚为壮观,但其生命周期极短,平均寿命竟不到 6 年。

曾显赫一时的"巨人"、"三株"、"505"、"太阳神"、"飞龙"、"南德"、"三鹿",纷纷中箭落马,庞大的资产损失惨重,并祸及它们的投资者。一心争当"500 强"的雄心,只是一场短暂的春梦。当时的一批顶级人物,被吹捧为一代民营企业家的"明星",曾几何时,都兵败如山倒,当时的市场英雄,而今销声匿迹,想来日子不会好过。

由于我国民营企业未经充分的市场洗礼,未经市场的千锤百炼,它的不成熟性和幼稚,导致战略缺失,招致折戟沉沙的命运时有所闻。以田文华为代表的"十大悲情企业家"的出现发人深思,令人痛惜,"问君何事陷囹圄","怜君何事向天涯"。可知,战略上走错一步,其失败是致命性的。

诚然,苦心积累起来的资产瞬间付之东流,不能不令人扼腕痛惜。然而对跌倒了欲爬起的人来说,失败是一笔财富。痛定思痛,痛何如哉？唯一的选择是对自己的错误战略来一番具体的而不是抽象的、本质的而不是表象的、深刻的而绝不是肤浅的反思。"揩干身上的血迹,掩埋好同伴的尸体",昂起头,挺起胸,重新构建和确立正确的战略,"跃马挥戈重上阵,东山再起不为迟"。血的教训唤起觉醒,反败为胜属于大彻大悟的智者。

作为前车之鉴,这也为后来者——新兴的民营企业家们提供有益的警示,以免重蹈覆辙。

把握不住经济发展的周期规律,看不清、摸不透产品的市场生命力,沉迷于"标王"的广告效应,被身边的几个"高参"扰乱了方寸,满足于一得之功、一孔之见,关起门来造"车",把机遇当作永恒,明明寒潮将至,还梦着春天长驻:所有这一切,把你的企业直拖向深渊。——这就是用巨额代价换来的深刻教训。

二、战略的反思

战略是建立在事物循环往复并变化无穷的哲学基础上的。企业欲生存发展,就要遵循市场的规律,把握周期的变化,而不是以主观的臆测去适应或挑战外界客观变化或将要发生变化的事物。

得益于改革机遇而迅速富起来的经营者,囿于认识论的限制、自身修养品质的欠缺,往往被胜利冲昏头脑,误以为"奶酪"永远存在,两耳只闻凯旋曲,一心争当"500强"。雄心固然可敬,但失却战略这根生命线,只能成为市场的殉葬品。

有些企业之所以招致惨败,具体来说,是盲目闯入了下面几个战略误区。

（一）扩张与收缩误区

综观世界各国经济发展是有规律可循的，衰竭了会见底，会逐渐复苏、发展，发展高潮过后又会逐渐转入低谷，直至衰退，这就是周期律。没有绝对的向上，也没有绝对的向下，只是周期长短不同而已。

战后日本连续半个多世纪高速发展后陷入了衰退，虽然政府试图以种种措施力求复苏，但当衰退还没有至一个相对低点时，是不依人的意志为转移的。号称世界首富的美国，也没有力量遏制衰退的颓势，此次金融危机便是有力的例证。虽然华尔街精明的金融家们会玩弄各种手法，嫁祸于人，但却无法改变美国失业人口剧增、经济界焦头烂额的现实，并动摇了投资者的信心，加速了衰退的步伐。

而我们的一些民营企业，对这个经济发展的周期规律，缺乏清醒的认识和深刻的把握。当整个经济已显疲态，强弩之末迹象初现，仍无动于衷，迟钝麻木，迷恋于扩张做大的春梦中不醒。厂房一座座盖，资金一大笋一大笋筹，似乎满眼都是机遇，遍地皆是黄金；而当风险已明明白白摆在你眼前，不免为时已晚，"亡羊"不能"补牢"，欲哭无泪，追悔不已。当寒潮将逝，经济走出低谷，即将复苏时，却没有"春江水暖鸭先知"的嗅觉，还在左盼右顾，犹豫徘徊，等一觉醒来，才觉又迟了一步，人家早横下了心，主动出击，调动各种资源，扩大生产规模，适时推出市场前景一致看好的产品，眼巴巴看着别人赢得钵盈缸满，自己坐失良机，捶胸顿足，后悔莫及。失去该赢的时机，可叹没有后悔药。抓不住机遇，就是对企业的罪过。

依照"发展要有新思路,改革要有新突破,开放要有新局面"的发展思路,中国经济正迈上良性发展之路。但经济发展的周期究竟会持续多久,影响经济发展的深层次矛盾何时化解,经济改革如何深化并取得实质性进展,公平、公正的市场规则何时完善,社会诚信体系何时建立,这些变数,均需要我们用明察秋毫的慧眼去观察和把握。

经济发展的周期规律犹如大自然的春夏秋冬,你可千万不能做反了,与经济铁律对抗,碰得遍体鳞伤的只能是自己。

(二) 技术开发误区

技术进步是社会进步和高度文明的标志,是生产力发展的原动力,但如果看不清其产品的市场前景,摸不准市场信息,不以市场为导向,不顾国家产业政策,盲目而不计成本地去复制已经过时的陈旧技术,就会陷入技术开发误区。

如三株集团的"三株口服液",当时市场对此种保健品的认可程度已逐渐降低,可决策者仍迷恋于开发之中,当发觉销售锐减,库存大增,企业无法运转时,才觉大祸临头。

又如建筑业的电梯产品,大力开发节能、环保的绿色产品,生产环保型的低能耗、低噪声、无漏油、无漏水、无电磁干扰、无井道导轨油渍污染的电梯,是发展趋势和方向。偏离这个方向,去钻自己的牛角尖,并投入大量的财力、物力、精力,最后必是"开"而不"发",造成资源的极大浪费。经验证明,许多实力不俗的跨国企业,不仅是核心技术开发的先驱,而且都是战略设计的先锋。

对于广大中小企业而言,囿于技术、设施、资金、人才的限制,在产品开发上绝对不能盲目跟风。随着技术信息化步伐的加快,学习并融入别人的先进技术,吸收新鲜经验,不失为一条廉价有效的快捷途径。

(三)兼并和收购的误区

企业兼并和收购的本质是优势扩张,是资本运作的主要表现形式和重要手段。

在考虑兼并、收购时,一定要考虑能从对方手里取得什么,更要考虑能给对方什么,收购后,能否驾驭该企业的运作,如何做到优势互补,否则就是盲目的,一旦造成虚胖,背上沉重包袱,甚至把自己拖垮也极有可能。收购与自身毫不相关的企业,更需谨慎。全方位出击,往往收不到预想的效果。

可有些民营企业,一旦有了资本,在自己主业还未做专、做精、做强时,急于今天吃这块,明天吃那块,盲目搞产业多元化,结果形成虚胖,管理、经营一时难以跟上,使企业陷于困境。

正迈上健康发展快车道的民企,在自己主业还没形成气候时,千万不要去搞兼并和收购,成为浑身浮肿的胖子。即使有了较充裕的资本积累,也要谨慎从事。

兼并和收购是资本运作高手的杰作,非一般人所为。只有充分把握产业发展趋势,有驾驭市场的能力并不断创新的经营者,方可一显身手,也不失为制胜的策略;如果单凭勇气和主观愿望,是盲目而很有风险的。大家都佩服《三国演义》中诸葛亮的"空城计",其实这是非常冒险的,面对司马懿大军压境,诸葛亮凭什么能稳若泰山、胜券在握呢?

(四)与广告媒体结成"亲缘"的误区

广告媒体是市场经济的重要资源,是企业为取得市场普遍认同的市场手段。有实力的企业,往往借助于这一手段,如虎添翼,品牌享誉四海,产品雄踞市场。

扩大市场影响,塑造企业形象,广告媒体固然有不可替代的特殊作用,但必须明确:没有市场普遍认同的过硬产品,没有核心的竞争优势,没有完善良好的售后服务,单靠广告去大吹大擂,五光十色的肥皂泡会转瞬即逝。那些耗费巨资、"狂轰滥炸"做广告的"标王",似乎很少会给企业带来真正的"艳阳天"。

所以,在与广告媒体结成"亲缘"的问题上,一定要留一份谨慎,多一份清醒,不能视之为灵丹妙药,它只是起推波助澜的作用。首要的是把自己的内功练好、练扎实,然后方可考虑在媒体上初露头角。即使在形成强势之后,也不能狂轰滥炸。到处去占领阵地,反而会缩小阵地,市场的辩证法就是如此。狂轰滥炸的广告,社会的负面心理效应反而会增大。要知道,全球"500强"不是靠媒体炒作起来的,而是以自己的实力和影响,引起媒体的广泛关注和热情宣扬。

中国的实业经济还不够成熟,寄希望于媒体广告的想法是可以理解的。但力求一播就灵的广告效应,似乎不很现实。市场日趋成熟,消费者也日趋成熟,他们在日常消费中会明辨优劣。

得出的结论是:广告要做,但不可狂做,更不能形成对广告的依赖。广告会带来效益,但也会招是惹非。

三、战略决胜

在全球经济日益一体化、中国经济与世界经济的关联越来越紧密的今天,不管你的企业现在如何蒸蒸日上,也不管你如何一向注重稳健操作,更不管你现在有多大资产,只要你还在市场上跌、打、滚、爬,你就千万要把握好战略这根生命线,这是为你企业保驾护航的护身符。

21世纪是战略制胜的时代,中国的民营企业必须过这道坎,树立战略竞争意识,"机会只偏爱那些有准备头脑的智者"。

(一)深刻把握世界经济与中国经济的发展周期规律

大自然有春、夏、秋、冬,经济有发展、高潮、低谷、衰退,周期变化,循环往复,并且复杂多变。作为社会经济的微小颗粒——企业,也无时不在这种有节律变化又错综复杂的宏观大环境中。美国的次贷危机,欧元区的债权危机,给世界经济蒙上了阴霾。看来经济复苏要走一段漫长而艰辛的路,因此,顺应这个周期规律,并对世界政治经济事件保持高度敏感,将成为战略设计的基础课程。

只有顺势才能有为,只有对复杂多变的经济环境保持高度的警觉,并不断增强应变能力,才能驾驭自己的企业,真正做到发展有空间,调整有退路,立于不败之地。

(二)透彻理解置于世界和我国经济大环境中的产业发展趋势

产业发展周期与整个经济发展周期基本是同步的。随着社会进步、科技发展,产业间的发展不平衡性、差异性也日趋凸显。有蒸蒸日上、前景广阔的朝阳产业,也有落后于时代、将被淘汰出局的夕阳产业,也有处于两难境地的产业。只有深刻把握自己企业所属产业的地位和发展演变趋势,调整并淘汰与社会经济发展不相适应的部分,注入新兴经济的新鲜血液,才能跟上时代经济的步伐。毫不迟疑地退出高耗能、高污染、低产出的产业领域,向节能、环保、新能源、新材料、生物医药、先进农业、电子通信等科技领域施展你的身手。如此,你将大有用武之地。

(三)充分了解产业发展环境中行业和产品的竞争态势

行业和产业是紧密相连的,相关产业的发展带动相关行业的发展,行业的发展也给其相关产品带来巨大的发展空间,也必然引起剑拔弩张的激烈竞争。竞争的焦点集中在品牌、品质、价格及其完善的服务体系。

欲在自己的行业里营造竞争优势,首要的是对自己的产品有一个准确的定位,并充分了解竞争对手的优势和劣势,取其所长,攻其所短,形成自己的产品特色。差异化的竞争优于同质竞争,同质竞争的劣势在于产品缺乏科技含量。产品的趋同化,必然导致对手林立,造成无序竞争。

如建筑业中的电梯产品,随着奔小康奋斗目标的逐步实现,城市化、小城镇建设的推进,将给它带来发展机遇,独具鲜明特色的节能环保电梯产品,受到市场的青睐。所以,只有为市场提供真正质优价廉并符合产业发展大方向的品种,才能成为赢家。

战略,就是高瞻远瞩洞察事物,适应并挑战变化的谋略。变化有常,深刻把握变化规律,"一叶知秋","春江水暖鸭先知",未雨绸缪,乃赢家之必需。

正确的战略才可能使你的企业驶向成功的彼岸;错误的战略,则将导致触礁沉船,尸骨无存。所以,不管是资本积累已相当雄厚的经营者,还是跌倒了欲东山再起的奋斗者,或是刚起步的新一代创业者,务必保持清醒的头脑,时刻擦亮你的眼睛,多一份客观,少一份自负;多一份灵敏,少一点"小聪明"。没有永远拥有鲜花和奶酪的赢家,倒是常有在荆棘丛中难以自拔的失败者。

拥有一个富有哲学思辨的脑袋,一双明察秋毫的慧眼,一个嗅觉灵敏的鼻子,两只耳闻八方的耳朵,才够资格成为战略抉择上的领跑者。这也是笔者的良好愿望。

危机管理是抵御风险的护身符

民企发展令人欢欣鼓舞,社会报以热烈喝彩,政府寄予殷切厚望。"毫不动摇"地从广度和深度上继续向纵深推进,无疑是中国经济步入新的历史阶段的必然趋势和希望所在。

就目前民企发展的现状而言,有两大问题严重困扰其健康成长。从外部来说,全球经济衰退,复苏步履艰难。国家支持民企的财税、融资、市场准入等诸多政策、措施尚未充分落实;从企业内部来说,因成长历程较短,尚不成熟,在价值理念、制度建设、管理创新、核心技术、企业文化等方面,多数企业或处于朦胧状态,或处于学步阶段。因而想依靠民企自身的力量去推动和突破,显然不很现实。从振兴民族经济的高度和强烈民族责任心出发,需要政府不仅是口头上更是行动上的全力支持、精心扶植,也需要社会各方面热情关爱。民企自身要不断加强学习,提升企业素质,从现代企业管理经验中吸取营养,在市场熔炉中百炼成钢。

本文从真诚关爱出发,就民企的危机管理发表一些浅见,旨在提醒民企的经营者们,面对越来越错综复杂的内外环境,务必保持清醒头脑,"如履薄冰","如临深渊",强化危机意识,提高危机管理能力。民企的资产,是实实在在用自己的心血积聚起来的,一旦折戟沉沙,恐难"东山再起"。要慎防在市场的一片喝彩声中热昏了头脑,更不要被表面上"热热闹闹"的景象所迷惑。在经济转型时期,要经受得住艰难、痛苦的磨炼,并有立足长期的思想准备。

一、直面严峻挑战,强化危机意识

全球经济的一体化,是在全球范围内的资本大博弈,是狼和狼、狼和熊、熊和羊交错的生死搏杀。狼中间又有大狼和小狼、饿狼和饱狼的激烈争夺。多赢的格局最终会演化为"赢家通吃",抛出些残羹剩饭,算是"人道主义"了。

举个例子,当中国政府在"十五"规划中明确指出要用信息化拉动工业化之时,世界所有软件巨头潮水般大举涌入,带来对中国信息市场的前所未有的巨大投入。核心技术被其垄断,产业链的高端被其把持,为日后的大规模兼并和绝对控股提供了可能;当熟悉了中国的经济环境及市场运作方式后,纷纷提出独资和扩大股份。这对于中国软件企业不能不说是一个令人深思的问题。

外国资本搞本土化策略,最凶的一招是挖中企人才。当它以优厚的待遇、成倍乃至几十倍的薪资来挖人时,你能抵挡得住吗?所以,人才问题是中国民企发展的最大忧虑。随着外资本土化的深入,这个问题将十分现实地威胁到民企的人才资源。

中国加入世界贸易组织后,加速融入全球一体化。世界经济危机迭出,各国都在作相应调整。中国经济一枝独秀,全球眼睛紧盯并抢滩中国市场,分子与分母一除,商值不会越除越大。

市场竞争空前加剧,各种经济成分生死搏杀,导致成本上升,利润稀薄,微利时代已经到来。家电和手机的价格战便是一例。

中国经济虽取得了举世瞩目的成绩,但仍处于经济增长方式转型时期,阵痛甚至剧烈的阵痛在所难免。国企仍是独霸一方,"国进民退"有增无减,金融系统存在坏账风险,劳动就业压力空前加大,东西部地区经济反差等等问题,不是在短期内靠发几纸条文、颁几项政策所能根本解决的。

鉴于以上对经济背景的粗略分析,提出危机管理实在必要而迫切。当你把积累的资本豁出去时,千万要深思熟虑,审慎以待。要时刻有一种"怀抱炸弹"的警觉,在你成长的热血里加一剂清醒剂。

有人说:"民营企业没有钱时不容易犯错误,犯错误就是在有钱的时候。"这话虽有些偏颇,但不无道理。这里特别要提醒那些正在做大的企业,不要在一片胜利的欢呼声中丧失警惕,千万要严防身旁的吹鼓手把你吹得昏昏然、飘飘然,沉迷于"稳操胜券"中执迷不悟。要牢固树立危机意识,战战兢兢过日子,如履薄冰想问题。狂妄不是自信,谨慎不是怯懦,跨越绝不等于忘却忧患。曾经,有一位激进的冒险者扬言:"几年内兼并一千个企业,五年后成为全球五强。"此种狂妄之言,不早成了惹天下人耻笑的话柄吗?

二、最大限度地严控成本,节省一切非生产性开支

成本优势是企业优质管理下的利润最大化。建立竞争优势,非在成本和品质控制上有所突破不可。若销售额倍增,利

润却在下滑,一个重要原因就是成本居高不下。要在不损害员工利益的基础上,注重单位生产率的提高。一切产品,不仅要确保高品质,还要经得起市场价格的检验。同样的品质、品牌、服务,价位就成了市场最敏感的问题。

一个企业不管如何优质、高效,总有成本潜力可挖,总有漏洞可堵,至善至美的企业是不存在的,正如最美好的事物也有缺陷一样。所以,企业要在不断挖潜补漏中,寻找低成本空间,坚定不移地走高品质、低成本之路。在全球金融危机袭来的今天,尤显紧要和迫切!

美国的洛克菲勒公司,堪称全球危机管理的榜首企业,严密精细的成本管理,是它的成功之道。对呈报上来的成本和开支、销售及损益数字,分析可谓洞察入微,精确细密,令人叹服。如提炼一加仑原油的成品,成本精确到一分钱的千分之一。只要发觉某一炼油厂提炼一加仑原油的成本高于9厘1毫,便会严肃地责问经理:"为什么你们提炼一加仑的原油要花1分8厘2毫?"洛克菲勒公司的这种严密精细的成本管理,对于我们民企来说,意义实在太重要了。

只有高品质、低价位的产品,才能为广大消费者所接受,才有市场永恒的生命力。即使具有品牌优势、品质领先的产品,也不能把市场当作牟取暴利的乐园,而要在精确的成本分析基础上,最大限度地降低成本,让利于市场和消费者。这样,市场才会对你的产品情有独钟。

三、重视现金流分析,加速资金流转,加大回笼应收款力度

企业的现金流量是衡量一个企业财务状况优劣的重要指

标。保持充裕的现金流和较快的资金周转率,是企业发展的资金保证。

企业不能只盯住订单,盲目扩大经营规模,而要高度关注现金流的变化,注重现金流分析。如资金到账率低,流动资金大都压在进料、生产和库存上,客户拖欠严重,甚至出现坏账,资金链一旦断裂,将导致企业瘫痪。所以,一定要不时分析现金的来源和使用去向,分析目前的发展速度须有多少现金支撑,未来发展有多大现金缺口,用哪些低成本办法去筹措。

加速回笼应收款,加大催付力度,同时应讲究催讨速度和方法。对于应收款巨大,催讨有相当难度的,要及时通过司法途径加以解决。"现金为王"在危机时代是应对危机的重要利器。

企业最基本的运作技能和效率,主要看边际利润、现金流量和资金周转率三项指标,特别要注重分析"现金流量报表",因为它可以清楚表明企业的资金运作处于何种状态。

有的民企只顾单子不断地接,员工不断地招,资金不停地借,"随需随借",资产负债率居高不下,对现金流的分析不太重视,现金一直处于紧张状态,这是潜在的危险因素。一旦财务风险凝聚,悔之晚矣。

西方的"破产"概念和我们不一样,它主要指没有足够的现金去支持企业的正常运作,包括支付贷款、利息、工资等。这就提醒我们要提高最基本的运作技能,充分重视边际利润、现金流和资金周转率的重要作用。危机管理首先要在这三项指标上提高最基本的运作技能。

四、密切关注宏观调控,适时调整运作策略

一切经济活动,都离不开国家宏观政策的调控。随着改革开放的不断深入,中国经济日益融入世界经济,宏观经济将步入全球化轨道。

民营企业不仅要关注本国经济政策,更要关注和把握全球经济走势。张瑞敏敏锐地提出"三只眼"理论,其中一只眼就是盯住宏观经济,盯住政策和政府。

当国家产业政策需要某产业发展,以支持国民经济快速稳步增长时,你却在夕阳产业里"孜孜以求";当全球经济以某一产业为龙头发展时,你却在行将被淘汰的行业里钻牛角尖、做"淘金梦";当某一产业的技术不断进步,产品不断提升,且生命周期不断缩短,更新换代速度加快时,你却还在用陈旧的技术和老掉牙的机器组织生产——凡此种种,与宏观经济、市场走势背道而驰,结果不仅危机四伏,简直离破产指日可待。正确的策略应是跟随时代经济潮流,适应并挑战市场环境变化,不断去寻找新的"奶酪"。

举建筑产业中的电梯产品为例。这些年,国内房地产业空前繁荣,城市化进程加快,2008、2010年奥运、世博成功举办,给建筑工程带来发展契机,也为电梯产品提供盈利空间。此时,电梯厂家适度扩张,技术更新,品质卓越,服务完善,加上明显的价格优势,适时推出低能耗、低噪音、无漏油的绿色环保型电梯品种,正赶上发展的大好时机。但当低潮来临时,就不能盲目乐观,而应重在一个"稳"字,稳中谋攻,稳中重守,以求立于不败之地。

适应变化,挑战变化,是企业危机管理的利器。任何一种产业、一个企业,都不能背离宏观经济环境,逆市场趋势而行。企业的危机管理就是在这样的大背景下,要求企业家炼就一双火眼金睛,去识别和应对机遇和挑战,趋利避害,在"如履薄冰"中安然渡过一个又一个难关,迎接和拥抱危机过后的春天!

五、激发员工敬业爱岗精神,发扬艰苦奋斗、勤俭办企作风

艰苦奋斗、勤俭节约是中华民族的美德,不仅在企业效益好的时候要发扬,在危机时代尤显重要。充分调动和发挥员工敬业爱岗精神,与企业产生一种亲和力和凝聚力。"企业靠我发展,我依企业生存",组成员工与企业血肉相连的生命共同体。

在这样良好的企业文化氛围下,品质追求卓越,效益节节攀升,员工艰苦奋斗、勤俭节约蔚然成风,哪怕是一度电、一张纸、一支圆珠笔芯、一个螺丝帽都会珍惜有加,"一分钱当两分用",并不断提出增收节支好建议、好办法,这样,企业的各项成本自然会降至最低限度,而效益则发挥得淋漓尽致。

所以,在危机管理中,除了发展战略的适时调整,各项应对措施的落实,发挥人的主观能动性,"以人为本"的作用不可低估。

做企业,一天也不能"安",世界经济变幻莫测,宏观调控时紧时松,科技发展日新月异,产品周期越来越短,即使优质的产品也有生命周期,再出色的企业也会遇到意想不到的困难。看不到危机,忽视和放松危机管理,那是对企业的极大犯罪。

危机管理是抵御风险的护身符

"生于忧患,死于安乐"。雄踞全球软件业榜首、高居事业顶峰的盖茨,心中始终隐藏着担忧:"微软离破产永远只有18个月",以这种离破产很近的危机意识来警示和激励自己,并进行有效的危机管理,使企业活力永在,基业常青;海尔的张瑞敏称自己"每天的心情如履薄冰,如临深渊"……大凡那些在市场上久经沙场的老将都能深切体会"危机管理"对于企业生存发展的深远意义,都把危机管理视作发展路上跨越艰难险阻的法宝。

所以,我们务必养成独立思考问题的习惯,"白天用前面的脑子想问题,晚上还得用后面的脑子想问题"。务必加强危机管理。越是战战兢兢,想的问题越多,就越是成竹在胸、稳健如山,发展的步伐也越快——这就是辩证法。

成　　功

——永远保持学习的饥渴状态

近半个世纪,特别是 20 世纪 80 年代以来,全球的社会、经济发生了巨大的变化,正由工业化向知识经济、信息社会过渡和转变。

知识的膨胀率、替代率和废旧率越来越高,更新换代越来越快。变化已成为新时代的主要特征。

我们正处于一个新时代的交叉路口,在这个新时代,价值、信念、创新、技术、可信度和社会责任感将决定我们组织的命运。

任何一个企业,无论在创业阶段,还是在快速或稳定发展阶段,都潜藏着各种不可预测的危机,也蕴藏着无可估量的发展空间。

企业的功成名就或凋谢败落,虽情况各异,原因众多,但有一点可以肯定:学习态度的迥异是关键因素之一。

当前的企业管理已经进入第六阶段,即全球化和知识化阶段。在这个阶段,持续成长成为企业管理的目标,而知识管理则成为管理的主题。

建立学习型企业,是当今最前沿的管理理念。为了在知识经济的条件下增强企业竞争力,企业必须把学习作为持续发展的首要任务。排名全球500强的企业,早已深刻洞察世界知识经济发展的趋势,把握时代前进的脉搏,以前瞻性的眼光构建"学习型组织",对企业进行脱胎换骨的改造,从而引领世界经济产业的不断前进。

我国广大中小民企,是在传统的小农经济基础上孵化而生,从娘胎里带有浓厚的传统色彩及经验主义的框框,大多从短缺经济和机会市场中掘得第一桶金,起步较低,素质不高,现代工业企业所应具备的各种要素观念十分淡薄。更新观念,学习先进的管理理念和方法,接受最前沿的科技知识技能,跟上知识经济步伐,便成了中小民企持续发展的充分必要条件、十万火急的战略任务,成了企业发展壮大的生命核能。

须知,在企业面临空前竞争压力、危机时隐时现的今天,没有比学习更重要、更紧迫、更带有战略性的了。不只"爱拼才会赢",更要"学习才会赢,学好才会赢",这是现代企业最前沿的理念,也是全球500强的战略武器。

学习的任务,现已责无旁贷地落到广大中小民企经营者的肩上,并拴着你企业的前途和命运。"一万年太久,只争朝夕",时代容不得你慢半个节拍,严酷的市场也不会接受传统的经验。

一、学习和知识更新是企业发展的市场选择和时代要求

时代在进步,科技在发展,变化之快,发展之迅猛,是任何时代所无法比拟的。置身于这个"变化无穷"的市场环境中,"持续发展"成了创业者挥之不去、时刻萦绕于胸的重大主题,又连着企业家的身家性命。

一个企业欲在当今瞬息万变的环境下生存下去的唯一选择,就是不断学习,在学习中提升和超越,在提升和超越中不断学习。

中国加入世界贸易组织后,市场竞争空前加剧。企业若不创新,原地徘徊踏步,必死无疑。而创新的基础是学习,因而未来真正出色的企业,将是能够设法使各层级人员全心投入并有能力不断学习的组织。

美国的珍妮特·沃斯和新西兰的戈登·德莱顺在《学习的革命》一书中写道:"将来最成功的企业将是一个学习团体,比你的竞争者学得快的能力,也许能唯一保持竞争优势。"

美国通用电气公司原首席执行官杰克·韦尔奇也说:"我们很快发现,公司成为一个开放的不断学习的组织是至关重要的。最终的竞争优势在于一个企业的学习能力。"

美国的彼得·圣吉在《第五项修炼——学习型组织的艺术和实务》中指出了学习型组织的真谛:"透过学习,我们重新创造自己。透过学习,我们能够做到从未能做到的事情,重新认识这个世界和跟它的联系,以至扩展未来的能量。"

掀起"学习的革命",把企业打造成学习型组织,应该成为广大中小民企的迫切需要和自觉行动,成为企业文化建设的重要课题,只有这样,企业才能挣脱传统模式的桎梏,带来"脱胎换骨"的跃进和升华,成为推动企业健康快速发展,实现"适者生存"的动力之一。

美国有一条谚语:"当一个人知道自己想要做什么时,整个世界将为之让路。"那么,当一个企业用学习作为做大、做强的武器时,也许整个世界也将为之让路——这就是学习的力量。

在"福布斯"排行榜名列第77位的中国红星家具董事长车建新在谈到学习时深有体会地说:"民营企业要更上一个台阶,我觉得唯一的方法是通过团队学习来提升团队整体素质,也就是通过建立学习型组织来实现。"这就是对学习型企业的最好诠释。

在市场经济不断走向开放和成熟的今天,不少民企却似乎感到市场越来越窄,钱越来越难赚,有的则有"山穷水尽"之叹,"柳暗花明"的路不知在何方,急得像热锅上的蚂蚁,一时失去了方向,使出浑身解数都无济于事,被市场烤灼得焦头烂额。殊不知,在他们的武库中,缺少的正是学习和学习的能力。你的管理还是粗放型,你的技术还是传统型,你团队的素质还是停留在"生产队"水平,试想,这怎能去这个充满火药味的市场打天下?拖着破枪败下阵来,是迟早会到来的必然命运。

先进的管理理念、方法、手段,先进的技术、技能,具有凝聚力、忠诚度、开拓性的团队,市场营销的规范及谈判的艺术方法,诸如此类,都必须通过学习和实践取得。在办公室里冥思苦索,在市场上胡冲乱撞,对学习不屑一顾,决然不会有好收成。

唯有开阔思路,开阔眼界,开阔胸襟,才能开拓市场。关键在勤于学,敏于思,勇于创新才是持续发展的唯一选择。

放眼看世界,只有用学习武装起来并不断将学习转化为强大企业力的团队,才是能够持续发展的。这就是学习的力量。

二、学习和知识更新的内涵和路径选择

实践证明,未来成功的企业,无论大小,都具有一个共同特

点:都是"学习型组织",通过不断学习充实,超越自我,增强企业组织革新和创造的能力。"读史使人明智,读诗使人聪慧,演算使人精密,哲理使人深刻,伦理学使人有修养,逻辑修辞使人善辩"。总之,"知识能塑造人的性格",也能塑造你企业的性格——知识就是力量。

中国太平洋建设集团董事局主席严介和在第六届中国经济高峰论坛年会开幕式的发言中提出,做一个企业家要读破五本书:政治学、法学、经济学、哲学、社会学。胸中有了这五本书的武装,面对任何社会、市场的惊涛骇浪都会无所畏惧,都会胜似闲庭信步,即使一时跌到了,也会"掩埋好同伴的尸体",抚平内心的伤痛,再次振作起来,挥戈跃马重上阵。

学习的内涵和外延十分丰富,五本书涵盖内容浩瀚,要读懂、读通,需花费浩大的精力。就长远而言,是非读不可的,因为你是企业家,而且要做一个超乎寻常的企业家;就阶段性而言,必须学习的有:战略经济学,现代管理学,营销学,WTO自由贸易规则,名牌经济和企业文化建设。通过学习,了解并掌握世界经济的变化和发展趋势,现代企业的组织结构、治理方略和运营机制;了解并掌握现代科技发展、产品更新换代的最新动态,了解并掌握WTO规则下如何规避风险、把握机遇的战略、战术,了解并掌握企业文化对于提高现代企业竞争力的作用以及培育、构建的方式、方法。

所有这些学习,都要紧贴企业实际,密切联系企业现状,并把学习中的所思、所悟、所获,用于企业实践,或纠正之,或完善之,或推倒重来之,来一番脱胎换骨的改造。

如果把学到的东西仅仅挂在嘴上,就好像把从别人武库里借来的"弓箭"握在手中,却不去射你企业实际之"的",这种仅武装嘴巴的学习,是"纸上练兵",充其量是"口头革命派",于企业发展徒劳无益,反倒耽误战机,造成伤害。所以在学习中应贯彻"学以致用"、"学用结合"、"因人、因时、因地而异"的原则。

笔者推荐下列读本,作为学习时的参考。

(一)战略、竞争类

《公司战略计划》　〔加〕亨利·明茨　云南大学出版社
　　　　　　　　　伯格著

《核心竞争》　　　〔英〕朗·西韦尔著　华夏出版社

《差距》　　　　　姜汝祥著　　　　　机械工业出版社

《竞争论》　　　　〔美〕迈克尔·波　中信出版社
　　　　　　　　　特著

《企业战略管理》　刘冀生著　　　　　清华大学出版社
(第二版)

《企业竞争力提升　吴维库著　　　　　清华大学出版社
战略》

(二)企业管理类

《愿景》　　　　　〔美〕加里·胡佛著　中信出版社

《基业长青》　　　〔美〕詹姆斯·C·　中信出版社
　　　　　　　　　柯林斯、杰里·I·
　　　　　　　　　波勒斯著

《质量无泪》　　　〔美〕菲利普·克　中国财政经济出
　　　　　　　　　劳士比著　　　　　版社

《总裁魅力学》　　曾仕强著　　　　　清华大学出版社

书名	作者	出版社
《沃森职业信条》	〔英〕卡罗尔·汤普森著	中国档案出版社
《企业管理学》	丁以中等著	清华大学出版社
《决策之难》	〔美〕保罗·纳特著	新华出版社
《管理的终结》	〔美〕肯尼斯·克洛克、琼·戈德史密斯著	中信出版社

（三）营销战略、战术类

书名	作者	出版社
《丰田,一兆日元》	〔日〕若山富士雄著	云南人民出版社
《解决》	路长全著	机械工业出版社
《创造顾客价值》	〔美〕哈维·汤普森著	华夏出版社
《分销渠道:设计与管理》	李飞著	清华大学出版社

（四）公司变革、再造类

书名	作者	出版社
《公司再造》	〔美〕尼克·奥博伦斯基著	华夏出版社
《再造企业价值空间》	〔美〕班瓦利·米托、贾格迪胥·谢兹著	机械工业出版社
《激情》	〔美〕戴维·S·博扎克、特利·皮尔斯著	中国社会科学出版社

（五）企业文化类

书名	作者	出版社
《企业文化建设》	张德主编	清华大学出版社

三、学习型组织必须排除的障碍和"误区"

全力打造企业文化力,构建学习型组织,绝非易事,不可能一蹴而就。首先要真正从思想上充分认识,在具体做法上精心组织、策划、展开,如同培育一个品牌一样全身心投入。没有主观上"我要学"的自觉,没有坚持不懈、好学不倦的意志、毅力,没有理论联系实际的优良作风,是断然学不到位的。

学习中必须处理好三种关系,跨越三大"误区"。

(一)正确处理学习与打造企业竞争力的关系,坚决克服和纠正把学习当作软任务的偏见

未来企业竞争的优势在很大意义上取决于企业的学习能力。在市场竞争日益加剧的环境下,尤应加强学习。有的虽认识学习之重要,但在自己企业发展缓慢、停滞时,往往把学习置于一边或已有了良好开端却半途而废。有的则闲时学一学,忙时放一放,弹性很大,时断时续,没有把学习当作一项经常性的制度。更有甚者,以为学习一时难以收效,起不到立竿见影的效果。

这种把学习和企业竞争力对立起来的观点,以及把学习当作一时之兴、权宜之计的做法,是打造学习型组织的障碍,必须努力排除。

这里有一个生动的案例,讲的是有两家同属服装行业的乡镇企业,因对学习目的、态度、方法等认识的迥异,导致两种不同的命运。

一家是江苏苏州的乡镇集体企业,生产"××牌"衬衫,初始时,市场影响不差,产品销路广,品牌效应日显,慕名来参观

学习者络绎不绝。同样,浙江也有一家规模相仿的乡村服装企业,两家相互关系很好,浙江那家因起步较迟,常到苏州的这家来学习。但后来,苏州的这家乡企,沾沾自喜,故步自封,设计不再创新,技术不再革新,学习更是差劲,领导专注于人情社交、请客送礼,且内耗严重,没有多少时日,销售日益萎缩,管理陷于混乱,最后导致"关门大吉",并留下一大堆债务。而浙江的那家乡村服装企业注重不断学习、不断超越,技术不断革新,销售红红火火,品牌打响全国,并在沪交所上市,在国内外两个市场上站稳了脚跟,打出了旗帜。

这则案例生动地说明,不断学习和超越,对于企业发展至关重要。任何放弃和不重视学习的态度和做法,以及满足于一得之功、一孔之见的骄傲情绪,都会给你的企业带来致命的伤害。

(二)正确处理学习与理论联系实际的关系,坚决克服和纠正流于形式、好大喜功、脱离实际的做法

学习的目的在运用。那种"听听心动,想想感动,看看激动,就是没有行动"的学习态度,是打造学习型企业的又一障碍。

有的企业学习,只求表面上的轰轰烈烈、热热闹闹,仅满足于挂在墙上、说在嘴上,"言必称希腊",学和用全然对不上号。别人还满以为此人管理理论、经验丰富,一套又一套,他的企业肯定红红火火,殊不知,学的与做的,全然是两码事。好比一个弓箭手,手里捏着一把好箭,嘴上不停地说"好箭!好箭!",却一直不射出去。有"的"不去放"矢",有好的理论不去和实际挂钩,学等于不学。这也是构建学习型组织的重大障碍。

有的则不求甚解，不深、不透、不全面、不系统，甚至"拣了芝麻，丢了西瓜"，把学到的一点支离破碎、以偏概全的管理理论，生吞活剥地用于实践，导致效果不显乃至南辕北辙，"学习无用论"潜滋暗长，最终束之高阁，"马放南山"。这是打造学习型组织的又一障碍。

（三）正确处理部分与整体学习的关系，切实纠正和改变"小圈子"主义的学习方法

学习从我做起，从企业老总做起，身先士卒，作出榜样，这是打造学习型企业的重要关键。没有领导的带头，所谓的"学习型企业"只能是空中楼阁。

但有的企业领导只注重自己的学习，仅停留在管理层一级。误以为抓好了这一层的学习就够了，没有必要由点带面地全面铺开。管理层一级的学习，其重要性不言而喻，可仅停留于这个"小圈子"层面上的学习，却无益于企业整体素质的提高，无益于企业管理的理念、价值、战略得到全体员工的认可，也无益于执行力的有效实施和提高。

有的企业学习，只浮在表面，领导只是在会议上振振有词，号召下面学习，制订计划，落实措施，自己则松松垮垮，浮光掠影，蜻蜓点水，在繁忙的事务中晕头转向。试问：这样的学习会持久吗？会有成效吗？会成为构建企业优势竞争力的推动力吗？答案显然是否定的。欲打造学习型企业，必须正确处理上述三种关系，跨越三大误区，以确保学习型组织的持久性和有效性，使之真正成为企业持续发展的推动力量。

随着全球经济一体化的加速，国内外市场的竞争压力将更为严峻和残酷。稍不留神，或使你的创业被扼杀于摇篮中；或

使你长年累月、呕心沥血积累起来的财富,瞬间化为乌有;或令你人仰马翻,陷于绝境;或使你遍体鳞伤,气息奄奄,再也不会有挣扎和死里逃生的余地。真可谓比哭还悲伤,比死还痛苦。拯救的办法只有一个:学习、学习、再学习。学习是成长的法宝、持续发展的利器,也是规避风险、免于劫难的本领。

时势已不容你慢半拍,更不容你"好好想一想"再学。以追求持续稳定、健康、快速发展为目标的中小企业家们,快快点燃学习之火,快快擎起学习之旗帜,快快执持学习之利器。

成功——永远保持学习的饥渴状态。

企业家的价值、智慧和创造力

一、企业家的价值观是锻造企业生命力的支柱和源泉

价值观是一个时代的命题。无论是国家、组织或个人,都有自己的价值取向,并决定着事业兴衰和个人荣辱。

企业家的价值观,是对自己企业所肩负的责任和历史使命的认识和定位,也是企业家个人世界观、人生观的最充分的展示,并带有鲜明的时代特征。

企业家和老板是两个不同性质的概念。老板侧重在产权意义上,而企业家侧重在他们的价值、理念和在他的价值理念指导下的运作能力和肩负的社会责任意义上。所以,企业家不能简单等同于一般意义上的老板。

不同的价值观,生就不同的企业和企业家。人的文化层次、阅历、经验乃至性格以及他运用的思维方式、方法论,均对企业家价值观的形成起着至关重要的作用。

人为什么存在,企业为什么存在,为何要创业,为何要发展,不同的价值取向,就有不同的生存和发展方式以及方法论。一个人拥有先进的价值观,并不等于立时成功,但他一定有力量、有能力、有智慧,不折不挠地去搏击各种风浪,经受各种挑

战,战胜种种险滩暗礁,去实现自己的价值观。如果为个人谋私利而创业,就是一种狭隘的个人主义取向,视野的狭窄会制约发展的空间。即使一时成功,也可能是昙花一现。美国福特汽车的创始人亨利·福特说过这样一句话:如果金钱是你能够独立自主的寄望,那你永不会达成自己的愿望。一个人在这世上能拥有真正的安全感来自知识、经验及能力的积累。

美国的默克制药公司是全球最强的制药企业,在100多年的历史里,始终以先进的价值观为指引和激励。乔治·默克二世在阐述他的价值观时说:"在我们这一行工作的人,真正受到了促进医学进步、服务于人类的理想的激励。"整整三代领导人之后,默克的CEO罗伊·魏吉罗用同样的语气说:"最重要的是要记住,我们的业务成功意味着战胜疾病和协助人类。"

"战胜疾病"、"协助人类"和"促进医学进步",就是默克一以贯之的价值观。有一个十分雄辩的事例,你听了之后一定为默克实现他的价值观而付出的巨大代价而折服。当时,第三世界有上百万人感染河盲症(医学上称之为"热尾丝虫病盲症"),这种疾病是大量的寄生虫在人体组织里游动,最后移至眼睛造成令人痛苦的失明。一百万个顾客是规模相当大的市场,可这些人都是买不起药品的穷人。在某些政府机构或者第三者拒绝施惠时,默克决定免费赠送药品给需要的人,并直接参与分发工作,以确保药品确实送到受这种疾病威胁的上百万人手中。默克深知这个计划绝对不会有很大的投资回报,但仍然推动这个计划。默克的这项伟大计划,赢得了社会的极大赞誉和敬重。从而默克的医药产品也得到了社会的高度信任和认可,最后达到"药品旨在救人……利润会随之而来"的目的。

默克制药公司就是以这样的价值观来指导并驱策自我,并以自己的实际行动来诠释理念的本质——务实的理想主义。而为自己一家的私利创业,虽也有可能赚取很大的利润,但对比之下,是多么渺小和可悲!

许多具有生命力的企业,经常不是在成功之后才拥有先进的核心价值观。井深大在日本战败后的一片废墟中创办索尼公司便是生动的一例。在一栋遭到轰炸和火烧的百货公司空荡荡的大楼里租用的一间废弃的电话总机房,7位员工,1 600美元,便是索尼的全部创业家当。在他迁到东京不到10个月,还未赚到多余的周转资金之时,就在他的公开说明书中阐述了公司的价值观:让所有的员工"了解他们对社会的使命,并心满意足地工作"、"动力十足地追求科技活动以及用生产来复兴日本和提升国家文化力的行动"。正是由这种"复兴日本"和"提升国家文化力"的价值观时刻激励,索尼才取得今天如此辉煌的成功。

在初创时期,在创办人还在拼命却没有赚取足够资金来支持下去的情况下,就设计这么宏大的价值观,是多么高瞻远瞩和可贵的务实的理想主义精神!

历史上,中国有作为的企业家不在少数,但由于历史条件的限制,封闭专制的政治环境,"重官轻商"的文化的桎梏,纵然有雄心壮志,也最终难逃衰亡的命运。恶劣的土壤条件,绝不可能生就健壮的禾苗,哪怕这颗种子再顽强,出土后仍可能面临夭折。这也毫不奇怪,因为我们没有经历过市场经济的历史阶段,更没有机会经受市场经济的充分洗礼。一定的经济形态,是一定政治条件的产物。

改革开放为各种所有制经济的发展带来历史机遇,特别是非公经济如雨后春笋不断发展壮大。这时就产生一个理念和价值观的问题。你的企业为什么存在,凭什么存在,怎样去发展、做强做大,这个看似简单的问题,实质是一个决定你企业生死存亡并指引你航向的重大命题。这个问题不解决,或不明确解决,就谈不上真正意义上的企业。

北京同仁堂的成功,就是理念的成功,在优秀价值观指导下的成功。为济世救人而存在,秉持仁心仁术而运作发展。虽在发展过程中几经艰难曲折,但同仁堂这种价值观从未动摇过,从而铸就了这家"百年老店"。

海尔也是成功的,其"真诚到永远"的理念成为企业运作的最高准则。张瑞敏"砸冰箱事件"为"真诚到永远"揭开了新的篇章。而现在相当多的企业,只是把理念当作空洞的口号,把"价值观"当作华美的空壳和包装,是一块没有含金量的金字招牌。在这些经营者眼里,赚钱才是企业唯一存在的理由。曾记得不少当年曾经辉煌一时的民营大企业,它们失败的真正原因是赌徒和机会主义者急功近利的心态。赚多了还想赚,永无满足,管它"非典"不"非典",管它"责任"不"责任"。甚至于社会的公德、国家的法律也不屑一顾,唯一关注的是自己的钱袋。经济学家张维迎说:"利润只是社会考核企业的手段,而不是企业存在的原因。社会需要企业为社会创造价值,如果只是为了钱,企业和企业家存在的意义也就不大了。"价值观念的缺失、扭曲,便会造成只要有钱可赚,什么话都敢说,什么事都敢做,什么花招都敢使,无所不用其极的恶行。殊不知,这样一来离失败的步子也愈来愈近了。上帝会惩罚那些贪得无厌的人。

近年来,无论是国企还是民企的当家人,东窗事发者屡见报端。或携巨款外逃,或贪污受贿,且数额越来越大,少则千万,多则上亿。身陷绝境,畏罪自杀,不一而足。究其根本,在于价值观被膨胀的贪欲严重扭曲和异化。有的则拉价值观之大旗,招摇过市,吓人、骗人。揭其原貌是黑心、黑肺、黑肚肠的贪得无厌者、唯利是图者,有时他所宣扬的价值观无非是用来作为达到他贪婪目的的手段和遮羞布。

综上所述,要锻造一个具有生命力的企业,首要的是企业家具有优秀的价值观以及在此指引下的思维、行为方式和运作能力,肩负时代和民族责任,不辱民众的重托,而绝不是以此做幌子的别的异类。一切偏离价值观指引的思想和行为都是企业的毒蛇猛兽,会给企业以致命的伤害。

二、否定之否定和有所为而有所不为是企业家智慧的最高境界

社会进步和人类文明应建筑在否定的哲学基础上,怀疑并否认一切形式的条条框框和过去认为是对的习惯思维,进入最高的思想境界。事物都处在不断的无穷变化之中,欲适应事物变化,观念和思维方式也应随之变化。过去是正确的,过了若干年实践证明却是错误的,这是常有的事。因为真理在历史的长河中,也永远在发展之中,只有相对真理,没有绝对真理。

改革开放初,处在社会边缘的小人物,利用制度的空隙和市场的极不完善,凭着自己的勤奋刻苦、一腔热血、有胆有识,在市场上掘得了第一桶金,取得了成功。但那时取得成功的这些观念、思维方式在改革开放深入的今天来看,却是片面的甚至是错误的,因为市场环境已经发生了质的变化。那时候都觉得钱好赚,无论做什么都赚钱,商品短缺,人才凝固,技术匮乏,你只要稍留些神,发点小财是不稀奇的。如果你凭借这点"小聪明",抱住你以往这些成功的经验去运作今天的企业,那必然会在市场上碰得头破血流。有那么一些人,原先在市场上掘得第一桶金,在以后的企业运作中化为乌有,甚至倾家荡产,触犯法律锒铛入狱者也不在少数。这些人的一个致命弱点就是:思想僵化,行为守旧,视偶然为必然,视侥幸为聪明,惰性滋长,自己把自己束缚起来、包围起来、封锁起来,夜郎自大,目空一切,人性中一切弱点都在他的企业运作中放大、膨胀、积累,一夜轰然倒塌也就不足为怪。

综观世界500强企业的成长发展历程,都是在不断否定中发展,在市场变化环境中不断成长。企业家的智慧就在于不断地调整、否定,在否定和调整中使自己智慧的灵气发挥到极致。

沃尔玛的创始人沃尔顿,"把一生大部分的时间都无休止地花在努力建立和发展沃尔玛的组织调整能力上,而不是努力发展自己的领袖性格。……他珍视变革,试验和不断的完善"。沃尔顿这种"无休止"努力和"不断完善"的精神,正是对否定之否定的最好诠释。

一个企业如果不思变革,不愿、不肯、不敢否定过去,着眼未来,将自己的企业置于瞬息万变的市场环境之中,那肯定是没有前途的。初创时的巨人、飞龙、秦池、三株、德隆都取得了成功。蓬蓬勃勃,轰轰烈烈,名气响彻全国,可谁能相信它们会倒下。大凡一时成功的企业都有一个最大的致命弱点,那就是被胜利冲昏头脑,认为自己做的一切都是正确的,狂妄自大、目空一切,不愿、不肯也不敢否定自己,从而导致失败。

否定之否定就是不断审视自己、挑战自己、超越自己,在先进的价值观的指导下永不满足于自己的管理和产品。

摩托罗拉的创业是从修理家庭收音机电池消除器开始的,进而到汽车收音机、家用电视机,再到半导体、集成电路、移动通信,再到卫星系统。索尼从制造电饭煲和粗糙的电热毯,到制造录音机、晶体管收音机,到彩电、录音机、随身听,再到机器人系统,21世纪还不断发展出新的事业,运用科技创新,为人类带来"说不尽的快乐和福祉"。

不管是摩托罗拉还是索尼,它们的成就是否定之否定的结果。试想摩托罗拉和索尼只是满足于修理家庭收音机的电池和制造电饭煲、电热毯,会有今天这样的成就吗?任何一个企业的成功,都离不开否定自我、挑战自我和超越自我的思维飞跃,从而达到制度创新和产品创新。

自我否定的过程是痛苦的,但最终是幸福的。你要寻找幸福并最终达到幸福,非经受痛苦的心智历练不可。如果你不想经历痛苦,不想否定自己,还是赶早退出这个市场。

所以,我们广大中小民企必须时时处处提醒自己,反思自己,否定自己,才能在严酷的市场中站稳脚跟,持续发展。

"有所为而有所不为",这是做事业的一条简朴真理。囿于人的能力、水平、资源的限制,一个人不可能同时熟稔地驾驭各个产业领域,只能做自己熟悉的事,从事自己了解的行业。所谓战略,就是指哪些事是自己该做的,哪些是自己不该做的,或至少目前条件并不具备,这些都要心中有数,了如指掌。在一般意义上说,"鱼"和"熊掌"是不可兼得的。

"有所为而有所不为"同时也是一种境界,境界不是战术,甚至也不是战略,它是一种使命,是一个企业家的智慧的表现。当一个企业的经营方法取得至高无上的地位,而丢失了价值理念,盲目地介入不熟悉但风险很大的产业,那是十分危险的。因为价值理念在方法论之外,却在方法论之上。中航油(新加坡)事件的原因,就在于经营者将经营方法放在至高无上的位置侥幸取胜,投机心理占了上风,而忽略了自己所肩负的责任和使命。这点教训应该记取。

三、创造力是企业家的"核反应堆"

创造是新事物从无到有、从旧到新、从丑至美的思维和实践活动,具有对传统的颠覆性和对未来的前瞻性。其实践过程中的能力和突破为创造力。创造力是社会进步、文明发展、科技日新月异的推动力,也是将企业推上新的高峰的"核力量"。其中,企业家的创造力是新的里程碑的奠基人和开拓者,爆发的创造能量超过"核反应堆"。

英特尔的芯片系统,微软、苹果的操作系统,便是IT行业创造的顶峰和霸主,当下,谁能与之争锋?复制和模仿,算不上"创造",倒有侵犯知识产权之嫌。

一个企业创造力低下,甚至没有创造力,那便只能处于产业链的最低端,在这个产业前景好的时候,也只能挣到利润的一小杯羹,但风险远远大于稀薄的利润。因为你只会"依样画葫芦"、"照猫画虎",缺乏原始创造力。

企业缺失创造力,源于企业家缺失创造力。如停滞并满足于"照猫画虎"阶段,听任不思创造的惰性膨胀,企业的竞争优势将逐渐丧失。

企业家的创造力,需要智慧和胆识,需要丰富的想象力和可贵的实践性。

基于绿色环保的信念驱动,新能源产业的崛起,一个本来做电池的企业,一跃成为新能源汽车的领军人物。中国电动车王国"比亚迪"就此诞生,掌门人王传福也就此风靡全球。美国的巴菲特快速以18亿港元认购比亚迪10%的股份。在2009年的巴菲特全球股东大会上,王传福把比亚迪电动车昂然开到现场。据传,巴老要送台"比亚迪"车给奥巴马,刺激一下这位总统的神经。王传福也以350亿元名列胡润百富榜的榜首。查理·芒格这位巴菲特的重要搭档,掩饰不住他内心的赞美,称"这家伙简直就是爱迪生和韦尔奇的混合体,可以像爱迪生那样解决技术问题,同时又可以像韦尔奇那样解决企业管理上的问题。我从没有见过这样的人"。

比亚迪的创造力在于有胆有识地去挑战规则,敢于以新的思维方式和方法论,挑战拥有核心技术的日本企业。与丰田花冠神似的比亚迪F3,2009年销量已达30万辆,成为年度最畅销的一款轿车。

这就是创造力和它释放的巨大能量。中国拥有创造力的企业家群体,正在以"雷霆万钧之力"磅礴于世界。

企业小,资金实力不足,不是创造力的主要障碍。王传福从事电池行业到创造电动车的奇迹,十分有力地作了佐证。

问题的关键,在于你想不想创造,敢不敢创造,用何种思维和方法论去创造。

创造力有天赋的因素,但并不与生俱来。王传福的"比亚迪",不是从娘胎里带来的,更不是"祖传秘方",而是由电池触发能源——新能源汽车的奇想。创造是建立在雄厚的基础理论功底上的。所以,从这个意义上说,一切创造皆离不开基础的理论功底和丰富的想象力。爱因斯坦、牛顿等一代巨人的科学理论,是取之不尽、用之不竭的创造力源泉。

创造的大门对所有立志于创造的企业家是敞开的,就看你智慧的幽灵是否首先勇敢地跨进了她的门槛。

人才战硝烟四起,人力资源直面挑战

人才是国家最可宝贵的资源,也是企业最大的财富。"人才兴,国家兴","人才旺,企业旺"。

人才是时代的精英,社会进步、科技发展的核心推动力。任何一个历史发展阶段,任何一个国家或地区,任何一个微小或庞大的经济体,人才历来都是"兵家必争之地"。

企业的持续成长性,起决定作用的是人才。应以人才为核心依托,营造人才优势,精心打造人才竞争力,从而使企业保持永续成长性。

认识当前人才竞争的态势,吸引、留住、用好人才,已成为企业十分紧迫的重要课题,也是人力资源部门义不容辞的重大使命。

一、永不停息的人才战,后危机时代竞争更趋炽烈

自古以来,人才战从未停息过。特别是在社会转型、危机四伏之秋,争夺会更趋激烈。认识当前人才战的态势,对企业制订人才战略会有所启发。

2010年,中共中央、国务院印发《国家中长期人才发展规划纲要》,表明我国政府对人才的渴求和战略期望。

美国最近正考虑修改移民法,最令人关注的修改点,是给

在美国正规大学获得理工科硕士的留学生发放绿卡,目的是把专业人才挽留在美国。此外,还在世界各地用各种手段招募人才。在新一轮世界经济严重衰退的今天,美国的人才战充满火药味。

外资企业在熟悉中国的水土以后,更是千方百计从中资企业挖走核心人才,其给出的超额待遇令人咋舌。

只有人才,可以改变企业的面貌,奠定企业的科技地位。人才,特别是高精尖的人才,成了企业家们梦寐以求的"明星"。

美国洛克菲勒标准石油公司的创始人约翰·戴维森·洛克菲勒说过这样一句话,或许可以概括企业家对人才的痴迷程度。他说:"为了某一个人才,我会不顾一切地去求他,即使对他百般吹捧、奉承也在所不惜,甚至还会厚着脸皮去拍他的马屁。"对人才的渴求真是达到了令人震惊的地步。如果我们的企业家能有这位世界石油巨头对人才渴求的态度,就不会为人才问题而一筹莫展了。

全球经济危机和复苏的不确定性,加剧了人才的激烈竞争。人才战的"发令枪"已经打响,对此,企业的人才战略已明白无误地摆在每个经营决策者的面前。企业不管规模大小,不管原有实力的强弱、盈利的多寡,人才将决定企业的未来走向。若在人才问题上有所失误,造成的损失是致命性的。这里以美国微软公司的创始人比尔·盖茨的话来说明人才对企业的重要地位。他说:"把我们顶尖的 20 个人才挖走,那么我告诉你,微软会变成一家无足轻重的公司。"可见,一家公司之所以能发展、兴旺,全靠人才,特别是核心的人才。

二、吸引、留住、用好人才，人力资源面临大考

人才对于企业兴衰成败的重要性，不言而喻。思想上对人才问题的深刻认识和高度关注，是吸引、留住、用好人才的重要前提。

那么凭什么去吸引人才呢？是丰厚的待遇吗？是，也不完全是。尊重是第一位的，知识分子的一个特点是十分看重自己，同时也非常看重对他发自内心的尊重。尊重他的品性、爱好、人格；尊重他拥有的知识和技术；尊重他的合理所求，改善生活待遇、提高生活质量的期望。企业具有良好的成长性，美好而实际的发展蓝图，人才在这个企业里大有用武之地的愿景，是吸引人才的重要条件。

企业要努力形成一个吸引人才的强大磁场，能够牢牢将人才吸住。这个磁场的形成，考验着人力资源部门的智慧。

留住人才，仅靠一纸签约吗？也不完全是。签约是必要的，但人才的流动性已经证明了它的脆弱性。留住人才的关键是：企业良好的人才机制的建立和完善；人才施展才能的舞台搭建；与人才有效沟通的桥梁铺设；"以人为本"的企业文化的不断推进；相应提高的待遇和激励措施得到落实。只有做到了上述五个方面，才能使人才安心、舒心，有奔头，有巴望，从而有效地留住人才。同样，这也考验着人力资源部门的创造力。

用好人才是必须要做足的功课，也是吸引、留住人才的真正目的。"物尽其用，人尽其才"，要把人才用在最合适的岗位上。刀刃的锋利离不开熔炉和磨石，人才的成长离不开良好的塑造人才的发展环境，良好的发展环境以良好的人才机制作为

切实保证。

　　整个人才系统,好比一部偌大的机器,发动机是人才,齿轮和螺丝钉也是人才。要根据每个人才的擅长、特点、爱好、素养及发展潜力,安排在使其充分发挥聪明才智的岗位上,并要充分考虑到最大限度地发挥他的人才效益。让一个错误的人选,留在一个错误的岗位上,是激发人才活力的一大障碍。根据"二八定理",20%的人才创造80%的公司效益,这80%的效益就是由20%的核心人才团队所贡献。这样,核心人才团队的建设,就成了人力资源的重要课题。除了为他们提供发展的平台与施展才华的舞台外,要建立绩效管理流程并提供公平晋升的机会。要敢于和善于发现该队伍中出类拔萃的领军人物,倾听他们的意见和呼声,鼓励他们创造发明,赋予他们肩负重担的责任,全力帮助和支持他们的工作,提高他们的薪酬待遇,并给他们应有的荣誉,充分满足他们的成就感。金钱的激励效果是有限的,荣誉的激励可产生巨大的力量。

　　为保障核心人才队伍后继有人,务必重视核心人才的梯队建设。挑选认同企业价值取向、素质高、有发展潜力的后备人员,有计划有步骤地重点给予培养。"相马不选马",在实践中,在人才机制的激励下,自然而然涌现出的业务骨干,比你预先圈定的要可信、有效。组织的认同,比你个人的主观意见要好。

　　要大力鼓励他们敢于讲真话,敢于承担责任,这样的人越多,办成的事也越多。唯唯诺诺,不敢越雷池一步,什么都言听计从的人,往往是缺乏创新的人。核心人才队伍中不应保留他们的地位。

对核心人才，要让他们放手去做事，给他们权力，给他们资源，充分授权。使核心人才本着企业的整体目标和方针，发挥自己的智慧，独立解决问题。只有在面临自己无法独立解决的困难时，才向上级请求支持和帮助。谁对事业发展有利，就把谁放在关键岗位上。不能搞大权独揽，独揽不代表成功。不搞"任人唯亲"。

当然，当你决定把权力授予某一位人选时，考察是必要的，考察他能否独当一面，胜任工作，这是授权能否成功的关键。充分授权，是提升工作效率的最可行办法。哪怕是最能干的主管，也要借助他人的智慧和能力，授权给他们，让他们释放智慧的潜能，把事情做好。这里的关键是要对授权对象的德、能、勤、绩等情况，进行全面考察，充分掌握，真正做到人尽其才、知人善任。

要重视在普遍员工中发掘人才，对他们的发明创造，同样要鼓励和奖赏。人才不是由学历来决定的。微软的创始人比尔·盖茨没有大学文凭，但你能说他不是人才吗？他是顶级人才，全球IT行业的领军人物。所以实践，只有实践，才是检验人才的唯一客观标准，也印证了"实践出真知"的真理。

在重视人才队伍建设的同时，要严防人才的意外流失。你不能保证人才不意外流失，但你必须切实保证技术资源、销售资源、管理和文化资源的安全性。这对人力资源部门是又一严峻考验。

在人才问题上，不少企业都有走弯路的可能，甚至有吃过亏的教训，令企业主大伤脑筋。譬如，聘任有一定经验的职业经理人，给他很高的头衔、丰厚的薪酬待遇，但不久就发现他并没有创造力,也没有带领团队的能力,管理水平也存在这样那样的问题。所以,要选用人才特别是高级人才,也不是一件容易的事情。一面是人才竞争激烈,一面是不是人才的"人才"滥竽充数。伯乐相得"千里马"不易,微软的20个顶级人才,可见比尔·盖茨眼力非同一般。

总之,吸引、留住、用好人才是一门大学问,事关企业发展,专业性很强,综合性、协调性、灵活性也很强。人力资源部门工作辛苦,责任重大,但若能"不辱使命",便极其光荣。

三、从我国古代高度重视人才的传统中获得启示

在我国数千年的历史长廊中,有着尊重人才的优良传统。封建统治阶级为了达到"治国平天下"的目的,广招天下人才。尤其在"烽火连天"的诸侯割据时期,出于统一帝业的愿望,对人才的渴求尤为迫切。民间流传的"三请诸葛亮"、"萧何月下追韩信"等,从一个侧面反映了封建统治者对人才的如饥似渴。人才战演得最为波澜壮阔的要算是三国时期。蜀国主刘备为了把诸葛亮招之麾下,不惜"猥自枉屈"、"三顾茅庐"。作为三国一霸的刘备,为了诸葛亮这个人才,不顾他是一介布衣,也不顾他在偏僻的山野,更不顾自家的身份,放下架子,诚意殷殷三次去请他"出山"。三国另一霸主曹操,为求人才,更是不计前嫌,对敌人营垒里的核心策划者贾诩,求才如渴。当贾投奔曹营时,曹操欣喜若狂,盛宴欢迎,并委以指挥重任。"官渡之战"是历史上以少胜多、以弱胜强的著名战例。战役中曹操军队的胜利离不开贾诩的足智多谋。人才在关键时刻起了决定性作用。我国历史上重视人才的事例,多得不胜枚举。当

然，由于历史的局限，人才只能被封建统治者当作工具，当作实现他政治野心的"枪炮"，但尊重人才这一点却是可以古为今用的。这也是对历史文化的"弃其糟粕，取其精华"。

如今历史的文明进程已到了21世纪的今天，世界发生了天翻地覆的变化，人们的价值观与社会进步同步，尊重知识，尊重人才，已成全社会的共识，"不拘一格降人才"，"青出于蓝而胜于蓝"。可我们中的某些人，还对人才存有狭隘的偏见，任人唯亲，嫉贤妒能，害怕别人胜过自己，窒息人才活力，阻碍社会的进步和事业的发展。一个国家如果不高度珍视人才，强国之梦只能是画饼充饥；同样，一个企业如果在人才问题上犯方向性的错误，什么"持续发展，做强做大"，统统免谈。

纵观今日之巨变，人才将左右这个世界的未来，谁能抢占人才的制高点，谁将在这个无穷变化的经济环境中胜出。

"江山代有才人出，各领风骚数百年"，"长江后浪推前浪，一代更比一代强"，这是世界人才史的必然。

世界人才史永远是一曲波澜壮阔的乐章，留给人力资源部门的工作永远不会轻松，永将马不停蹄、日夜兼程，去推动人才事业的向前发展。

执行力的"刚性"与"柔性"

执行力是以战略和制度为依托,为贯彻落实战略目标,严格执行制度的操作过程的能力。

高效的执行力首先源自战略的正确和制度的可行。富有务实性、前瞻性的正确战略方可孵化强大的执行力,强大的执行力也促其战略的高效实现。

执行力是实现战略目标的决定因素。没有高效的执行力,哪怕战略再正确,再具有远见性,也无法实现。所以,执行力是铸造成功企业的坚固磐石和强大支柱,是打造企业优势竞争力的最根本的重要因素。

构建强大的执行力,除了严密、严格、严谨的管理制度外,关键在于选取有强大执行能力的管理者及其管理团队。这个管理团队必须具有相当强的不可动摇的原则性和适应变化的灵活性。战略既定,至于每场战争、每个战役如何打法,有其"军令如山"的刚性原则,也有面临瞬息万变的战况,临场智慧的充分调动发挥,即柔性原则。

两者的完美结合,相得益彰,也许是执行力的完美境界。

一、执行力的"刚性",是执行的严肃性和原则性的切实保障

执行具有"刚性"属性。根据正确的战略目标,根据作业科学程序而分解到各部门的执行力,必须强调它的严肃性和原则性。绝不容许有丝毫的闪失和折扣。因为每一个部门的执行力,都关系着战略的全局,决定了这场战争的全局能否取胜。

要保持"刚性"的执行力,要求管理人员必须"刚性"。在任何情况下,都要坚持原则,照章办事,也就是"华为"所称的"狼性"执行文化。任何无原则的迁就和变通,都是对执行力的漠视。

"打铁先要榔头硬"。在执行过程中,管理者首先要以身作则,作出表率,绝不能把自己变成发号施令者。举个简单的例子,作息制度规定上午七点半上班,七点之前你必须到场。要求别人做到的,你必须首先做到。

要贯彻公平性原则,"制度面前人人平等","执行力面前人人平等",每一位员工,不管你是高层管理者,还是普通员工,也不管你是老板的亲属,还是好友,在制度面前,在执行力面前,无一可以开启"绿灯",也不能搞所谓的"下不为例"。在这个意义上说,执行力也是约束力。没有约束力的执行力是无效的。执行力的严肃性、公平性,是一以贯之的。切忌时紧时松,前紧后松,不可搞"新官上任三把火"。若发现某些管理者执行不力,原则上应及时调动他们的岗位,以免影响执行力的效果,并造成对其他部门的负面影响。一个缺乏原则性和严肃性的管理者,是不称职的,叫他来担负执行重任,会严重影响战略目标的贯彻和制度的落实。

说执行力是"刚性"的,有三个方面的内涵:一是要求肩负重任的各级管理者,务必视制度和科学流程为铁律、为企业"宪法";二是在执行过程中始终如一、持之以恒地加以贯彻;

三是切实做到公平和公正。执行力切忌官僚主义。不作调查研究,不注重实际情况,主观武断,拖拉疲沓,在办公室里塑造执行力,这必将造成执行力的扭曲和流失。

美国的杰克·韦尔奇这样说:"所谓执行力,就是把妨碍执行的一些官僚主义的做法以及徒具外表的空壳子统统摒弃"。这种"摒弃",就是执行力的"刚性"。

二、执行力的"柔性",有助于调动员工的积极性和创造性,体现"以人为本"

既然执行力具有极强的严肃性和原则性,那么何谓柔性?柔性是以强化原则性和严肃性为基础的,是为了更好地服务于"原则性"和"严肃性",是"刚性"执行的艺术化。

任何制度或流程不可能至善至美,在执行过程中,为达到目的,也并非只有一种方式、方法、手段。如要过河,可泅水,可搭浮桥,也可绕远路。原定的制度或流程不可能提供多种现成的选择,或在设计时根本没有想到。在执行过程中,员工创造性的发挥,有可能会达到更好的效果,此时管理者就不能死抱原有程序不放,应充分尊重员工的创造智慧。

在严肃执行制度的同时,要虚心倾听员工的合理诉求。"群众是真正的英雄,而我们往往是幼稚可笑的"。要有这样一个尊重群众的意愿。提倡沟通,与执行对象的交流和沟通是不可或缺的重要环节。韦尔奇在通用电气长达 20 年的任期中,十分注重与员工的沟通,就是在最后一年的任期中,还主动与员工对话。执行者如果一副"关老爷"式的铁板面孔,习惯于发号施令,只会造成对员工心理的负面影响,引发不满情绪,从而影响执行力的有效性。也不能动辄挥动罚款的大棒,必要的罚款是需要的,制约执行过程中的犯规行为,需要惩罚措施。没有惩罚,就等于对规范者的漠视,对制度约束力的怠慢。但认为惩罚是万能的,可以提升执行力的提法,是错误的。就是罚,也要罚得合乎情理,使受罚者心服口服,并且要严格按规章办事,切不可以执行者的个人意愿为罚款力度的依据。

举一个简单的例子。有一企业专事车辆停放的执行人员,发现有一摩托车停放不规范,即叫车主过来,随手一张罚款单送去,那员工一看,惊呼:要罚 50 元!那执行者便喝:你不服,再加 30 元。随即在 50 上又加 30。如此执行,简直有些恐怖。

在执行过程中,要充分体现"以人为本"的理念,充分尊重员工的人格。要深信人心的力量,这是调动执行力的宝贵资源。这也是对"柔性"执行力的解读。

三、"刚柔相济"或许是执行力的理想状态

过于"刚"易折,过于"柔"易曲。事物不能走向极端,不然会走向它的反面。拿教育孩子来说,教育不严是不行的,但严过了头,恐怕也会出问题,导致对立的逆反情绪滋长,造成孩子的性格扭曲,起不到教育的效果。企业也是这样。

制度的执行应充分考虑到人性化因素,充分留有余地。在认识层面上,首先要有尊重员工的理念;在制度设计上,在具体实行过程中,万不可把员工当作"会干活的机器"和"罐装了的劳动力"。

执行过"柔",就是迁就。"下不为例"就是迁就的口头禅。如果执行不力,制度成了装饰,迟到一次就有第二次,作弊一回就有第二回,在员工中造成极坏影响。

所以，执行力是一门大学问，既不是铁板面孔，动辄罚款，也不是打哈哈，更不是玩猫捉老鼠游戏。执行力是严肃的，原则性很强，是没有任何借口的，但又是"人性化"、"以人为本"的，还要添加艺术调料的。它以规范员工行为和激发员工的创造性智慧为出发点，以实现企业目标、创造企业价值为归宿。由此说来，"刚柔相济"是最理想的执行状态。任何"刚性有余，柔性不足"或"柔性有余，刚性不足"都是有悖于打造执行力的目标的。说说容易，真正做到两者融合，却全在于各级管理执行者的谋略和功底。

有一本书叫作《赢在执行》，比较详尽地分析现今企业执行力的状况，透彻阐述打造执行力的战略意义和应对的策略、方法，以及如何有效规避执行过程中的失误，值得一读。但学好的关键却在于理论联系实践，"实践是检验真理的唯一标准"。至于提出执行力的"刚性"和"柔性"却是笔者的一种想法，旨在就教于探讨此问题的同仁们，起抛砖引玉之效。

品牌在创新中成长

品牌——有品位的牌子,有很高的市场含金量。全球价值数百亿美元的品牌众多。消费者进入市场,首夺眼球的就是品牌。品牌是大众消费的"情人"。拥抱并亲吻这位"情人",是消费者的理性选择。

品牌战略,是企业永续发展、利润永续增长的利器,是企业取之不尽、用之不竭的巨大财富。这笔无形资产会助你企业铸造辉煌。所以,品牌建设已成为企业打造优势竞争力的重要因素。

品牌是创新成果的外化。比如具有特殊口感和文化的可口可乐,吸引了一代又一代的消费者,人们也许并不知道它保存在亚特兰大保险库里的那个全球唯一的秘密配方,但是它的品牌却具有无穷魅力。这也表明,成功的决定因素是品牌。"品牌价值代表一个公司的品行,公司的运转不仅仅是挣取收入,而且要负起社会责任。"索尼公司前 CEO 出井伸之如是说。

一、品牌建设是企业通向成功的必由之路

成功取决于品牌,品牌决定成功,决胜未来。21 世纪是品牌的时代。品牌专家说:"拥有市场比拥有工厂更重要,唯一拥有市场的途径是拥有具有市场优势的品牌。"这表明市场竞争在一定意义上表现为品牌竞争,品牌优势是赢得市场的关键因素。如果把市场比作一把锁,那么打开锁的钥匙就是品牌。

我国在改革开放之初,商品奇缺,那时什么都好卖,大量的需求存在,竞争不太激烈,品牌建设也显得不那么重要和迫切。可而今,需求和产品的多样化,市场销售层次的多极化,产品周期的缩短,新产品的层出不穷,消费者的成熟和日趋理性,加剧了市场竞争的激烈态势,品牌战略便成了抢占市场的重要武器。

据统计,著名品牌在全球品牌中所占比例不到3%,但市场占有率却达到40%,销售额高达50%。品牌具有高附加值和高市场占有率的效应,具有独特性、排他性,因此,它是企业的直接竞争力。

企业竞争力不仅体现在人才、管理、科技、诚信等个别因素,而是上述因素的集合,即品牌。

产品的差异化程度和科技含量,决定品牌的价值和含金量。品牌的高含金量造就市场的高占有率,给企业带来可观的利润。

品牌对消费者有一种"亲和力"。这种"亲和力"所产生的市场效应,极大地推动品牌产品的效益放大化。消费者一般不会过问产品的具体技术含量,而奉认的对该品牌的忠诚和可信。统计表明:知名品牌产品的市场占有率每年以11%的速度递增,在日用品领域,递增的速度有逐年加速的趋势。日本索尼公司的创始人盛田昭夫说:"商标是企业的生命。它们包含着对产品品质的保证与责任。"

中国众多企业的管理者有一种"薄利多销"的思维定式,

过多地考虑降低成本,包括加工成本、人力成本等,却忽略了产品的附加值和科技含量,这种经营模式导致产品的同质化和趋一化,造成的后果是产品缺乏特色,处于价值链的低端,陷于恶性竞争之中。虽然不排斥低价是一种重要的策略,但从长远看,必须进入高端市场,打造名牌,充分发挥名牌效应,才能持续发展。

市场份额是"硬道理",名牌产品是建立在广泛的市场份额基础上的。同时,市场对名牌的青睐有加,也是消费的必然趋势。

市场经济向纵深发展,必然涌现出大量品牌,品牌之间的剧烈碰撞和竞争不可避免,在专业化技术不断进步的生产条件下,同类产品的质量和性能差异在缩小,这样,品牌的作用也日益显示出来。

企业要取得成功,品牌建设是必由之路。要是一个产品没有品牌,怎么去占领市场,怎么去赢得消费者的认同,又怎么会有企业的效益?

由此,品牌建设,特别是培育拥有自主知识产权的名牌,成了企业界的最高诉求。全球500强企业,无一不拥有全球的强势品牌。品牌建设是一项具有战略意义的伟大工程,世界品牌的发展历史雄辩地证明了这一点。

二、创新是培育名牌的支柱和灵魂

品牌对提升企业竞争力影响深远。品牌缺失,时时处处仰人鼻息,贴牌生产效益不彰,处在价值链的低端,难以应对愈益激烈的市场竞争。

品牌之路在何方,如何提升品牌竞争力？答案只有一个,就是提升企业自主创新能力。自主创新是打造品牌的关键所在。自主创新之路虽然艰难,但要提升企业在市场上的竞争力,必须树立打造品牌的理念和铸造品牌的追求,支撑名牌的发展。

自主创新之路,不是要不要走的问题,而是必须要走、非走不可,因为这是竞争的需要,持续发展的需要,应对危机的需要,更是时代赋予企业的历史重任。

创新分为三大类:技术创新、管理创新和制度创新。就技术创新层面来说,最为可贵的是原始创新。这种创新,投入大,周期较长,对研发能力、人力要求很高。但原始创新的成果具有自主知识产权,能在市场竞争中"出人头地",拥有"不仅第一,更是唯一"的领先优势,真正占据新技术和新产品的制高点,从而为企业带来十分可观的利润。原始创新具有处于高端的核心技术、知识产权和品牌特点,这是那些处于低端的加工、组装所不能比拟的。雄踞全球500强的企业都拥有原始创新的实践和成果。如飞利浦在美、英、法、德、印五个国家设有七个技术研发中心。值得我们自豪的我国中星微公司,成功地打造了IC(集成电路)设计的全球品牌。中星微研发的"星光中国芯",实现了多媒体数据驱动平行计算等7大核心技术突破,申请了近400项专利,是我国具有自主知识产权的重大科研成果。它的出现标志着我国IC产业设计水平已步入世界先进行列,改变了我国IT业无"芯"的历史。"星光中国"现已被三星、飞利浦、惠普、富士通、联想等国际知名企业大量采用,已覆盖了欧、美、日、韩等16个国家和地区,占领了计算机图像输入芯片市场,市场占有率达60%以上,已成为全球知名的IC品牌。常熟的童车大王"好孩子",也谱写了原始创新的光辉一页。"好孩子"的"秋千式"童车、单手折叠童车,便是自主创新的范例。"好孩子"童车的专利已有2 300多项,其中很多还是在美国、英国、日本申请的,专利数量如此之多,在中国企业中屈指可数。

"海尔"的创新有独到之处,注重技术引进与消化吸收相结合。引进德国利勃海尔公司先进的冰箱技术,技术人员赴国外进行技术培训,并成立电冰箱研究所,对国外技术进行消化吸收。另外,不断强化技术中心的研发能力,1992年斥资1.6亿元组建海尔集团技术中心,形成三元开发体系,即建立一级综合研究中心,二级基础技术研究中心,三级具体产品开发中心。1998年12月创建海尔中央研究院,并搭建产学研合作网络。1998年5月以来,先后与复旦大学、上海交通大学、浙江大学建立了5个博士后工作站;1998年6月又与北京航空航天大学、美国C-MOLD公司合资组建北航海尔软件有限公司。在信息化的支撑下,海尔走向了全球化,形成全球化的研发网络,一个研发任务可以在全球研发机构内执行24小时不间断研发,加快了研发速度。

在发展过程中,海尔的研发创新始终如一地贯彻这样的思想:有整机、部件、核心部件三个产品技术创新层面。海尔的这种高瞻远瞩的技术创新战略,铸造了一个辉煌的海尔。

比亚迪新能源汽车,迎头赶上经济转型的历史机遇,走在新经济时代的前列。王传福带领的管理者团队,在电动新汽车领域,占领了核心技术的制高点,成为新能源汽车领域的一匹

"悍马"。

上述几则案例明白无误地告诉我们,自主创新是企业打造核心竞争力的关键所在,这就非常值得那些靠"低技术、低价格、低成本、低利润",只能在低端市场生存的企业惊悟。

技术创新中的另外一种是集成创新,就是把现有成熟的技术组合起来创造一种新的产品。复印机的研制成功便是一例。在此前,所有的技术都是成熟的,把它们组合起来,研制出了复印机。这也是创新的成果。

除了技术创新推动经济发展外,管理创新和制度创新同样不可或缺。

管理创新和时代的进步紧密相联,不同历史时期出现各种不同的管理模式。19世纪前,主要是经验管理;20世纪初的时候,出现了科学管理,生产明确分工,流程精化、细化;20世纪80年代以后,随着信息化的发展,进入文化管理,通过企业的价值,把员工的创造性智慧充分释放出来,以期企业战略目标的实现。

概括起来,管理创新就是把新的思想、新的方法和手段、新的组织形式,融入企业管理工作中,并取得实效。

制度创新有着举足轻重的地位。没有制度创新,管理创新和技术创新都缺乏支撑。制度创新就是构建一种新体制或者新机制,这种新体制或者新机制能够最大限度地发挥员工的创造性,最大限度地规避经营风险,最大限度地促进技术创新和管理创新。

综上所述,技术创新、管理创新和制度创新是不可分割的,相辅相成,缺一不可,不能顾此失彼。打造品牌实际上是上述三种创新的有机结合。这种结合是培育品牌的最根本路径。

三、创新品牌,任重而道远

中国已进入品牌崛起时期,企业自主创新意识不断增强,创新能力不断提高,名牌企业、产品不断涌现。如中星微、比亚迪、华为、海尔、"好孩子"、波司登等等,这些名牌企业的出现,为我国企业树立了创新品牌的榜样。

但不可忽视的一个现实尴尬是:一面是拥有知名品牌的企业越来越多,经济发展和社会进步越来越快;一面是自主创新能力严重不足,缺乏拥有自主知识产权的核心技术和自主品牌。相当数量的企业,从事低利润的贴牌生产,加工贸易所占比重很高,在核心技术和品牌上处处受制于人。这种时时仰人鼻息的竞争方式,很难培育出具有较高价值的品牌。

还有许多企业虽重视引进国外先进技术,但往往好像患了"肠梗阻",缺乏消化吸收功能,这种徒有形式的技术引进,无益于企业的技术进步和品牌的打造。

企业缺乏培育自主品牌的动力,一是自主研发投入少;二是急功近利,只愿投入巨资做广告,把品牌等同于名气;三是知识产权观念淡漠,缺乏保护意识;四是创新型人才严重匮乏。更有甚者,不会也不想做品牌,习惯于听人使唤,受人摆布。做"仆人"习惯了,就没有"做主人"的愿望。有的则认为"无能为力",企业规模小,产品技术含量低,做品牌也没有意义,满足于贴牌生产,"借船出海",对人家赚利润大头,表现出一种无奈。

另外,企业培育品牌的社会环境也存在这样那样的问题。

首先是冒牌货屡禁不止，令消费者深恶痛绝。记得当年朱镕基总理曾经说过，"放任假冒伪劣，国家就没有希望"。所以，国家对名牌产品的扶持和保护力度应大力加强，严格执法，整顿和规范市场秩序，严厉打击假冒伪劣产品的侵权行为，真正使其无藏身之地。

以上种种，皆是对培育自主品牌的严重障碍，必须大力加以克服和突破。

要使我国真正走上科技强国之路，必须自主创新，培育具有中国特色的民族品牌，切实完成三个转变，即：从资源依赖到科技创新的转变；从对国外的依赖向自主创新的战略转变；从制造产品到产品创新的转变，即从"中国制造"到"中国创造"的转变。只有完成这三个转变，中国品牌才能屹立于世界品牌之林。为此，中国的民企肩负着重大的历史使命。

企业家要具有正确的品牌观，要有一个远大的目标，有一个打造名牌的梦想，有坚韧不拔的做名牌的意志。企业家要从国家民族利益出发，增强办好百年企业的勇气和耐心，克服浮躁和急功近利的情绪，要有面对挫折和失败的思想准备，为培育中国名牌和世界名牌而鞠躬尽瘁。培育名牌虽"任重而道远"，但只要有"立足本业，胸怀全球，放眼世界"的远大抱负，有"不到长城非好汉"的意志和毅力，梦想的春天就不会遥远，更多的中国和世界名牌必将在中国民企中诞生！

主营·多元化和产业转移

主营是一个企业的立身之本,它的巩固、发展、壮大倾注了企业主的全部智慧和心血,原始积累和创业经验以此起步。其间,充满着无数激荡人心的故事情节,很有几分动人肺腑、催人泪下的情怀。

随着市场竞争的多层次和不断深化、市场环境的变化以及社会创业激情的迸发,原有的主营受到挑战,盈利空间日渐收缩,此时,多元化便应运而生,产业转移也在积极尝试。其间,不确定性和风险也在增加,对于发展的空间也存在置疑。如何正确认识和应对多元化和产业转移,是继续深挖主业的潜力,还是另谋新路,成了市场关注的中心议题,并成为企业成长性的主要考量。

俗话说:"没有不需要的行业,只有不景气的企业","三百六十行,行行出状元"。在自己熟悉的领域做个状元,在驾驭经验丰富的产业里做"老大",比起进入新领域考个"秀才",在陌生的产业里赛个亚军,恐怕要省心得多,把握也大得多。从这个意义上说,主营是造就企业辉煌的根基,只有夯实这个根基,并不断创新,才能立于不败之地。全球众多百年老店的市场实践已经证明了这一点。

改革开放 30 多年来,有众多企业在自己的产业领域里辛勤耕耘,精耕细作,不断注入创新活力,不断拓展产业链,不断发展壮大,成为本行业的领军人物、龙头老大。如三一重工,始终专注于工程机械,挖掘机械成为行业明星,成为初具影响力的全球品牌,2009 年,公司混凝土机械实现销售收入 94.75 亿元,同比增长了 39.5%,2010 年上半年合同订单大增,大量出口至日本、韩国、拉美等国和地区。该公司混凝土机械、履带起重机械、桩工机机械继续巩固了国内第一品牌地位。经营质量大幅提升,公司主营业务、毛利率较上年提高了 1.47%,净利润较上年增长 60.7%,经营活动现金流较上年增长 285.81%。基本完成了产业的全球布局,为可持续发展打下坚实基础,品牌价值、品牌形象居国内同行前列。

另一工程机械的巨头山推股份,也立足于工程机械行业,公司在推土机市场已连续 7 年实现销售收入、销售台数、市场占有率、利润率等"五个第一"。国内市场占有率达 55%,出口市场占有率高达 68.8%,稳居推土机行业首位。在 2012 年推土机产销量要保持国内第一位、世界第三位,并且在产业链上要发展新品种,完成混凝土 24 和特殊机械产品系列,满足不同客户的需求,增加市场份额,打造中国最具竞争力的工程机械制造基地,成为国际化的工程机械制造商。还有江苏的康缘药业,作为中药创新的先行者,其主营的桂林茯苓胶囊、热毒宁注射液、天舒胶囊、腰痹通胶囊销售收入快速增长。2010 年中期报告,营业收入增加 18 亿 9 000 万元,同比增长了 43.53%。另一家现代中药的领跑者天士力,主打品种复方丹参滴丸,成为"最受欢迎的心脑血管用药"品种,以药品身份进入了俄罗斯、加拿大、韩国、越南、阿联酋等 12 个国家和地区,又在菲律宾市场获得处方药和非处方药的双重身份。

　　以上企业都专注于主营,深入挖掘主营潜力,并拓展相关领域,取得了十分可观的业绩,得到了市场的高度认同。他们之潜心于本行业,源于他们对发展前景充满信心和殷切期待。拿工程机械来说,随着我国经济的发展,交通运输工程建设对工程机械的需求日趋旺盛。《国家中长期铁路网规划》指出,到 2020 年全国铁路营运里程要达到 10 万公里,总投资将达到 2 万亿元。《国家高速公路网规划》也指出,到 2020 年,中国将建成 8.5 万公里高速公路,总投资达 2 万亿元。这必将大力拉动工程机械的市场需求。随着我国城镇化建设的加快和区域发展战略的积极推进,以及中西部地区城镇化建设的加速,预计城市市政设施建设每年要投入 3 000 亿—5 000 亿元,到 2020 年总投资规划达 51 000 亿—85 000 亿元,这就进一步扩大了工程机械产品的国内需求,提供了巨大的市场机会。三一重工和山推股份正是基于国内这样庞大的建设投资规模,才孜孜以求在主营中不断深耕,成为本行业的领军人物、龙头老大。

　　医药行业是一个反周期的行业。中药制品越来越受到欢迎。中药的现代化更是一个值得深挖的课题,不管是康缘还是天士力,还有众多致力于中药的民企,他们在自己的细分领域里潜心耕耘,成为医药业的佼佼者。

　　所以,专注主营,深入挖掘主营潜力,进一步完善产业链建设,打造本行业的"龙头",应该是主攻方向。任何淡化主营、急功近利、盲目介入陌生领域的做法,都会给企业带来伤害。但这并不排斥多元化。有人说:"多元化长寿",在经济发展某个阶段,这句话也不无道理。内外经济环境的变化,也许给你的产业带来滞胀,发展遇到瓶颈,死守难以支撑,这时,寻找别的产业机会也许是一种必要的选择。关键是你要清醒认识,冷静思考在新的产业领域里,"奶酪"是否属于你的,你是否有充分把握。

在相关的产业领域里开展多元化,搞一牌多品,也许较能成功。如海尔的主打产品是冰箱,同时也做空调、微波炉、手机。但能敌得过"格兰仕"、"华为"、"苹果"、"三星"、"诺基亚"吗?所以,作为对主业的一种补充未尝不可,而若舍弃主营,另投他门,也许是得不偿失。

当然也有较成功的,主营和多元比翼双飞。现在众多企业搞起了房产,参股金融,投资股权,短期内收益匪浅,反哺主业,以利主业发展。如丰乐种业是一家从事水稻、玉米育种的企业,丰优1号是水稻种子中的知名品牌,很有市场美誉度和影响力。但它在专注于本行业的同时,在合肥投资了房地产,而且收益率十分可观。在获得了巨额收益后,鸣锣收兵,股权全部出让。可能是由于深感介入一个不太熟悉的行业风险较大。这种多元化就是抓了一把赢利后便去壮大主业。问题是你能否"抓得住"。这也不是真正意义上的多元化。目前,走上主业回归之路,看来是一种趋势,或许是企业重新发现了主业的魅力,也许是它们原有的主业龙头地位被新入者觊觎、动摇,在新介入的产业中又建立不起独特的价值和竞争力。此时,回归便成了必然选择。如新希望,本是我国饲料业的"巨无霸",前几年,或多或少疏远了主业,投入地产、金融,造成的后果是2004年饲料销售量首次出现近于零增长情况,与此同时,几乎一夜之间在全国各地冒出数千家规模相当的饲料企业,这就直接威胁着新希望的领导地位,快速回归,变成了明智的选择。夏新集团是一家主营手机的企业,也及时退出了汽车业,不再与南汽合资成立汽车公司。联想集团也基本停止了FM业务。从世界范围看,回归主业也正在成为一个全球性的大趋势,比如戴尔公司从消费电子领域撤出,为的是更加集中于核心业务PC,罗氏公司出售了维生素与营养业务,以便更有精力集中于药品和生物学领域。

也有做得较为成功的。如杉杉股份是浙江一家服装龙头企业,杉杉的西服、衬衫系列,在市场上具有较强的竞争优势,技术积累也较厚实,销售渠道也较通畅,在全国大型百货超市,杉杉服饰都占有重要一席,品牌知名,消费者也高度信赖。但这个行业的竞争超乎寻常的激烈,恶性竞争时有发生,进入门槛也较低。杉杉正是看到了这一点,在做强主营的同时,投资新能源产业,锂电池的市场份额不断扩大。所以现在的杉杉股份,不仅是纺织服装概念,更具有新能源概念。就目前来讲,它是在搞多元化,以后产业是否转移,需看杉杉管理层的智慧和创造力。

但是,现在绝大部分搞多元化的企业,都在回归,重新回到自己的"家园"。新希望的刘永好认为,"对很多中国企业而言,多元化和回归都是必须要经历的一个阶段"。但回归以后的风景可能和以前大不相同。新希望回归以后,立志要打造成为农牧业巨头。有效的多元化毕竟壮大了企业的实力。

对于这种回归现象,长江商学院曾鸣教授发表了十分精辟的观点。他说:"企业在作业务转型时,绝大部分企业都会过早地放弃对现有主业的深度挖掘。这中间容易犯两个错误。第一个错误是低估主业未来的潜力。专业化非常重要的一点是一定要坚持,就像挖井一样,一定要挖到一定的深度才能有井喷的那一天,而大部分的企业是挖到50米、60米的时候,在产业整合还没有开始,需要打攻坚战、阵地战的时候,就退出了这个行业或者去作了多元化的拓展。当这个产业整合完成以后,你已经被这个产业扫地出局了。低估产业未来发展的潜力是很多企业没有胆量,不敢坚持走专业化道路的根本原因。第二个容易犯的判断的错误,是高估了自己在主业的地位,总认为自己在主业已经做得相当不错,市场地位已经确立了,竞争优势也不错了,但是往往在你转身的一刹那导致了竞争对手的迅速壮大,丧失了主业优势。"不是吗? 当新希望刚一淡化自己的主业,几乎一夜之间冒出众多竞争对手,山东的"六合"便趁势而起,从饲料向养殖、屠宰等价值链延伸,成为全国最大的肉鸡养殖基地。"六合"由此壮大,仅山东一地就有50多家工厂("东方希望"在全国仅有六七十家)。如此看来,对自己产业的深度挖掘显得非常重要,自己原来的所谓"第一"十分脆弱。

企业的实践证明,每家公司都会有"扩张—回归"的周期。当商业日益全球化,竞争对手也变得越来越专注,稍不留神,"奶酪"已经不属于你了。可以这样说,对核心业务的专注,是全球化的大趋势,为了赢利需要的是更加专注而不是扩散,开辟新业务应限于那些能增强原有核心业务或者与之密切相关的。当然这个核心业务,可以重新定义。

关于产业转移,这是大手笔所为,没有胆识和智慧是难以

主营・多元化和产业转移

想象的。关键在于对新产业核心技术的深刻把握,对该产业前景的丰富想象。这一大步关乎企业的生命和前途。可谓机会和风险俱在,"成也萧何,败也萧何"。定夺产业转移的领袖人物,一定是位"敢上九天揽月,敢下五洋捉鳖"的英雄。比亚迪的王传福就是这样一位风云人物。比亚迪是中国最大、全球第二的充电池制造商,收入和利润一直保持50%以上的增长速度。深圳的比克电池公司2001年才成立,可增长的速度超过100%,已成为全球最大的锂电池生产企业之一;全球排名第一的日本三洋也突然加快了扩张速度,对比亚迪构成极大的冲击。王传福万没有想到比亚迪的"电池老大"地位这么脆弱。也许是感到空间有限,也许是后起者猛烈的冲击和赶上让他感到威胁,王传福毅然淡化电池,投资新能源汽车。他选择投资新能源汽车的逻辑是:电动车是未来的一个黄金产业,而电动车中的电池,比亚迪有不可取代的技术功底和优势。十几年下来,局面已经打开,取得了十分可观的业绩。王传福以365亿元的身价,雄居福布斯中国富豪榜的首位,但他感叹:"汽车业原来比想象的要难做。"但他非常自信,不会弃车而"逃",他说:"'神六'都能上天,我们没有理由不成功。"看来,王传福产业转移的路已经走定,从他"不会弃车而'逃'"的表述中,可见他的雄心壮志。在2009年中国(内地)民营企业公众形象榜中,比亚迪名列第三。可见,他和他企业的形象,是很有亮点的。市场期待着他的成功。

综上所述,坚守主营,深挖其潜力,完善上下游产业链整合,重塑回归定义,完成从企业家初期的机会驱动到成熟的以战略为主导的企业家精神的深刻转变,这是坚守和回归的应有之义。产业转移,是智慧高手的杰作,但它的一个基本前提是,本业的核心业务确实已无潜力可挖,无利润可赚,投入一个新的领域或许能走出新的天地,但是公司的本业要稳守强势地位,因为这是一种品牌,一种美誉度,一种市场魅力。如果一家公司以一种弱势地位进入一个新的领域,那么在这个新领域取得成功的概率就非常之低。就这个意义上来说,本业的强势,转移也多了几分底气,几分胜算。但更重要的是,对未来新产业领域的核心技术的驾驭,对未来市场前景的把握,应对和挑战竞争对手的正确策略。

　　市场在变化,社会在转型,科技在进步,人们的消费价值观在更新,关于主营、多元化和产业转移的话题永远不会完结。每个特定的历史发展阶段,观点、价值会有激烈的碰撞,或有新的发现。在 21 世纪的今天,企业的主营回归,是全球化的趋势,但这种回归的风景和原来的含义大不相同。回归之处,"风景这边独好"!

不可或缺的竞争力

——企业社会责任

　　提到企业竞争力,人们很自然会想到技术和技术创新竞争力、产品质量差异化竞争力、管理持续改进和变革竞争力、企业文化竞争力等等。对社会责任竞争力,则鲜有提及。其实,企业的社会责任竞争力是上述各种竞争力之集合,是企业家在经营过程中集智慧、觉悟、价值观于一身的综合表现,是企业持续发展的不可或缺的竞争力。

　　关于企业社会责任,目前还没有一个单一的定义,众说纷纭,但从本质上看,其追求的目标却是比较一致的。目前国际上普遍认同 CSR 理念,即企业在创造利润、对股东利益负责的同时,还要承担对员工、对社会和环境的责任,包括遵守商业道德、保障生产安全和职业健康、保护劳动者合法权益、节约资源等。SA8000 认证标准的应用,促进了企业社会责任理念的推广。履行社会责任,不管企业的规模大小,是大势所趋,是提高企业竞争力和树立企业形象的根本。履行社会责任本身就是最有优势的竞争力,这是公众最关注的看得见、摸得着的竞争力。公众无法了解你产品的技术含量和运作流程,但心中非常清楚企业履行的社会责任。企业的社会责任,是企业留在公众心中的丰碑。在公众心目中树起这块丰碑,是任何单个的竞争力所无法比拟的。

企业的社会责任,应该成为所有企业的关注目标,民营企业家要勇于承担社会责任,完善自我,在改造客观世界的同时,自觉地改造主观世界,使自己的思想境界不断升华。

实践证明,单纯追求利润最大化的发展模式,已经失去市场空间。近年来,三聚氰胺奶粉等一系列企业事件足以证明,没有道德底线与责任感的企业,必将自毁根基,而拥有优秀价值观、持续践行企业社会责任的公司,最能抵御经济风险的冲击。所以,我们要努力寻找健康的成长性以及阳光财富。这里特别强调的是"健康成长"和"阳光财富",让企业的灵魂更加尊贵。

企业的竞争力,正在出现升级,正从产品的竞争一步步升级到服务的竞争、技术的竞争和公众形象、企业责任的竞争,所以未来将是一个综合竞争的时代,而企业的社会责任,是不可或缺的重要竞争力。

企业社会责任的内涵和外延相当广泛。笔者认为企业应承担六大社会责任。

一、要有持续发展壮大的愿景和规划,最大限度地促进社会就业

促进社会就业,是企业最大的社会责任。民营经济肩负社会经济发展的重任,只有不断发展、壮大、创新,才能积极推动和促进社会就业。

同时,要大力提倡各企业科学安排人力资源,扩大就业门路,创造不减员而能增效的经验,最大限度地减少把人员推向社会,避免加大社会就业压力。

民营企业为促进社会就业作出了巨大贡献,据统计,全社会75%的就业岗位是民营经济提供的。最近,著名经济学家吴敬琏称:经济增长中过去我们主要是靠资本,还有自然资源,就是土地这个要素支撑的,现在要转到靠就业、靠人力资本支撑。可见,民营经济的发展壮大,为社会提供更多的就业岗位,便是最大的社会责任。要转变经济增长方式,主要应该靠增加普通劳动者和专业人员的收入,这就应该增加我们生产增长中的技术含量、知识含量,从而增加对专业人员的需求,从根本上解决就业问题。促进广泛就业,特别是各类专业人员的就业,是转变经济增长方式的首要任务,也是企业最主要的社会责任。

二、确保产品的优质、经营的诚信、环境的保护,维护市场秩序,保障消费者权益

企业的终端服务就是向社会不断推出产品,在其生产的过程中,必须以"优质"贯穿始终,采用优质的材料,精良的制作工艺、加工手段,严格的检测方法,货真价实,表里如一,确保消费者满意、放心。要重视对消费者权益的保护,虚心倾听消费者的意见,满足消费者的正当合理诉求。消费者是检验产品的最高权威,对于产品孰优孰劣,最有发言权。

目前市场上的产品,不仅假冒伪劣多,而且正规产品的隐患也不少,尤其以食品饮料为最,令消费者忧心忡忡,怨声不断。机电产品秩序失常,恶性竞争,只拼价格,不管质量,严重坑害消费者利益。经营缺乏诚信,产品岂能合格优质?社会责任是空,给社会添乱是实。有人统计,由于企业的不守信,假冒伪劣给消费者造成的福利损失,每年以2 500亿—2 700亿元计。

企业的可持续发展,必须有助于保护资源和环境。通过技术革新,优化流程,减少污染废气排放,降低能耗,节约资源,从而降低企业生产成本,履行社会责任。

我国人均资源特别紧缺,环境恶化趋势加剧,环境问题已成了经济发展的瓶颈。企业作为社会公民,对于资源和环境的保护及有效利用,肩负着重大的社会责任。严格执行 ISO—14001 国际环境认证体系,是保护环境的有效途径。

近年来,因环境问题引发的群体事件日益增多,规模也越来越大,应引起企业高度警觉。保护环境的社会责任,不能停留在嘴上,必须有实际行动。"一打纲领,不及一个行动"。

三、树立"以人为本,人文关怀"的理念,构建和谐的劳动关系,保障职工各项权利的实现

追求利润最大化是企业生产经营的目的,可这不是唯一的目的。在利润最大化的同时,不可忽视职工利益的最大化。有了职工的积极有效参与,才有企业利润的最大化,职工是企业利润最大化的参与主体,应该"让利益为责任让出更大的空间"。

企业要在"以人为本"理念的指导下,积极构建和谐的劳动关系,营造和谐的劳动环境,以确保职工各项权益的实现。

第一,尊重员工的劳动和人格,尊重他们的价值,充分满足他们的成就感。

在人的生存意义上,老板和员工是平等的,在工作关系上,只是岗位有别。员工为企业创造财富,老板合理地分配财富。

尊重每一位员工,文明对待每一位员工,是文明企业的守则。社会责任就是对人的负责,对每一个人的负责。离开了对人的负责就是取消负责。

　　人都追求进步,希望有所作为,企业要有效搭建能让每一位员工施展才华的舞台,千方百计满足他们的成就感。

　　第二,切实保障员工职业环境的安全、健康,文明施工,规范操作。

　　"高高兴兴上班,平平安安回家"成了职工对安全期望的口头禅。企业对每一位员工的安全和健康负有不可推卸的社会责任。每一项操作流程,每一个生产细节,乃至食堂就餐,都必须强调安全、规范,并要建立有效的安全监督机制。"安全面前,人人平等","安全重于泰山"。

　　近几年,安全事故触目惊心,尤其是矿难问题,令人痛心疾首,企业社会责任缺失,导致人祸惨剧,"责任"二字被抛到九霄云外。要知道,没有安全,哪有效益?安全是企业的生命、企业最高的行为准则,更是企业社会责任的最高体现。

　　第三,构建和完善旨在提高员工工资、福利、社会保障的薪酬体系,积极提供提高员工技术素质和能力的职业培训。

　　尊重员工价值的重要体现是合理提高工资水平,在企业利润最大化的同时,员工的绩效报酬也应力求最大化。"企业靠我壮大,我依企业发展",两者是一个统一的生命体,和谐的劳动关系应建立在这个相互依赖的生命体上。企业的人力资源部门有必要建立一个员工工资递增的机制,让员工有期待,有巴望,从而为企业发挥自己的聪明才智和创造力,推动企业不断向新的高度发展。

　　员工的技术素质和能力,除了在实践中不断磨炼外,企业应为他们提供专业培训,使他们有更高的起点,理论联系实际,更加专业化、职业化。

此外,企业应更多地提供公共产品,包括体育、文艺、阅览、娱乐等,丰富员工的业余文化生活,增进员工的身心健康。一个职工业余生活丰富多彩的企业,整个的团队氛围必定是充满热情和活力的。

四、依法经营,依法纳税,合理承担社会各项公益费用

企业的各项经营活动,必须遵循国家的法令、法规,依法纳税,这是企业的主要社会责任。

企业以发展和营利为目的,并肩负着增加税收和促进国民经济发展的使命,任何企业不能只顾局部、不顾全局,要懂得"国家兴,企业才能旺"的道理。

积极支持社会公益活动,也是企业社会责任的重要部分。不仅提升了企业的形象,还为社会公益尽了责。美国的富人对公共事业怀有极大的兴趣,很多大学、医院、博物馆、音乐厅甚至铁路,都是富人们创建或资助的。

五、肩负节能降耗、提高效率和创新自主知识产权的责任

转变经济增长方式,是时代赋予企业的责任,是有关国家和企业可持续发展的大事。依靠技术进步,创新自主知识产权是企业在新一轮竞争中胜出的利器。只有通过科技创新,才能有效节约资源,降低煤、电、油、运的消耗,进一步提高企业效益。企业的所有行为都要转到效益上来,而效益的路径依赖是创新和拥有自主知识产权。这是转变经济增长方式的关键所在。

六、肩负支援灾区、救助贫困的慈善责任

企业的生存、发展、壮大,是社会给你创造的机遇,是社会哺育你成长壮大。企业这单个的细胞依存于社会的肌体之上,有了整个社会的健康,才有企业的发展。企业的发展应感恩社会,归功时代。

所以,支援灾区、救助贫困是企业应尽的神圣职责,也是企业家的觉悟和企业的觉悟。

虽然改革开放 30 年来,我们的经济取得了巨大的发展,但作为有 13 亿人口的大国还存在经济发展不平衡的矛盾,很多地区还比较贫穷。我国幅员广大,各种地质、水旱灾害不断,天灾人祸惨剧时有发生,救助的主要责任在政府,但企业也责无旁贷,应更好地承担起救贫济困的责任。

众多热心慈善、感恩社会的企业老总,已为我们做出了榜样。

福耀玻璃股份有限公司的董事长曹德旺,决定捐出他绝大部分的资产,组建一个慈善基金。

北京金源集团的老总黄如论,2009 年的捐款就近 10 亿元之巨,成为房地产行业中屈指可数的慈善捐助领袖,令人敬佩。

2008 年四川汶川大地震,爱心捐助事迹可歌可泣。江苏黄埔再生资源利用有限公司董事长陈光标,钞票装了几大麻袋,亲自分发到地震灾民手中。青海玉树地震发生当天,陈光标立即带队赶赴西宁,采购 21 台吊机、推土机、挖掘机等救援设备,第一时间展开救援行动,成功解救 11 名幸存者。在"2010 中国慈善排行榜"发布典礼上,再获"中国首善"称号。

来自全国各地的志愿救助者，更是成千上万，"有钱出钱，无钱出力"，"一方有难，八方支援"，表现了中华民族伟大的凝聚力。

2010年8月4日，美国40名亿万富翁，响应微软公司创始人比尔·盖茨和"股神"沃伦·巴菲特号召，捐出至少一半身家用于慈善事业。比尔·盖茨一贯热衷于慈善事业，迄今为止已经捐出了250亿美元。"取之于民，回报于民"是他们的财富观。当美国政府取消遗产税消息在媒体公布后，比尔·盖茨的父亲老威廉在请愿书中写道：取消遗产税将使美国百万富翁、亿万富翁的孩子不劳而获，使富人永远富有，穷人永远贫穷，这将伤害穷人家庭，是最大的不公。"在巨富中死去，是一种耻辱"。美国的许多富人都认同钢铁大王卡耐基的这一财富观。

当然，美国和中国的实际情况不同，中国的富裕群体还不大，文化上存在很多的差异，社会环境很不一样，要求富人捐出很多财产并不现实，而且企业的赢利存在许多不确定因素，社会捐助也不是衡量企业社会责任的唯一标尺。但无论怎么样，慈善责任都是义不容辞的神圣职责，企业有感恩时代、倾情回报社会的责任。

目前，民营企业履行社会责任，从根本上说还存在诸多欠缺的地方，不少企业创新能力薄弱，产品质量也令人担忧，赢利日益压缩，侵犯员工权益事例时有所闻，至于参与公益事业，捐助贫困，往往显得十分无奈。但正因为如此，更需要增强社会责任观，苦练内功，注重科技创新，壮大企业实力，以期不负社会重托。

社会在转型,经济增长方式在转变,历史在前进。财富如水,流动不止,流向社会,流向职工,流向一切需要帮助的弱势群体,理应成为企业家的价值取向、理想追求。
　　中国企业社会责任的序幕才刚刚拉开,精彩的一幕将由有作为的企业家来导演,跟随的将不是一个少数,因为中国传统文化的精粹,离不开一个"仁"字。

家族企业的"基因"优势、成长"瓶颈"及突破方向

家族企业是指资本或股份主要控制在一个家族手中,并拥有企业的经营权。家族企业是全球经济最活跃的参与主体,也是最普遍流行的一种企业组织形式。据统计,家族企业占全球企业的75%,并解决了全球50%—55%的就业,对全球GDP的贡献达60%,对推动全球经济的发展起着至关重要的作用。全球500强企业中,有40%是家族企业。无论是欧美发达国家还是发展中国家,家族企业都在国民经济中发挥着重要作用。

在我国,20世纪70年代末到80年代初,家族企业发展风起云涌,掀起第一次浪潮。随着国家对民营经济在国民经济中地位和作用的认同和支持,家族企业得到了长足的发展。据统计,到2001年我国私营企业增长为202.85万户,比1989年增加了21.4倍,注册资金从84亿元增到18 212.2亿元。在就业贡献率上,比例越来越高,约75%的就业岗位均由民营企业提供。又据国家工商行政管理总局周伯华局长在2010年6月10日"全国工商行政管理系统促进个体私营经济发展经验交流会"上的讲话中透露:截至当年第一季度,全国登记注册的私营企业已达755.65万户,占全国注册企业总数的71.6%,

注册资本金15.32万亿元,占全国企业注册资本金的25.72%。目前,非公有制企业所吸纳的就业,占全部新增就业的90%。这充分表明个体私营经济是我国市场经济体系的有生力量,是新增就业的主要渠道,是推动我国社会主义市场经济体制健全完善和经济社会又好又快发展的重要力量。

美国等发达国家的家族企业,已有200多年的发展历史,我国虽只有短短几十年历程,但已显示出它蓬勃的生机和顽强的生命力。

鉴于家族企业对我国经济发展的积极贡献,所以探讨我国家族企业的优势、成长"瓶颈"及未来发展方向,成了社会和企业界共同关注的重要课题。

一、我国家族企业具有得天独厚的先天优势

由于我国的经济发展环境和历史文化的原因,我国的家族企业是在一片质疑声中诞生的。可从她诞生之日起,就显示出得天独厚的"基因"优势。穷思竭虑想要改变贫穷命运的"弄潮儿",成了家族企业群体中的领跑者。那种创业的激情,那种顽强刻苦的拼搏精神,那种团结、进取、专注的态度,在"天时、地利、人和"的环境作用下,得到了淋漓尽致的发挥,并取得了巨大的成效。

长期被"一大二公"的计划经济体制束缚住手脚的人们,一夜之间获得了自己经营的资产权,那种精耕细作的热情和专注,那种拼命苦干的劲头,那种夜以继日的亢奋状态,是无法形容的,真是"精诚所至,金石为开"。当眼看着成批的产品换来了他们日夜期盼改变贫穷面貌的财富时,扩张做大便成了他们

最为迫切的愿望。银行里存款的数字节节攀升,于是添设备、扩厂房、招员工,忙得不亦乐乎,电脑、传真机、复印机等第一批办公用品开始"武装"装饰一新的办公室。为了速度不坐公交,坐起了"小面包",进而是"大众"、"奔驰"。

由于所有权和经营权的高度统一,家族成员既参与企业经营管理,又参与剩余价值的分配,家族企业中每位成员动力十足,道德风险和逆向选择的可能性大为降低;成员之间团结一致,沟通交流,信息对称,交易和管理成本也大为降低。

家族成员具有共同的价值观,加上那种基于血缘关系形成的伦理观念,从而在相互之间达成了高度的默契。融管理、交易、监督于一体的机制,使得家族企业在一定的经济环境下,优于其他的组织形式,利润最大化在家族企业中得到了名副其实的兑现。这是家族企业能普遍存在并顽强成长的重要原因。

家族企业对企业的热情和专注程度,是没有任何力量可以冲击的,因此,也促成企业根本目标的实现,无论是发展速度,还是企业的凝聚力,要比好几个合伙创业者办的企业更优越。

受儒家文化的影响,我国的家族企业在相当长的一个历史阶段将长期存在,并继续发展。众多小型的家族企业,会在自己家族的理念下,继续维持所有权和经营权的两者合一。面广量大、小型分散的家族企业,在市场环境的冲击下,将面临更多的挑战,但它的优势仍将保持。能否抵御外部环境的冲击,走出发展的新天地,要看各家族企业的智慧和竞争力。苏州吴江某地区,聚集着为数众多的彩钢板企业,这些年,兴衰荣辱,起起落落,演绎得跌宕多姿,甚至可以用"你方唱罢我登场"来形容。尽管如此,家族企业作为一种制度安排,将伴随着中国经济发展,其先天性优势将继续得到充分发挥。

二、家族企业做大后的成长"瓶颈"

家族企业在经过一轮蓬勃兴旺的发展后,分化也十分明显,一部分理念先进、富有创造智慧和远大抱负的家族企业,走上了快速发展的轨道,良好的成长性使其成为本行业中具有竞争优势的领军人物。但当家族企业有了相当发展规模后,它的不足和缺陷也日渐显现,并成为发展路上的主要障碍和成长"瓶颈"。

这些缺陷是家族企业后天不足的表现。我国的家族企业发展历程毕竟较短,现代公司治理结构不够成熟,急风暴雨式的市场的洗礼还不充分,使得家族企业难以摆脱固有的传统管理模式。而这种模式在新的市场经济环境中日显疲态。其主要弊端表现为以下三个方面。

首先是由血缘关系形成的人才机制封闭性、排他性,造成外部的优秀人才特别是高级管理人才难以进入,这和中国职业经理市场的不成熟和现代诚信体系不完善有很大关系。这就造成家族企业高级管理人才的匮乏。囿于家族企业管理者的原有水平,在规模化发展的平台面前,显得有些力不从心。这是由家族企业固有的属性所决定的,是家族企业制度性的缺陷,也是受传统儒家文化不开放的影响。

其次是家族企业做大以后,各相关方利益的诉求会导致不协调性,甚至会出现难以控制的"各敲各的锣"的情况。最初创业时那种紧密团结型有可能向分散型发展,造成意见不一,步调难以一致,尤其在外部环境急剧变化的冲击面前,显得十分尴尬和无奈。这种尴尬和无奈，会导致失去市场机遇，并在风险面前束手无策。

家族企业的管理缺乏民主。因为没有民主管理的科学程序和制度安排，"人治"不可避免。管理者如果决策正确，对市场较为敏感，对产业前景充分把握，并措施得力，执行力到位，会大力推动企业的发展。但"智者千虑必有一失"，不能保证最高决策者事事正确，永远正确。在重大问题上，决策一旦失误，又因缺失管理民主，会对企业造成不可估量的损失。

再者，家族企业内部矛盾几乎与企业的规模发展相伴而生。对企业中的一些重大问题，家族成员之间会产生很多想法，也存在相互之间的矛盾，协调统一的难度加大。家长制式的家族企业，种种弊端会相继产生。

最后是传承问题，这已十分现实地摆在家族企业面前。最早创业的家族企业"领袖"，大多年事已高。中国有句谚语：富不过三代。老一代开创者最担心的问题，便是企业的永续经营。传承给谁？如果自己的孩子乐意，那能否挑得起这副重担，又是一个挑战。虽然可以传授经验，让其在实践中磨炼，也可出国深造，其结果，有可能"青出于蓝而胜于蓝"，但也有可能不如父辈，知识不是决定一切的。如若是后者，岂不又成问题？若孩子别有自己的兴趣理想和激情，不愿继承父辈事业，那传承岂不又成泡影？香港的李嘉诚先生是比较成功的。他把"家族企业"做成了"企业家族"，体现了极大的包容性。家族人员各自拥有相对独立的公司，各经营一块，不相互冲突，却相互紧密联系和协调。河北大午集团的孙大午先生也有一套别开生面的治理设计。他作出决定：什么样的家族成员可以在企业里持股；在什么情况下这些股份可以传承，什么情况下可内部转换。这是孙大午的家族"立宪"，一个传承规划，用"制度"来规范家族企业，规范家族。

在实际运作中，家族企业的传承问题远比想象的要复杂很多，顺利过渡绝非一件易事。

总之，制约家族企业进一步向上拓展的"瓶颈"，远不止以上所述三个方面。但这是最主要的三个制约因素。

三、对家族企业突破的一些探讨

壮大了的家族企业，如何突破发展"瓶颈"？这就要顺应世界新经济发展潮流。企业的变革首先总是从组织形式的变革开始。从世界范围内的家族企业变革现状来看，家族企业逐渐成为公众公司是一种趋势。开放管理体系，开放产权体系。人是有自然生命周期的，最后总得把事业传承下去，富起来了的家族企业，这个时候已经不只为自己这个家族，而是为整个社会创造财富。家族企业的发展正沿着这样的路径演进，即原始企业—家族式企业—公众公司，最终表现为所有权和经营权分离。那些股份较大的家族只是间接地影响企业的决策，企业的经营权掌握在管理专家们手中，家族式的管理将在家族企业中消失，但企业的家族主义色彩仍然将保持和发扬。IBM、福特、壳牌、摩托罗拉等西方的老牌企业都因为主动适应这种变革趋势而得以持续发展。日本的松下电器公司不断发展壮大，而松下幸之助个人的股权比例却不断下降和稀释，从最初的100%下降到1950年的43%、1955年的20%，1975年更猛降至2.9%，使松下的发展突破了个人的局限，保证了企业的永续发展。纵观欧美发达国家的家族企业,绝大部分是沿着这样的路径变革,而得以延续并发展壮大的。这就是家族企业的"回归"——回归到社会,回归到现代企业发展的治理模式之中。

当然,这条"回归"之路,对于我们中国企业来说,还有一个艰难过程。首先要有法制保障,要有市场的规范和成熟,要有市场诚信评估机制。完成这场变革,同其他社会经济转型一样,"任重而道远"。

但这一变革,是一种必然趋势。正如让市场充分发挥配置资源的作用一样,这一趋势具有不可逆转性。这已为成熟的市场经济实践所证明。

作为一种过渡形式,笔者认为目前可以采取股权激励、分散持股等形式,让所有员工成为企业的股东,以改善企业的家族形象,增强其使命感和责任感。

"钱聚人散,钱散人聚"。人聚,讲的就是企业的凝聚力。保持企业的凝聚力,就是保持企业的永续经营,保持家族企业的活力和前景。

当前,可以大胆尝试最大限度地开放管理体系,如组建一个管理委员会,绝大部分由非家族骨干人员、职工代表参加,有限度地推行管理民主。这样做的优点是,最高管理者可以听到来自不同层面的利益诉求,对企业经营决策起到集思广益的作用,也让他们对企业发展负起更重的责任。开放式的民主管理,也极大地提升了企业的形象。

总之,我国家族企业还处于初级发展阶段,如何永久保持它的优势,如何从组织形式、管理模式突破成长"瓶颈",如何找到真正符合我国国情并不悖于规律的发展方向,还有漫长的路要走,现在只是"万里长征走完了第一步"。我国是一个家族文化观念根深蒂固的国家,市场经济发展历程较短,又深受儒家文化的影响,真正要使家族企业以令世人瞩目的崭新面貌出现,看来要经过几代人的努力。

但从新制度经济学的角度来说,从世界家族企业变革的趋势来看,家族企业必然要经历一次激烈的自我否定和自我超越过程,才能造就真正意义上的企业家和"企业家精神"。这也可说是"天将降大任于是人"的历史性选择。

民族品牌的艰难崛起和光明未来

民族品牌代表着一个国家的价值观、理念、文化和经济实力。如果没有一批具有世界影响力的民族品牌的崛起,国家在经济上的崛起就只是一句空话。

美国之所以成为美国,是因为有一大批像英特尔、微软、苹果、通用电气、通用汽车、沃尔玛、可口可乐、好莱坞等世界顶级品牌的支撑;同理,索尼、松下、本田等优秀品牌,造就了经济强大的日本。所以说,民族品牌是一个国家的发展之魂、经济之魂、文化之魂和强大之根本。只有民族的,才能代表国家的文化特征;也只有民族的,才是世界的。品牌是超越时空、超越国界的。

打造民族品牌意义深远,正如品牌专家艾丰先生所言:自主品牌不仅可以促进企业的发展,而且可以促进整个国家经济水平的提升;品牌和名牌状况代表着一个国家的民族素质和这个国家的软硬实力。邓小平早在20世纪90年代初期就指出:"我们应该有自己的拳头产品,创出我们中国自己的名牌,否则就要受人欺负。"要让中国受人欺侮的历史不再重演,发展和壮大国家的经济实力,打造一大批世界级的民族品牌,应成为国家发展战略的根本,并且刻不容缓,"一万年太久,只争朝夕"。铸就世界级民族品牌的意义正在于此。

一、民族品牌的艰难崛起和顽强成长

纵观改革开放 30 多年来民族品牌的发展，可以说是跌宕起伏，风起云涌，多彩多姿。

民族品牌的成长之路并不平坦，可谓"荆棘丛生"、"虎狼遍地"。因抵御不过外资的凶狠狙击，一批"小荷才露尖尖角"的民族品牌不是被兼并，就是自行倒下，销声匿迹。曾记否，金星、飞跃、凯歌、孔雀牌电视机，上海牌手表，长城牌风雨衣，春雷牌吸尘器，香雪海电冰箱，友谊牌雪花膏等一大批民族品牌，当年红红火火，品牌响彻大江南北，产品远销海外，但还没等成为世界级名牌就被封杀了，或"嫁于他人"了。留下的虽是惨痛，却并不悲壮。一大批外资品牌蜂拥而入，民族品牌因自身的不强大、不争气而被"欺侮"，被迫"缴械"。

中国人失去自信力了吗？回答当然是否定的。顽强总是和欺侮相生，自尊总在"白眼"中成长。一大批不甘"挨打"的民族品牌，肩负着中华民族的重任和希望，冲破层层阻力，破茧而出。海尔、海信、奇瑞、吉利、长安、联想、华为、伊利、蒙牛、茅台、张裕、全聚德、康力电梯等一批著名民族品牌，纷纷登台亮相，竞相打出自己的旗帜，各自成为本行业的龙头，为中国民族产业的振兴揭开新的一页。其间，贯穿始终的是企业家的自信、自立、自强及创造智慧。

"洋品牌"是强大的，其技术含量和市场影响力不可小视。它们对中国市场永远嗅觉灵敏，运作手段高明，一手持"杀手棒"，一手执"诱饵"，将会对民族品牌构成极大的威胁。中国民族品牌的崛起过程中，以后会有各种难以想象的困难持续出

现,必须有充分的思想准备。咬紧牙关,卧薪尝胆,苦练企业"内功",开发和提升核心技术,构建中西合璧的优秀企业文化,是打造民族品牌的主要功课,而最为关键的却是胸中怀有一颗赤诚滚烫的中国心,"心中燃起希望的烈焰、响起春雷"。

二、打造民族品牌贵在自信、自强、务实和坚守

民族品牌不是说打造就打造的。开几次会,发几个文件,唱几句高调,断然不能奏效。关键是要有民族自信心,"信心比黄金还要珍贵",力量来自信心,来自对民族产业的高度责任感,尤其在"危急存亡之秋","不辱使命"之心,更是弥足珍贵。

既要有务实精神,更要有不断创新、"人无我有"、"人有我优"的理念。

民族品牌需要精心培育,需要长期的技术积累和文化沉淀,更需要专注和坚守精神。

提到"专注"和"坚守",不能不提"同仁堂"和"王老吉"。

同仁堂创建于清朝康熙八年(1669年),创始人是乐显扬先生。自1723年开始供奉御药,历经八代皇帝共188年。在300多年的风雨历程中,经历了清王朝由盛到衰,见证了几次外族入侵、军阀混战,以及新民主主义革命的历史沧桑。同仁堂长盛不衰、屹立不倒的关键就在于专注和坚守。坚守中华民族的优秀文化——重义、爱人、厚生;坚守"修合无人见、存心有天知"信条和"同修同德,济世养生"的高尚理念。专注"配方独特、选料上乘、工艺精湛、疗效显著"的四大制药特色;专注"炮制虽繁必不敢省人工,品味虽贵必不敢减物力"的两"不敢"制作古训。如今,历经 300 多年巍然屹立的同仁堂已成为拥有境内外两家上市公司,门店遍布 14 个国家和地区,行销 40 多个国家和地区,拥有 1 000 余种产品,实力强大的现代制药工业企业,形成制药、零售、医疗服务三大板块,拥有两大基地、两个院所、两个中心的"1032 工程"在海内外信誉卓著,成为中国民族品牌的一个奇迹。

王老吉是中国著名凉茶品牌,于清朝道光年间(约 1830年)由广东人王泽邦所创。传说林则徐因查禁鸦片时操劳过度,加上水土不服,患上感冒等症,服下王老吉的草药之后,诸病痊愈。抗战期间,广州被日军攻占,王老吉历经磨难,货栈全部烧毁。但自信、自强、坚守的理念,又让王老吉重获新生。王老吉走过了 180 多年历程,其间,尽管风云变幻,时代变迁,可"王老吉"这个民族品牌始终铭刻着中华文化的印记,成为中国最有影响力的强势品牌之一。2008 年,红色易拉罐王老吉凉茶的销售额超越了可口可乐和百事可乐,成为中国罐装饮料市场第一品牌。

仅举两例,意在说明中国民族品牌的打造需要打"持久战",自信和坚守是赢得胜利的法宝。虽然前方的路途漫长而艰辛,但"同仁堂""王老吉"等一批老字号已为我们"开启山林",提供了榜样的力量。所遗憾的是在科技、装备制造领域的发明创造长期处于落后状态,这有历史的原因。但崛起的中国经济必须在这些重大领域有所发现、有所突破、有所创造,这也是民族品牌的希望所在。

三、为民族品牌的崛起呐喊助威

"千百万人的习惯势力是最可怕的势力"。国内某些消费者的"崇洋媚外"心理根深蒂固,似乎买了洋货就等于买了最好最安全的东西,自己也有了几分身价;若买了国货,似乎就降人一等,所以一时造成"出口转内销"流行。国人消费观念上的"厚外薄中"、妄自菲薄,与没有一流的民族强势品牌有关,与中国经济整体实力不强有关。不可否认,外国品牌有许多优势,人家有200多年的发展历史,而我们才刚起步。但并非"月亮永远都是外国圆",最近丰田汽车的召回事件,两款HP笔记本电脑的大规模质量问题,给中国的消费者上了生动的一课,也使民族品牌燃起了希望。

这些年,民族品牌遭受多重挤压,原因是多方面的。企业在打造民族品牌上,存在种种不容忽视的"内伤",如重视程度不够、心态较为浮躁、急功近利的冲动引发管理行为的短视。这些都成为民族品牌打造过程中企业给自己设置的障碍。

另外,市场监管缺失,假冒伪劣屡禁不止,严重损害了民族品牌的整体形象。从维护和关爱民族品牌出发,政府有责任重拳出击,严惩假冒伪劣,切实维护消费者利益,建立规范的市场经济秩序。

任何健壮的种子,其茁壮成长都离不开适宜的土壤。中国民族品牌的成长环境,明显存在诸多制度性缺陷。《美国产品购买法》规定,在政府采购项目的国外报价中,只要本国供应商为中小企业,其报价不超过外国供应商报价的12%,则优先交由本国供应商采购。这引发我们的思考:我们在政府采购中是否该对民族品牌多一分呵护呢?政府是否该对民族品牌多几分倾斜呢?

记得一位著名经济学家这样说:一个国家或地区拥有商标

的数量,特别是拥有驰名商标的数量,标志着这个国家或地区经济发展的程度和经济实力,它的价值已经远远超过了经济学的范畴。

这就告诉我们,欲提升中国经济,转型中国经济增长方式,如果没有一大批在各个产业领域的民族品牌,是难以圆梦的。

改革开放30多年来,中国在各个产业领域里的领军企业已崭露头角,并挥师海外,这是民族工业振兴的好兆头,是转变经济增长方式的伟大实践。但值得提醒的是,打造世界重量级并具有深远影响力的民族品牌,还"任重而道远",前进的征途山高路险,充满坎坷和磨难,体制的突破和创新至为关键,企业家精神的重塑和提振,是打造民族品牌的力量源泉。让我们跟随温家宝总理一起去"仰望星空",展望未来,它会是那样的壮丽而光辉,响起民族品牌的一声春雷。

每一个炎黄子孙,都是五千年文明的传承者,"四大发明"的辉煌历史,让中华民族点燃起希望的火焰,踏上伟大复兴之路。民族品牌崛起之日,将是中国经济强大之时。让我们为强势民族品牌的打造,呐喊助威:"加油!加油!加油!!"

"转型时期"的企业战略调整

当今世界正在发生深刻的变化,国内宏观调控灵活多变,经济增长方式转变正在艰难进行。几方面因素的综合叠加,会对企业发展带来影响。内外环境的变化,促使企业原先制定的战略也应随之调整。

每个企业都有自己的发展战略,但战略不是一成不变的。内外环境变了,原来的发展战略可能已不适应变化了的环境。企业家只有充分把握经济发展的走向和趋势,正确认识变化了的客观环境,深刻认识,冷静对待,制定与内外环境相适应的正确战略,才能使企业立于不败之地。

世界经济发生了哪些深刻变化,宏观调控走向如何,经济增长方式转变的具体路径又在哪里,根据笔者的学习和观察,归纳陋识浅见如下。

此次全球金融危机,一是因华尔街金融巨头过度贪婪;二是美国政府放松警惕和监管;三是主宰全球货币体系的美元没有受到有效制约。危机已给各国经济带来深重灾难。虽然各国政府相继出台刺激经济的政策,大手笔注入流动性,希冀阻止经济的进一步下滑,但种种迹象表明,金融危机的影响远未消除。各国政府,特别是美国政府,大规模地开动印钞机,给世人一种不安的感觉。世界黄金价格的狂涨,就是明证。债务危机全球蔓延,世界经济将进入时起时伏的动荡期,在所难免。中国经济当然无法不受影响,既已融入了全球经济的序列,独善其身不太现实。但"二次探底"在中国不会发生。中国经济年均不低于8%的增长率,主要来自经济增长的内在因素。中国市场大,潜力也大,内在的消费应该成为中国经济持续增长的动力。真正推动经济发展的主因,是重在结构调整,切实转变经济增长方式,从粗放型、低效率向精细化、高效率的发展模式转变,向改变农村贫穷落后面貌,大力发展现代农业,大力发展小城镇建设的方向转变。这三个"转变",是经济迈上健康、科学发展之路的新引擎,也是崛起的必由之路。宏观调控的宗旨就是力推这"三个转变"。由此,中国经济的发展奇迹,是完全可以期待的。

明确了经济发展的趋势,企业的战略调整就有了方向。具体的调整思路,笔者认为有以下四个方面。

第一,"稳"字当头,步步为营。立足"退可守,进能攻"。一不盲目扩张;二不四面出击;三不急功近利;四不浮躁失守。中国这样一个巨大的经济体,经济转型绝非易事,不可能一蹴而就,而会是一个十分艰难而痛苦的过程,其间有曲折,会反复,有震荡。以房地产为例,这些年,房地产发展对经济的推动力贡献巨大,与此相关的产业都得到长足的发展,可它发展到现今的偌大规模,开始呈现两难境地,十分尴尬。退吧,经济立马下滑。没有一个行业像房地产这样产业链很长,牵涉70多个相关产业,上游一下滑,下游像雪崩,相关利益方受损不说,光就业就是大问题。进吧,刚性需求不足,百姓无力消费,只能望房兴叹,空置率不断上升,至今没有给出一个确切数据。有人说这是一笔糊涂账;也有人说,现在空置房可以容得下上亿农村人口居住。给人的感觉是,空置房多得令人吃惊。房产捆绑银行,银行的大量资金沉淀。在此进退两难的情况下,包括房地产在内的相关产业该如何应对,考验着企业家们的悟性和智慧。积极调整发展思路,立足一个"稳"字,可谓理性选择。预期不定,方向不明,切忌草率从事。

第二,在财务和成本上进行调整,现金为王,减少库存积压,杜绝浪费,收缩一切不创造价值的活动,"卧薪尝胆",为未来发展做好思想、物质上的充分准备。在任何情况下,企业的现金流量和资金周转率,始终是衡量一个企业是否稳健发展的主要指标。前段时间,温州制造业日趋萎缩,大量资金涌入房地产行业,一窝蜂狂炒房产,造成房价虚高。这是资金在追逐利润最大化的冲动下的冒险行为,其最后结果,不是赚得盆盈罐满,便是折戟败北,而后者倒是大概率事件。泛滥的资金使用不当,会造成祸害。

第三,加大力度投入自主研发,追求核心技术,打造自主品牌,吸收精英人才,增加人才储备。历史上每一次经济转型,都是优胜劣汰的过程,也是造就强大企业的机遇。有道是"淘尽黄沙始见金"。不管经济转型纷繁多变,不管耳畔噪声繁杂,排除一切干扰,静心苦练企业内功,静观市场之变,把握战机,主动出击。成功之门都是为有准备的人开启的。届时,"一览众山小"的胜境便在你的足下。

须知,我们吃亏就在于缺乏核心技术,缺乏具有深远影响力的一流品牌,处在产业链的低端,附加值不高,受人摆布。要改变这种现状,人才是决定因素。若一个行业的精英人才,你有能力感召他们,都聚集在你的战旗下,就不愁有过不去的"火焰山"。当人们还在东张西望,因找不到方向而无所适从时,你却厉兵秣马,苦练"内功",一旦机遇来临,挥戈上阵,出师征战,便可胜券在握。这叫作"胸中自有雄师百万","胜似闲庭信步"。

第四,推行精细化管理,极大提高效率,创造新的价值。精细化管理是转变经济增长方式的重要举措之一。何谓精细化?怎样才能达到精细化? 精细是相对粗放而言的。粗放就是耗能大、排污重、效率低、资源浪费;精细便是节能降耗、节约资源、保护环境、效益高。我们所讲的精细化,就是在每一个生产流程、每一个流通环节,做到最大限度的精细。精细也是相对的,没有人能给出一个具体的指标、一个绝对的极限,随着科技的进步,这个精细值肯定越来越最大化。科技无止境,精细化亦无止境。这就是人类从必然王国走向自由王国的历史进程。

企业的战略调整思路大致有以上这四方面。具体展开依各企业实际情况而不同,依企业规模、产品定位、产业前景而各异。但调整的"纲"是确定的,纲举才能目张。

中国经济的战略目标是清晰的。确定的六大新兴产业包括新能源、先进装备制造、生物科技、新兴材料、现代农业、节能环保等。这是大的分类,分支无数,涉及行业千万。这些产业是经济发展的方向,具有灿烂的前景。

企业的战略要朝这个大方向调整。企业战略的调整与国家经济转型异曲同工,既是一个艰难磨合的过程,更是一次质的飞跃。对大量经济信息(包括宏观走向、行业演变趋势等)要花精力,加以去粗取精、由表及里的科学分析,密切结合本产业的特点、发展前景作综合判断,然后进行有的放矢的调整。这是对企业家智慧和洞察力的考验。

须知,企业的战略调整是大势所趋,不是你要调整,而是经济规律叫你调整。经济发展的规律,是不以某个人的意志为转移的。纵观现今中国绝大多数企业,耗能大、排污重、效率低的现状,再也不能持续下去。靠投入和外贸换来增长,路子越来越窄。传统产业也无法担当经济持续增长的大任,在这样的背景下,新兴产业的崛起,是谋求突破的唯一光明通道。虽然它的崛起,会十分艰难,会触及各方利益,但现在只有这条"华容道"了。换句话说,不转也得转,转也得转。为此,企业战略的调整,迟调不如早调,被动调不如主动调。早些调整,抢占先机;慢步半拍,落后千丈。

对形势要有正确的判断,误判不仅会错失良机,更会造成伤害。企业的战略调整也是一样,不能存有理想主义、主观主义,不可片面、武断。企业的战略调整应在充分、正确把握经济发展的趋势上进行,切不可"想当然"。

新经济的崛起,是中国经济崛起的趋势,企业的战略调整要服从于这个趋势。明白了这一点,调整就有了目标和方向。

新经济正在向我们走来,新经济崛起的引擎握在有胆有识的企业家们手中。未来重量级的具有世界影响力的企业,必将在新经济大潮中诞生,而最有活力的民营经济一定会在崛起的浪潮中胜出。

媒体报道,美国富豪比尔·盖茨访问中国时,一路对比亚迪赞不绝口。相信像比亚迪那样的创新型旗舰,会在此次经济转型中,在最具创新活力的民企中不断涌现,并令世界叹为观止。让我们以必胜的信心、炽热的激情,去迎接并拥抱这一伟大时刻的到来。

民企上市：一次脱胎换骨的价值提升

民营经济是我国整个经济体中最具活力、创造力和爆发力的部分。只有民营经济的总量提升、持续创新、管理突破、产业集中，中国经济的崛起才有希望，中国经济发展方式的转型才有强大的推动力。

中国民营企业的批量上市，为中国资本市场注入了新鲜血液，是中国经济向前发展的巨大"能源"。就公司层面而言，是一次脱胎换骨的革新，也是脱胎换骨的价值提升，更是在公司发展史上一次划时代的变革。

其一，是股权结构的变革，由单一的股权结构变成股权相对分散的公众公司；由董事长说了算变成董事会集体决策；由个人智慧整合成群策群力的集体智慧；由风险的相对集中变为风险的相对分散；由制度的个人意志变为制度的"法治"准则。股权结构的变革，为公司持续发展提供了各方利益诉求一致的保障，迈上了现代公司治理的健康发展之路。

公司治理必须以制度为准绳。充满随意性的一锤定音式的决策，往往会造成失误，也会严重损害公司的形象。有一事例可做例证。据报载：一家德国公司很早看上国内某家日用品公司，在某次展销会上十分青睐该公司的产品。德方的首席代表兴奋地表示，看好双方的合作前景，称赞公司产品质量"太棒了"。但当那家公司的老总令人去仓库取该产品赠予对方时,德方的首席代表大为惊讶。原本定于第二天举行的签约仪式,忽然取消。德方代表表示要重新考虑合作的前景,这让所有在场的人大感不解,惊愕无比。对方坦言:"我们忽然发现贵公司一个很严重的问题,在贵公司只要高管一句话,就可将公司的财物随意送给别人,也就是说高管的一句话,就可以让规则失效,成为例外,而这个例外,可能让一个企业遭遇毁灭性的损失。"合作之约,就此告吹。这个案例就充分说明,如果一股独大、单一集中,决策的随意性就大,制度的约束力也相对较弱。企业成为公众公司以后,在制度约束面前,就能有效避免此类事件发生。

所有权变革是企业真正意义上的一次革命。那时的乡镇集体企业,所有权在乡镇政府手中。由于机制呆滞,活力不足,创新更无从谈起。资金依靠银行贷款,业绩长期徘徊不前,有的亏损十分严重,工人干多干少一个样,企业的生命力逐渐衰竭,改革势在必行。企业转制后,所有权归属明晰,积极性、创造性如泉喷涌。现在众多产业的明星企业,很多是在此基础上拔地而起,成为民企经济崛起的一道亮丽的风景线。由此可见,产权制度的变革,才是企业永续发展的源泉。

其二,是公司财务的透明和公开。财务是公司的命脉。财务透明就表示公司的收支底细完全处在公众视野之中,只要细研公司的季报、半年报、年报,孰优孰劣,让投资者一清二楚。完全改变了上市前那种封闭和半封闭状态,也杜绝了财务上的不规范之举,以前那种"闷声大发财"的状况不再发生。

财务的透明和公开,有利于公司的规范运作和有效监管,并极大地激发了公司提高业绩的紧迫感和责任性,让"压力变成动力",不再是一句空话。

其三,成为公众公司后,在透明与监管下的效率大为提升。这是现代公司治理制度的宗旨。过去那种或多或少存在的暗箱操作将不复存在。沪深两市一千多家上市公司据媒体披露的情况来看,基本上是阳光下的操作,监管下的效率得到了提升。极少数公司的不规行为,受到了惩罚,遭到投资者的唾弃和全社会的谴责。这些公司的行为,严重摧毁了公司在投资者心目中的形象,投资者用"以脚投票"的方式作出了回应。而那些在透明与监管下效率提升的公司,受到市场的青睐和舆论的好评。

其四,以谋求股东利益最大化为公司追求的目标,完全扭转了只追求老板利益最大化的个人狭隘观念,追求公司与股东共赢的理念成为共识,社会的财富效应凸显。

沪深股市有很多优秀公司,十数年来,给股东的回报十分丰厚,所以深受投资者的好评和热捧。如山东黄金、中金黄金、万科A、苏宁电器、中联重科、三一重工等等,这些公司扩张迅速,业绩翻番,创新迭出,成为产业界的龙头。这就是股东利益最大化的生动体现。

当然,也有不少公司"铁公鸡"一只,只想圈钱融资,不思回报股东。明明有条件可以分红,却十分吝啬。这种严重丧失了群众基础的公司,最终会以损人不利己收场。更有极少数者,极尽搜刮投资者利益之能事。但随着资本市场监管的日益规范和完善,这种现象将逐步绝迹。相信,终会到来的"严刑峻法"会让"铁公鸡"和造假者胆战心惊。

相比之下,上市民企的责任性较强、运作较规范,创新活力不知要比国企强多少。所以,中国民营企业的上市,给整个资本市场带来可喜的变化。那些背靠政府一心把市场当作"提款机"的公司,如不彻底反思,改弦更张,随着经济体制改革的深化,被淘汰出局是迟早的事。

其五,促使公司管理人员,特别是高级管理者更加廉洁自律,责任性和使命感大为增强。以前企业因缺乏监管机制和自我约束,老总花钱或多或少带有随意性,想怎么花就怎么花,特别是非经营性开支有时显得不够理性。上市后,这种现象大为改观,因为任何一项开支,特别是无价值的费用,都会影响企业的业绩,严格说会损害投资者的利益。企业老总自我约束观念的增强,为企业资金的有效使用提供了保障。

其六,也是非常重要的一条,资本市场为企业的并购重组、做大做强提供了重要平台。资本市场除了融资功能外,另一重要功能就是通过并购重组,促进产业升级。纵观全球大企业的发展历史,做强做大除了依靠自身的积累,最重要的"推手"就是并购重组。并购重组是优化和整合现有产业布局的重要途径。历史上,在经历类似我国目前经济发展阶段时,发达国家都在并购重组过程中推动产业的优化和调整。美国在1887—1904年间,并购重组加速了其工业化的进程,先后五次并购浪潮推动并完成了产业调整。在这一进程中,资本市场发挥了重要的作用,提供大量融资和并购服务,促成美国工业的升级和优化,也诞生了许多举世瞩目的大公司。

近十多年来,我国已有近400多家上市企业通过并购重组改善了基本面,提高了盈利能力、持续发展能力和竞争能力,也有力促进了产业集中度的提升和结构的调整。最有代表性的成大股份,通过并购重组,基本面彻底改观,业绩大幅提升,股份从原来的9元多一路攀升。可以预言,利用资本市场的重要平台,一部部做大做强的并购重组大戏,才刚刚拉开序幕,精彩还在后面。可以这样说,这是为公司真正意义上的做大做强,提供了一次历史性的机遇。善用机遇者,将胜出为"王"。

公司上市以后,面临的一切都是新的。新的观念,新的思维和行为方式,新的机遇和挑战,彻头彻尾的"新",脱胎换骨的"新"。

总之,民企上市,公司已经发生了质的改变。不能仅看到融了多少亿的资金,更要看到公司治理结构的深刻变化和企业发展的前景。融资是为了发展,发展是为了回报股东和社会。如果一个公司为融资而融资,那必然会一年盈、二年平、三年亏,最终成为ST。因为动机的不纯,难有增长的大戏。

民企上市,梦想会更多,也更富有色彩。最浓墨重彩的一个梦,莫过于争做产业里的龙头。梁稳根的"三一重工",不是做了挖掘机行业里的龙头吗?王传福的"比亚迪"不就成了电动汽车王国里的"领袖"吗?"天士力"的中药产品丹参滴丸不是进入了美国的临床医疗吗?常熟的"好孩子"不是受到全球消费者的喜爱吗?类似例子,举不胜举,均是借资本市场的东风壮大了企业,提高了产业的集中度和竞争力,成为自己产业里的佼佼者和领军人物。

正值我国经济结构调整,经济增长方式亟待转型之际,利用资本市场的平台,积极探索发展的新思路,谋求突破的新方向,打造行业里的"领袖",成为上市民企追求的价值目标。

要圆的第二梦,要数是技术创新。筹集的资金用于科研开发、技术创新。这始终是打造核心竞争力的第一要素。我们的企业吃亏就在于缺乏自主研发的产权,处于产业链的低端,微笑曲线的两端均掌握在别人手里,造成附加值不高,整体盈利水平徘徊不前。我们应利用资本市场融资平台,加大研发力度,加快整合速度,招募精英人才,占领核心技术制高点,使"制造"转变为"创造"真正成为可能。

不忘社会责任,是上市之后的应有之义。回报股东,财富让社会分享,是公司的神圣职责,保护环境更是义不容辞。此可谓是要圆的第三个梦吧。

总之,民企上市是一次脱胎换骨的价值提升,是公司发展史上具有里程碑意义的大事。这是历史给予的机遇,也是中国经济崛起的标志性事件。只有让最有活力、创造力的民企,成为各产业领域里的领军人物,经济增长方式的转型才有希望,"民富国强"的理想才有可能实现。垄断不会产生活力,不可能使竞争力升级。公平竞争是市场经济的基础,是产业升级和创新的源泉,唯此才有可能真正造就世界级的大公司。

在造就世界级大公司的实践中,中国的民营企业将面临最严酷的竞争,同时也是一次绝好的历史性机遇。成功属于有准备的头脑。为此,你准备好了吗?

民企监管机制的作用和构建

监管,是一个世界性的课题,也是世界性的难题。此次全球金融危机的爆发和蔓延,源于对华尔街过度贪婪缺乏有效的监管,或者说美国政府纵容了华尔街的贪婪,导致监管失灵。如果一个社会、一个经济体,缺失监管或监管失效,导致的灾难将是毁灭性的。大而言之,对整个国家经济造成祸害;小而言之,会使企业蒙受重大损失。

监管是基于对人性认识的一种设计和安排。它的基本出发点首先把对方看作是"魔鬼"。人性固然有善的一面,同时也有恶的一面,而道德制伏不了这个"恶"。为镇服这个"恶",让"恶"不恶,并改造成善,这就需要制度和监管。

本文主要是探讨民企内部的监管。随着民企规模的扩张、经济总量的提升以及在国民经济中比重的增大,以后会逐渐成为推动经济发展的主要力量,因此监管问题的重要性和迫切性便日益凸显。

民企内部的监管,笔者认为应构建四大体系。

第一,制度监管。构建行之有效的制度是监管的第一考量。制度监管的设计,首要关键是各制度之间的衔接性、制约性和平衡性。如计划部门与采购部门的衔接和相互制约,采购部门与财务部门的相互衔接和相互制约,制造部门与计划部门、采购部门的相互衔接和相互制约。其他相关部门之间同样如此。这个相互衔接、协调和制约,便是制度监管应有之义。这里应力避各制度之间的隔离和碰撞,不能让制度留有空隙和漏洞。有了既相互衔接又相互制约的制度,监管便有了制度保证,也为打造执行力提供了前提。

第二,检查和督察监管。任何好的制度都是由人去执行的。尽管制度无懈可击,但执行起来各有差异。执行过程会有公和私的碰撞、名和利的追逐。无论制度多么严密,都保证不了会丝毫无误。因此,检查和督察就显得十分必要。检查制度的执行力,检查执行过程中的疏漏或失误,并及时提出纠错的举措。同时,应及时总结执行过程中的经验和方法,选择有价值的加以推广。检查督察可定期和不定期结合进行,以期保证制度执行力的有效性,也使那些寻找制度空隙的不规者,不敢在制度面前有所松懈和怠慢。

第三,民主化监管。这主要指让全体员工参与监管,前提条件是制度必须透明化,各部门的员工能全面地了解自己部门的各项制度。对执行过程中的各个环节规范与否,给予充分表达和诉求的权力,对不规范之举给予越级向上检举的权力。实际上,员工的监管是最有效的,因为他们在生产第一线,最清楚执行者的行为。员工监管要形成一种风气,要有企业文化的支持。企业文化要向员工强烈灌输责任意识,强化"企业靠我发展,我依企业生存"的理念。但要形成这种全员监管的氛围是一件很不容易的事情,一般的企业不易做到。因为它牵涉方方面面的利益关系,也牵涉到很不容易冲破的人情文化。这种监管方式,虽具有理想化的色彩,但却是最有效果和说服力的,也是企业文化运作的最大成功。

上市企业除接受证监会的监管外,还要受全体股东的监管,全体股东享有财富保值增值的权利,自然也享有对公司管理行为的监管之权。任何损害股东权益的公司行为,都应受到严厉的监管和处罚。

第四,加强监管队伍的建设。这是企业有效监管的重要条件。规模较大的企业应建立财务监管、市场监管、管理监管等专职人员,肩负监管之职。监管人员应具有专业水平高、办事公道、责任性较强的素质,并具有较高的协调、沟通能力。

监管队伍不仅要不断加强自我学习,还要进行多方面包括心理素质层面的培训,以提高他们的监管水平和能力。

要定期和不定期向公司最高决策层汇报监管情况,制订下一阶段的监管计划和改进措施。与此同时,企业文化要在监管工作中发挥应有的作用,加强责任意识的宣传和灌输,推动监管工作的有效开展。

纵观目前企业监管的现状,存在问题不少。主要表现为:一是企业未建立监管机制,特别是小型企业。企业负责人包揽一切,监管精力受到牵制,但"麻雀虽小,五脏俱全",没有监管的有效运行,企业或多或少的损失难以避免。虽然没有必要建立专业的监管机构,但至少要有人去管。现在企业虽小,但发展到一定规模阶段,监管必不可少。从小企业开始做起,逐步积累经验,何乐而不为?二是有的企业虽有一整套监管制度,也设有专业人员,但流于形式,在实际工作中,没有真正发挥监管的作用,仅起到一个"和事佬"的作用。三是有的企业在监管中"雷声大,雨点小",监管中发现很多问题,有的可能很严重,但整改起来却往往轻描淡写,大事化小,小事化了,不了了之。这里牵涉到的问题较多,有的是涉及部门之间的利益关系,有的是有碍于情面。要使监管之"剑"真正锋利,现代公司治理制度必须更上一个台阶,真正由"人治"转到"法治",还有漫长的路要走。但不管怎样,企业的监管制度必须建立,因为这是关系到捍卫并发展企业成果的大事,也是企业"苦练内功,外塑形象"的主要功课。须知,在企业监管缺失时,不乏惨重教训的案例。

扬州某私营化工原料厂的业务员黄某,一向经营业绩较好,一直深受领导信任,但在工作中,黄某渐渐发现该企业内部财务制度混乱,老板从不对账,存在巨大漏洞。黄某意图自己办厂,手中缺钱,便对工厂的货款打起了坏主意。在多次与其他企业交易过程中,黄某利用自己经手的所有票据和货物没有旁人插手的便利,将外省某家企业应当付给该化工原料厂的一百余万元货款,以现金方式汇入自己的银行卡,随后挪作他用。不久,黄某又再次出手将其收到的五十余万元贷款的银行承兑汇票,转让给他人。黄某之所以玩"空手道"屡屡得逞,原因就在于制度松散,监管缺失。

另有浙江一家大型制锁企业,生产各类大小锁具,产品运销国内外,年产值达4亿元之巨,企业制度严密,产品质量上乘,负责原材料采购的是一位董事长的亲戚,长期以来,采购规范,质量保证,价格合理。但数年以后私欲膨胀,利用老板对他的信任,采购材料次品越来越多,报废率也越来越高,待他某一天离职时,不合格的原材料竟堆满了一仓库,给企业造成了很大的损失。原因是老板过于信任,放松了监管,给此人以可乘之机。

在企业监管中,当然成功案例也不在少数。江南有一家四千余工人的机械企业,专业生产各种电器配件,品种较多,工艺要求较高,专为国内外几家大型电器厂家配套。十数年来,制作精良,工艺过硬,服务完善,深受欢迎。关键是有一整套相互衔接、相互协调、相互制衡的可量化操作的制度,以及严密、严格、严肃的监管法规。以采购制度为例,原材料的采购供应商选择,采用几家同时招标,由采购部经理牵头,组织由财务部、机械设计部、制造部等技术人员参加的采购小组,针对几家供应商的材料质量、价格、服务进行集体磋商,然后定夺。每次采购均依此惯例进行。整个采购过程,完全在公平、公正、公开状态中进行,各供应商也完全用不着通过各种私下渠道"疏通"。十数年来,原材料质量的保证为其产品的制作精良作出了贡献。

许多世界顶级制造企业的监管大多采用对不同工作的活动频繁地进行抽样来进行。从一个监管员进入车间的特定部位观察每个人的职能开始,记录每个人在做什么,他们做事的速度,每台机器或每个职能发生了什么。凭借这些任意观察的结果,监管者就能对操作者在安装、操作、维修、保养等方面所花的时间和工作效率进行监管。工作抽样能给监管者提供大量宝贵信息,包括员工工作时间的比率、员工的工作效率、机器设备的利用率。对机器和人员的利用率作出正确的评估,就可以有效地监管并配置人力资源,可以明确诊断病因,并能对症下药,以达到提高工作效率的目的。这三个步骤不仅对监管者,对企业领导同样适用,无论你是总经理还是部门经理,只要遵循这些步骤,都能收到提高工作效率、合理配置人力资源的良好效果。

综上所述，监管在企业运行中的作用不可小视，绝非可有可无，可热可冷。它是对企业执行力的检验和评判。任何严密的制度，都不可避免地有疏漏之处，执行人员的理解水平、执行能力也各有差异，绝对完美的执行力是不存在的，这就要依靠严格的监管来纠偏。

制度、执行力、监管，三者融为一体，相辅相成，相互促进，使企业的运作更为健康、稳健。

任何一种制度、机制，都离不开文化。监管同样需要文化来支撑。由了文化的支撑，才能使监管的全过程成为一次增强责任感的自我教育活动。

现代企业实践证明，监管的软弱和不足始终是制约企业向前发展的软肋，此次金融危机的爆发，已足以证明这个世界性难题的破解之艰难。但作为我们民企来说，毕竟规模较小，涉及面也不广，机制较灵活，只要充分重视，运作起来也并非难事，但也并非轻而易举，一蹴而就，需要文化支撑，需要经验积累，需要破除各种陈旧观念，让企业的各项监管工作有序进行，为企业的健康发展提供执行力的保障。

企业监管是管理提升的必然，扬善弃恶的利剑，规避风险的法宝。

努力让企业成为"企业公民"

"企业公民"是现代工业文明的成果,是经济发展到一定阶段的必然,现已成为国际上盛行的用来表达企业价值和责任的新理念。

"企业公民"在欧美发达国家的一些国际性大企业中,已成为一个极其重要的发展策略原则。随着社会的不断进步、现代工业文明的日益推进,企业公民意识正在全球企业界中逐步加强,将自己的公司打造成为"企业公民",已成为大家的共识和愿望。因而"企业公民"的研究课题越来越受到社会各界的关注,并成为构建和谐社会的一个重要组成部分。

"企业公民"对我们来说,虽然是个新鲜词眼,但中国经济500强中许多企业,正在努力实践着企业公民所应履行的社会责任和其他应该做的一切。

"企业公民"具有合格公民的所有属性,其中包括注重道德价值、严守法律、履行社会和环境责任等等。企业是国家的公民之一,是社会的主要组成部分,企业公民意识的觉醒和增强,企业公民责任在商业活动中的践行,无疑对推动社会进步、经济健康发展作用巨大,也是赢得企业可持续发展的保证。

企业公民有两大要素组成:社会责任和道德责任。社会责任主要指法律规定的必须承担的责任。如向国家缴纳税收,为社会提供就业机会,为市场提供合格产品和优良服务,严格遵守市场竞争秩序,切实维护职工权益及执行国家的各项宏观政策等。道德责任主要指支持社会公益活动、教育卫生事业、慈善事业、社区建设等。

企业公民的首要责任是把公司治理好,提高效益,不断研发新产品,不断寻找新的利润增长点,不断增强可持续发展的盈利能力,只有拥有了雄厚的财富积累,方可在崇高的价值理念驱动下,忠实地去履行各种社会和道德责任。离开了企业效益的提高,奢谈企业公民是不现实的。试想,如果一个企业的盈利能力只能糊口,处于温饱状态,有什么实力去"救人一把"?

企业公民的重要职责是让员工成为企业公民的主体。员工是企业价值链中最直接的感受者、最快的传递者,所以应把员工为本和企业为本、社会为本有机融合起来。感动员工,才能"感动"市场,让员工自豪,才能让企业自豪。记得一位企业家曾这样来表述企业公民的自豪感,他说:"如果一个企业的员工,他的父亲、母亲,和这个员工的儿子、女儿在外面很骄傲地讲:我爸爸是哪一家公司的员工,我想这就是企业公民最好的体现。"所以,一个企业要成为"企业公民",员工对企业的忠诚度,和企业对员工的忠诚度,两者合而为一,并且相辅相成,共处在同一个重量级上。有了这两种"忠诚度",企业公民的建设才有成功的功底。只有企业中所有的员工都成为企业的公民,企业才能成为公民。若员工的公民意识较弱,行为表现离公民责任较远,"企业公民"就成了空中楼阁、水中之月。在这个意义上说，企业要精心培育员工的公民意识，唤醒员工的公民觉悟，这是企业义不容辞的神圣之责。万科的王石说了一句十分精辟的话，他说，企业经营的原则，实际上还是对人的概念。这个"对人的概念"，其中蕴含着对员工的"公民意识"的培育。

企业公民的财富观是：君子爱财，取之有道，回馈社会，共享财富。

一个企业要堂堂正正地站起来，光明磊落地去竞争，不信邪，不哄骗，不作假。万科之所以成为"万科"，就是做到了这几个"不"，在拿地的时候没有行贿过一分钱，这种原则反成为一种竞争力。而我们不少企业在过去的年月里，一方面以一种无所畏惧的勇气和激情去创造和放大市场需求，与此同时，又无所顾忌地颠覆和破坏了市场的秩序和道德规范，违背了企业公民的基本原则，对市场、对消费大众造成了极大的伤害。比较典型的如毒牛奶事件、苏丹红事件。道德的沦丧和良知的泯灭不能不引起我们深深的忧虑。如果大家把法治和道德弃置一边，社会怎能和谐？市场经济发展到今天，我们必须直面社会责任的问题，重新塑造企业的价值观，使之成为合格的企业公民。

企业公民的打造，政府有着不可推辞的重大责任，因为这高度依赖于法制化的进程。一个没有秩序的市场，一个没有法治的社会，是无法形成企业公民价值观的。所以，政府加快职能转变，成为法治政府、诚信政府，依法行政，为企业提供优良的行政服务，是打造企业公民的基础。

打造企业公民的主体是企业，企业的价值观是企业公民的

"基因"。在"2010企业公民建设白皮书"中,合肥百大集团提出建设企业公民的目标,很有指导意义。他们将之概括为"顾客喜爱、股东满意、员工自豪、合作伙伴赞扬、社会责任"这几句话,并提出:坚持社会责任的履行与企业发展水平相同步;在努力为广大消费者服务、为社会提供更多就业岗位、为股东创造效益和为政府贡献税收、为员工创造发展平台的同时,也以感恩之心回报社会,以勇于履行社会责任为己任,积极参与社会公益事业,承担对客户、员工、环境、社会及其他利益相关者的责任。

这里必须厘清企业公民建设和企业竞争力打造的关系。

企业竞争力是在价值观的驱动下由策略优先、产品差异化、服务优质化形成的。关键因素是人,人的激情、智慧和创造力。而这些因素,正是企业公民的基本内涵。故而企业公民建设与企业竞争力是一个问题的两个方面。企业公民建设有利于企业竞争力的打造,企业竞争力的增强也推动了企业公民的建设。当年海尔张瑞敏的砸冰箱事件,实质上是迈出了企业公民建设的第一步。表面上砸的是冰箱,实质上是对人的责任的重塑,是对忽视和矮化人的价值的提醒。不合格的产品是不合格公民所造,合格而优质的产品必然是合格公民的"佳作"。

这里还必须搞清一个概念,企业公民并不等同于捐钱。一味地要求企业作贡献并非是"企业公民"的实质,企业公民的建设恰恰是为了实现企业和社会的"双赢"。公益活动是"企业公民"的重要原则之一,体现企业的社会责任感,它虽不能直接带来利润,但带给企业的潜在促进力非同一般。你为别人播下希望的种子,别人就为你企业的发展添砖加瓦。

新的竞争时代,企业公民建设的浪潮正从西方席卷全球,传统的"股东利益中心"正在向承担起必要的社会责任转变,大批跨国巨头在最近十年中持续不断开始了"道德革命",毫不隐讳地"自曝家丑",对有缺陷的产品予以召回。企业的可持续性发展的能力与社会的关系密不可分,为赢得未来更大的发展空间,企业公民建设势在必行。

越来越多的中国本土"企业公民"正在不断涌现,"中国式"社会责任的内涵和外延不断丰富和延伸。1992年创业的上海复星高科技(集团)有限公司,从38 000元资本起家,到目前已形成1 000多亿元的资产规模,涉足医药、商业、矿业、钢铁、地产及投资等多个领域,跻身"2010中国企业500强"第177位。他们企业的发展要交两份报告,一是以财务为核心的企业财务现金流利润,包括销售收入报告;二是必不可少的"企业公民"责任报告。这充分展示了中国民营企业"企业公民"建设的风采。

但中国企业公民建设还有漫长的路要走,还有许多制度性障碍需要突破,还有许多模糊认识需要廓清,企业的道德建设需要进一步提升,企业的内外环境需要进一步改善和优化。中国企业发展的路径有自己独特的思路,因而企业公民的建设也必具中国特色。以儒家思想定义的"企业社会责任",便是文化上的特色。

但企业公民建设的浪潮是一个时代的趋势,工业文明的发展方向。其间,中国的民营企业必将在企业公民建设中成为一支伟大的力量。

筚路蓝缕,开启山林,中国的民营企业是在充满荆棘的路上,不畏艰难而发展起来的,"企业公民"的建设也必然是一条艰难探索之路,"企业公民"的血液流淌在民企的每个细胞之中,"企业公民"的阳光必将伴随她一同成长。

中篇

若有所悟　与时俱进

常怀"敬畏"之心

一

敬畏者,敬重又惧怕之意。

无论是企业做强、做优、做专,还是企业家自身价值的体现,"敬畏"二字均贯穿其中,并在整个价值链中起主导作用。

人可以无所畏惧,但同时也应有所畏惧。这是一个硬币的正反两面。人不可没有"怕惧",同样,也不可丢失"敬重"。

西方经济的崛起,源于"敬畏"二字。先是敬畏上帝,人们工作才那么专注和敬业;后是敬畏于法律和制度,人们才那么规矩和守纪。所以,任何经济体的崛起和发展,均在"敬畏"的框架内有序运行。反之,任何貌似坚不可摧的城堡,都将在蔑视"敬畏"中分崩离析,面临倾塌。做企业亦然,不守规矩,无视法纪,轻怠员工,唯我独大,"老子天下第一",这样的企业一定会在一片"诅咒"声中走向深渊,自我毁灭。殊不知,在你的头上有天,在你的脚下有地,你总是生活在天地之间,生活在社会不断进步、文明不断推进的空间里,无法也不可能逾越,可"敬畏"能为你在这片广阔的天地里找到一块生存发展的乐土和丰盛的"奶酪"。从这个意义上说,"敬畏"是我们生存发展的护身符,那种"天不怕、地不怕"的无知和狂妄,实在是十分荒唐和可笑。

二

敬畏什么？敬畏生命，敬畏自然，敬畏法律、制度，敬畏人类社会的一切文明法则和成果。

在"5·12"汶川大地震中，敬畏生命的崇高理念得到最充分的印证和体现，并成为国人救援灾区的共识。企业纷纷慷慨解囊，万千志愿者火速奔赴灾区，便是明证。

敬畏生命，不是抽象的。重视每一个个体，正视每一个弱者的痛苦和不幸，关注每个公民伸张正义、公平和维护自身利益的权利，切实保证社会对公民诉求过程中的司法公正。落实到我们企业来说，就是尊重和关心每一名员工，确保他们的安全，提高他们的生活待遇，有效构建使他们的智慧和创造力充分释放的机制。一句话，每一个企业的老总，都应确立"员工为企业的最大财富"的理念。

然而在现实生活中，漠视生命的事件时有发生。牛奶中的三聚氰胺事件、食品中超量的防腐剂事件、富士康的"十三跳"事件、强行拆迁损害群众利益事件等等，都折射出对"敬畏"的极度蔑视。

自然是人类赖以生存发展的土壤，社会发展的根基。遵循自然法则，天地存，文明生，国则强，民则富。让天空变蓝，让河水变清，让树木更茂盛，让飞禽走兽各得其所，这是人们珍爱自然、爱护环境最生动的现实向往。落实到企业，我们要切实保护环境，做好节能减排，树立"宁可少赚一分钱，但愿环境多点绿"的理念。

大自然是最懂得因果报应的。得罪自然所得到的惩罚，在某种程度上说,比制度不公所造成的危害更甚。前些年我国大范围的雪灾、洪灾、旱灾所造成的损失,给百姓带来的不幸和痛苦,是一个足够沉痛的教训。"皮之不存,毛将焉附"? 企业是社会的一个细胞,如果整个肌体是病态的,这个企业的细胞会健康吗?

人类社会的文明理念、规则,是社会文明发展的成果,是人类社会普遍认同的价值观。"让每个公民活得更有尊严",落实到企业,便是让每个员工享有一个有尊严的职业生涯,想员工所想,急员工所急,员工的利益高于企业老总的利益。

三

"敬畏"是人类社会的宝贵财富,是社会和谐的基石,是企业家必须遵循的根本。

不管你企业的财富多厚,背景多大,都必须在"敬畏"的框架内运作,绝不可逾越"敬畏"之界河。若把"敬畏"抛至九霄云外,目空一切,甚至利令智昏,惩罚之剑会毫不留情地令你身败名裂。

困难不足惧,失败不可怕,唯一可怕的是那种"天不怕,地不怕"的狂妄和贪婪。在这些人眼里,法制可以肆意践踏,民意可以置若罔闻,自然可以任意蹂躏;殊不知,"灭顶之灾"早已埋伏,离惨败命运不远了。

在我看来,企业家之所以成为企业家,"天降大任于是人",是因为他时刻以社会利益为重,以员工利益为先,以遵纪守法为范,以爱护环境为本,如此而已。

"敬畏"将与人类社会发展的文明成果同在;"敬畏"将伴随着企业的基业长青。

跨越一山又一山,征程万里无穷期

做企业,犹若攀山。跌打滚爬,艰辛万状,个中的酸甜苦辣,磨难和乐趣,失败和成功,只有久经历练又不畏艰难者,才会有深切的感悟。"衣带渐宽终不悔,为伊消得人憔悴"———为着心中执著的一份事业。

做企业,永远置身于崇山峻岭之中,且一山高过一山,一山险于一山,一山过了一山拦。半途摔倒难免,弄得寸骨寸伤也不是没有可能。畏惧乎?退却乎?总有一些人在创业时壮志满怀,似乎成竹在胸,可一遇挫折,便垂头丧气,半途而废,偃旗息鼓。这也难怪,中国的民营企业毕竟还很年轻,历练的时间较短,对市场的充分洗礼还较陌生,加上市场经济的诸多规则还不够完善和规范,不能适应而退下阵来也不足为怪。但是,在众多产业领域异军突起的民企巨头也在纷纷树立起旗帜,登台亮相,并各自展现其风姿。那种"会当临绝顶,一览众山小"的境界,永远属于他们,属于胸怀鸿鹄之志,不畏艰辛,披荆斩棘的攀登勇士。

做企业,长年累月辗转于峰峦叠嶂之中,悬崖峭壁也时有出现,更有甚者山间时有浓雾缭绕,迷茫一片,令人摸不着北,不摔几跤,不流点血,几乎绝无可能,至于掉肉、失眠、迷惑、痛苦,会时常如影相随。真可谓"天将降大任于是人也,必先苦其心志，劳其筋骨，饿其体肤，空乏其身，行拂乱其所为"。但是，磨难是一笔巨大的财富，拿毛泽东的话来说，就是"错误和挫折教训了我们，使我们比较地聪明起来了"，此后，步子更稳健，智慧更充沛，境界更开阔。

"明知山有虎，偏向虎山行"，这是勇者所为，学会了武松景阳冈上打虎的过硬本领，不怕！"不管风吹浪打，胜似闲庭信步"，这是自信者所为。要学会"战略上藐视敌人，战术上重视敌人"，做到成竹在胸。

纵观中国近代工业发展史，尤其是近数十年来众多具有创造智慧的民企的崛起，发展空前繁荣，并成为各产业领域的领军人物。但必须清醒看到，经济发展正在转型，制度法规有待进一步完善，社会诚信机制有待有效构建，竞争规则更需公平，在此环境下的企业运作难度会增加，攀登者的路或许会更崎岖和曲折，须时刻警醒，严防山间顽石的突然坠落，须明辨攀登的路径和方向，绕一点路，不要紧；摔几跤，也不用怕，怕就怕迷路，犯方向性的错误，走上一片越陷越深的沼泽地，扎进一个跨不出的"死胡同"。

做企头，头脑得清醒，方向须明确，步子要坚实，这就是战略。正确的战略，源于创新的活力和智慧、应对市场瞬息万变状况的灵性，以及"欲穷千里目"的远见卓识，这样，方能产生并形成驾驭市场的运作方法和得心应手的管理模式，也才能在"百舸争流"的市场竞争中胜出，领悟"一览众山小"的真谛。然而，要到达这种境地是万分艰难的事。因为在其过程中，开足马力的航船可能撞上冰山，一山跨过更有一山拦阻，必须时刻保持警惕。记起日本松下公司在每间办公室、会议室里，都挂着一幅画——一条即将撞上冰山的巨轮，下面写着："能挽救这条船的唯有你"。可见发展征程的无比艰险及忠实于企业的员工使命之重大。华为任正非的"华为的危机并不遥远"，与松下的危机感是异曲同工。任总说过：今年我们还处在快速发展中，员工的收入都会有一定程度的增加，在这个时期来研究冬天的问题比较潇洒，所以我们提前到繁荣时期来研究这个问题。我们不能居安思危，就必死无疑。他们的话也是为所有还在快速发展中的企业提了个醒。

话题回到我们康力电梯，她的不断成长壮大，就是一部极其生动的持续攀登的企业发展史。其间虽没有战场上的刀光剑影，却也有令人回肠荡气的风云变幻；充满了辛酸的泪水，也洋溢着成功的欢笑。康力人没有值得夸耀的资本，家底很薄，几间破厂房，十来杆"土枪"，全凭自己一双勤劳的手，一个会创造的智慧脑袋，一腔洒在事业上的热血，胸怀诚实和谦虚，以及"不到长城非好汉"的坚强意志和毅力，这才会有今天的一方天地。以后发展的路会更艰巨、更漫长，迎接我们的不会是一束束鲜花，路途荆棘丛生，坎坷曲折，我们有思想准备。但我们决不会后退，决不会被各种困难和挫折所吓倒，因为在我们心里，有一团团熊熊燃烧着的火焰，有振兴中国民族电梯工业的雄心壮志。我们有鹏程万里的美好未来，但永远是征程万里无穷期，"而今迈步从头越"。

宁静以致远,激荡以力量

做任何事情,要具备两种品格,一种叫"宁静",一种叫"激荡"。做企业也一样。

宁静,就是静下心来潜心思考、求索,甚至是深刻反省。对于以前所做的事,作一个总结。哪些做对了,哪些做错了,哪些还有待改进,哪些亟须进一步完善,来一个全面的梳理和分析。做对的要分析做对的原因,做错的要追究出错的缘故,都要问个"所以然"。人非圣贤,孰能无惑,问题在于如何解"惑"。为此要有一种勇于自我解剖的精神。

企业到了某个发展阶段,尤其是到了发展的临界口时,特别需要宁静。

须知,宁静是一种大智大慧的思想境界,是一种"人贵有自知之明"的理性,是创造性智慧的发源地,也是一种既古朴又现代的情操和修养,更是企业寻找新的宝藏的前奏。

"非宁静无以致远",宁静的目的是为了致远,那么宁静的纯度和精度,就决定了致远的高度和深度。对企业家来说,宁静是一笔极其珍贵的思想财富。大海的宁静,使人感受到一种宽广和壮美的境界,引发一种辽阔无垠的丰富想象;同样,企业家的宁静使自己充满一种纯净而壮阔的美,感受着一种"痛并快乐着"的心理成长历程。

"激荡",是创造性智慧的集中爆发,是创新能量的集聚,是"宁静"的丰硕成果。企业的成长、发展、壮大依赖着企业家这种激荡的力量,从而去冲破发展道路上的种种困难和阻力,并达到新的高度。任何犹豫不决、徘徊不前、前怕狼后怕虎的畏惧,都将在激荡的力量面前让路。例如,产品该升级换代了;产品结构到了该调整的关口了;能源再不能这样消耗了;资源该考虑进一步节约了;销售渠道不容如此狭隘了;员工的工资待遇随着企业的发展要加一加了——此时,该出手时就该大胆出手,看准了时机而不"为",则将坐失良机,再好的"宁静"也不会有胜利的果实。

激荡的力量是巨大的,犹如大海的汹涌波涛给人震撼的力量一样。成就一番大事业的企业家无一不在"宁静"和"激荡"中诞生。韩国三星电子的李健熙,日本松下电器的松下幸之助,都是在极其艰难的困境中,依靠激荡的力量而成就伟大。大家只要翻开他们的创业史,便可领悟这种激荡的力量所产生的巨大能量。

回想我们康力电梯,如果没有做 7m/s 的脑中激荡,怎么会有康力的高速电梯?又怎么会在上海"龙之梦"登陆?怎么会想到与浙江大学建立博士后工作站?又怎么会进入中国资本市场?因为有了宁静后的激荡,梦想才成为现实。

如果说"宁静"是思想的沉淀,那么激荡便是智慧的火花。没有思想的沉淀,就不会有闪光的火花,也就不会有企业的持续成长和创新。纵然有美好的梦想,也不会"圆梦"成为现实。

宁静和激荡都是相对的,正如大海不可能老是平静如镜、坦荡如砥,也不可能老是汹涌澎湃,它总是在宁静和激荡中无限往复循环,这才显示它的壮美和力量,企业家也是在此相互交替轮回中完成一次次质的飞跃,开创一个个企业发展的新纪元。

总之,没有激荡后的宁静,激荡将不会持久和有新的高度;同样,没有宁静后的激荡,宁静将是一潭无法喷涌的死水,也无法谱写企业家新的辉煌篇章。故而一味宁静不可取,因为它不会给你丰收的果实;同理,只讲激荡也不足取,因为智慧和创造需要宁静的沉淀和凝聚。"宁静以致远"的道理就在于此。

被"使命感"和"责任感"激活的企业家,激荡起来,创造力泉涌,智慧、才干、胆识如火山般爆发,创造一个又一个的企业奇迹;同样,宁静下来,显出少有的冷静、沉着和老练。纵观那些基业常青,创新活力不竭的企业家们,无不是在这"宁静"和"激荡"间游刃有余。我们要树立这样的远大理想,在"宁静"和"激荡"的无限往复循环中,勇敢地去摘取本产业领域里的皇冠,从而领悟"她在丛中笑"的丰收喜悦。

人生所能提供的最大价值和乐趣,是参与一种艰苦和重大建设性任务而带来的满足,而"宁静"和"激荡"的轮番交替是达到这种满足的心态历程。

众多有所成就的企业家们,正是在这种心态历程中率先完成了一次次产业升级的飞跃。李书福的"吉利"汽车,一波三折,经过了不知多少次"宁静"和"激荡"的轮回;王传福闯入电动汽车的王国,造就"比亚迪"的异军突起,也是这种心态历程的成功写照;牛根生毅然走出"伊利",独辟蹊径,全力打造"蒙牛",并与"伊利"一起树起中国牛奶市场的两面旗帜;张瑞敏在"宁静"和"激荡"中,怒砸不合格冰箱,从而开创了海尔发展的新时代。

　　沧海横流,方显英雄本色,而展示这种英雄本色的过程,也是"宁静"和"激荡"交相辉映的过程。在激荡中留一份宁静,在宁静中多一份激荡,这样企业家才会有清醒的头脑,才会有永恒的生命力,才会持续不断充实和积聚创新的能量,从而带领自己的企业,从一个高度提升到另一个新的高度。

"蛋糕"：既要做大，更要分好

做企业，有如做"蛋糕"，谁都想把"蛋糕"做大，每年都有所增长，产品有所更新，创新有所成果。

改革开放以来，不少作坊型的小企业，逐步成长壮大，"蛋糕"不断做大，有的已成为本产业领域里的一块十分亮丽的"大蛋糕"。

每到年终，企业主都要盘算一下今年的收成。笑眯眯，甜滋滋，净收入比去年增了三成。计划着明年再多添几台机器，再造几间厂房，在今年的基础上，"蛋糕"再做大些。

每到年终，员工都在眼睛瞧着老板，心想今年收成不差，年终奖总该比去年有所增加。拿了奖金，那"老坦克"要退休了，该换上一辆新款的电动车，老婆、孩子一家人去城里添件时尚的"波司登"，暖暖和和地过春节。

这就是老板想着做"蛋糕"、员工想着"分蛋糕"，其实这都对，无可非议。但这都是从各自的利益立场上去想问题，未免有所偏废。

把企业"蛋糕"做大、做好，这是老板的心愿，也是实现自身价值的表现，但要想到这块"蛋糕"之所以能做大，也凝聚着全体员工的智慧和心血，有着他们不可磨灭的功劳。对于做大了的蛋糕，员工理应有分享的权利。要是"蛋糕"由老板独吞，那员工当然也无话可说,可是以后"蛋糕"能否做大,恐怕成了问题。因为做大"蛋糕"的主力军是全体员工,老板哪怕三头六臂,也是难以成功的。"众人拾柴火焰高","人心齐",才能"泰山移"嘛!

员工想着分享"蛋糕"的一部分,也在情理之中,这并不是老板的恩赐,是劳动成果的共享,现在不是倡导"共赢"嘛!但在想到分享的同时,是否也应该想想,在企业做大"蛋糕"时,自己出了多少力,费了多少心计,为老板的进一步做大"蛋糕",献上哪些良策,自己理应作出哪些贡献。所以分享企业"蛋糕",也用得上辩证法,用得上"换位思考"的辩证思维。任何偏废,都将有碍于"蛋糕"的做大和"蛋糕"的合理分享。

我熟知一家主营服装的民营企业,技术力量比较雄厚,产品设计比较时尚新颖,制作工艺十分精良,这些年发展迅猛,每年都有二位数的增长,就是在外贸形势不佳的冲击下,仍不减获利空间。在对待做大"蛋糕"和分好"蛋糕"的问题上,却上演了一出精彩的喜剧。

前些年,老板在蛋糕的分配上,有不尽如人意之处,有过分注重企业积累之嫌,忽视了员工的分享,造成熟练工纷纷外流,众多机器空置,后来逐渐认识到这个问题的严重性,找出了病根,确定了企业与员工共赢的理念,正确处理好了"做大蛋糕"和"分好蛋糕"之间的关系,及时采取补救措施,这使原来流失的那部分员工又回到厂里,并且企业声誉大增,员工的积极性调动起来了,创造性智慧迸发,多位技术人员提出了技术创新方案,又有几款设计新颖的时尚服装投入市场,市场效益提升。为此,公司老板对"既要做大蛋糕,更要分好蛋糕",有了更深切的体会。

　　有一句话叫作"财散人聚,财聚人散",实际上是非常有说服力地诠释"做蛋糕"和"分蛋糕"的内在含义。"财聚人散"则做大的蛋糕自己独吞,或仅有少数人分享,带来的后果是组织涣散,人心不齐,严重制约企业的成长和持续发展。"财散人聚"则做大的蛋糕,论功行赏,让广大员工分享成功的喜悦,进而激发他们进一步做大"蛋糕"的积极性和创造性,贡献出他们的全部智慧。所以,具有远见卓识的企业家,在"做大蛋糕"和"分好蛋糕"的问题上,把它当作一种机遇去把握,显示出他们的智慧和胸襟,以及正确的财富观。

　　作为上市公司而言,做大"蛋糕"以后,要给股东丰厚的回报,以增强公司的市场地位和诚信。沪深股市有连续十几年不分红的"铁公鸡",遭到市场的唾弃和股民的诟骂。其实,这是财富的占有者对财富的社会属性缺乏深刻的理解。办企业,做大"蛋糕"是为了积累和增加社会财富,让积极参与企业建设的人员分享财富的果实,这是科学发展观的应有之义,也折射出企业家对财富的正确观念和态度。

　　思想家狄德罗说:"一切人类社会的经济都依赖普遍而又单纯的原则:我愿意幸福,但是我和别人一起生活,他们和我一样,也愿意幸福,让我们寻求使自己同时也使得别人幸福,至少不能妨碍别人幸福的方法。"这段话给我们在做"蛋糕"和分"蛋糕"问题上以极深刻的启示和指导。

　　有一个道理显而易见:"蛋糕"分得好,分得科学合理,接下来企业的"蛋糕"会越做越大;反之,两败俱伤,或许企业"蛋糕"的缩水更甚。

有一个观念必须梳理——"企业是我的,'蛋糕'自然也属于我的。"不错,企业是你的,为企业的长大你付出了很多的心血,倾注了你全部智慧,但你也必须承认一个事实:"蛋糕"只有在全体员工的积极参与下,才能做成、做大。没有全体员工的积极参与,恐怕连个"窝窝头"也做不成。又一个显而易见的道理是:只有大家过得好,你才会过得更好;你想过得更好,也只有让大家过得更好。这就是在"做大蛋糕"和"分好蛋糕"问题上的辩证法。

企业在分蛋糕的问题上,切忌平均主义和随意性,因为这会严重挫伤员工的积极性,并有违公平之原则。

要力避分配上的平均主义和随意性,企业要认真做好绩效考核工作,要严格按照公平、公开、透明的程序进行,真正体现能者多酬、劳者多酬的分配原则,以进一步激发广大员工的积极性和创造性,为企业蛋糕的做大提供更充沛的潜能。

"做大蛋糕"和"分好蛋糕"的问题,考验着每位企业家的智慧和胸怀,以及应树立怎样的财富观。从更广义上来说,"分蛋糕"不仅是企业员工享有的权利,也是全社会财富公平分配的一部分,尤其是向弱势群体倾斜,这是社会和谐、科学发展、人文关怀的意义所在。只有社会稳定健康发展,才有良好的市场环境,才有"蛋糕"做大的基础。有了这样的正确认识,"做蛋糕"和"分好蛋糕"的关系就容易摆正,也就不在乎个人暂时的得失和多寡。

古人曰:"少则得,多则失。"这就非常辩证地告诉我们:你越想多得,结果可能就是少得;你越是想着员工,想着社会,结果可能就是多得。这是一个古朴的真理,并为无数历史事实所证明,务必牢牢记住。

综上所述,做大企业"蛋糕",是企业家们的最大追求和理想,然而科学地"分好蛋糕"却是"做大蛋糕"的支柱和基石。让财富在流进企业和企业家手中的同时,也流进员工们的衣食住行中,并极大地滋润社会肌体,帮助还处于困境中的人们——这正是企业家们的财富归宿以及人生价值所在。

有一种杀伤力，叫作"捧杀"

欲置对方于死地，有软硬之分。硬，则真刀真枪，肉搏血刃，刺刀见红；软，《三国演义》里的种种计谋便是。这里所说的"捧杀"，是指吹捧到肉麻，把你抬到天上去，颂歌唱得你飘飘然，昏昏然，以瓦解你的斗志，解除你的武装，捆绑你的手脚，令你动弹不得。

大凡企业一上了规模，且有了相当的知名度后，吹捧也便如期而至，喝彩声如雷贯耳，各色人等纷至沓来，热闹得天天门庭若市。时而竖起大拇指夸你"有道理"，时而赞你"有眼光"，高帽子一大箩接一大箩，颂歌当作山歌唱，让你坠入云雾之中。媒体自然也不甘落后，"闪光灯"亮个不停，连篇累牍的"大块头"，"小块头"时时抢夺眼球，有时真会把自己弄懵，真以为自己像得了"道"一样，本事大得了不得，人也轻飘起来，骄傲自满、目空一切的情绪潜滋暗长，态度也比原来傲慢许多。

吹捧者大抵各有自己的小算盘：或自己的亲朋好友想进厂；或开展活动想争取点赞助；或有一笔生意需要帮忙；或自己资金一时困难想借点款等等。这其中有合情合理的部分。这里需要特别提醒的是，千万不要在一片颂歌声中茫然起来，被此种"甜言蜜语"所击昏。当然，对方并非恶意，有的只是溢美之词用得过于夸张，但作为当事者来说，不为之所蒙、所迷、所惑，保持清醒的头脑，当是理智的选择。

这里有两个实例,颇有说服力。改革开放之初,笔者附近一村镇上,有两家生产饲料的企业,得益于农村养殖业的大力发展,两家企业生产、销售十分红火,年收益率都在45%以上,十分可观。家底越来越厚实,成为当地令人艳羡的富豪。两家企业主是弟兄俩,因二人性格迥异,各人开张。几年下来,收益不相上下。不用说,捧场拍马不期而至。家里天天喜气洋洋,像办喜事。"小宴天天有,大宴三六九",甚至不时有人来为他们两个上高中的小孩说亲,众多亲朋好友、左邻右舍纷纷进厂,其中,不乏有勤奋者,也有不思进取的懒汉。更为可笑的是吹捧搭上了迷信,说老大长得方面大耳,天生是财神爷福相;老二嘴唇下的那颗小肉痣,是有吃有穿有用的长相。总之,吹捧者会有意无意地制造出种种神话,令你"龙颜大悦"。对此种种,老二开始警觉起来,认真分析了最近两年来收益徘徊不前的情况,财务开始从紧,人员配置重新调整,许多重要事情均亲自操劳,迅速扭转了利润徘徊不前的现象,企业得以稳健发展。而老大却仍沉醉于"方面大耳"的"财神爷福相"中执迷不悟,天天在一片喝彩声中灌得烂醉如泥,无视市场环境的变化,漠视企业管理的失序。好景果真不长,财神爷的福相顿然失色。令他大为震惊的是,本地有三家颇有实力的同类企业,不知在哪天从哪个角落异军突起,对他构成严重威胁。老二处事不惊,因早有所警觉,应对之策早胸有成竹,销售业务依然态势良好。老大却一时慌了手脚,管理混乱,质量下降,销售锐减,弄到最后连门面都难以支撑,只得停产歇业。此时,颂歌没有人唱了,"财神爷福相"也没有人提了,进厂的几个亲戚朋友也溜了,门庭也渐渐冷落起来。

　　上述实例说明,吹捧对意志薄弱者来说,是一剂迷魂药,会麻醉你原本敏感的神经，捆绑你原来灵活的手脚，使你成为一只"井底之蛙"，误以为自己的一方天最大、最阔、最明亮。而对于意志坚定、目标远大者而言，则会因此变得更清醒、更理智。

其实，吹捧本不可怕。企业做大后，有人出来吹捧是很自然的事。人类社会总是把最动听的好话，如鲜花一样慷慨地送给成功人士，可怕的倒是你被它勾去了魂，失去了警觉性，似乎只有自己能驾驭这个市场，错误地认为你原来的那套模式会永远给你"奶酪"，把竞争激烈变化多端的市场人为固化起来，从而由原来的主动变为被动，最后到了四面楚歌时，悔之晚矣，顿回首，方悟市场之无情，方明"谦受益，满招损"之道理。怪来怪去，只能怪你自己。

吹捧和肯定成绩，有着本质的区别。前者是把成绩无限放大，把"一"说成"三"，甚至不排除有凭空编造的痕迹，实有阿谀奉承的拍马屁味道；后者则是对客观事实的正确评估，是一分为二的辩证观点，总结成绩，找出差距，以寻求更有竞争力的目标追求，与上述种种吹捧，风马牛不相及。

企业老总对拍马吹捧之态度，也不尽相同。有镇定自若的，有心中嗤之以鼻的。这与人的性格和价值取向有很大关系。被"吹"得昏了头的，大多是满足于"一孔之见"和"一得之功"的"井底之蛙"。但无数案例证明，被吹捧击倒的并不在少数，可见其危害程度之烈。

从深层究底，我们这个社会历来有"歌功颂德"的文化基因，只要获得成功，吹捧就不会迟到，就会来给你戴大红花，似乎鲜花是时刻准备好了的。特别是那些亲朋好友、老同事、老同学，大伙会一哄而上，溢美之词像放连珠炮，很少有人会中肯地道出其中还有哪些不尽如人意之处。

毛泽东曾严肃指出过：有些人在打仗时无愧于英雄的称号，可经不住"糖衣炮弹"的攻击，这些人往往会在"糖衣炮弹"面前打败仗。我想如果吹捧也算是一颗"糖弹"的话，倒是值得我们大大提高警惕的。

有个成语叫作"兼听则明，偏信则暗"，这对偏好吹捧的人，倒是一个很好的提醒。其实，有表扬必有批评，有颂歌也必有诅咒。作为一个企业家来说，两耳只听到好话、顺话，听不到批评和否定的话，是个悲哀，并且是非常危险的事情。你要心明眼亮，无论是好话、顺话，还是批评的话、反对的话都要听，而且特别要听和你意见、观点不一的话，反对你的话。须知，有时真理确在少数人手中，"闻过则喜"是一个企业家成就伟大事业应具备的心理素质。

身为领导者，如果热衷于听吹捧的话、奉承的话，喜与拍马吹牛的人为伍，那是十分可怕的，历史的教训也是十分深刻的。

大凡胸怀宏大志向的企业家，都像勤劳的蜜蜂一样，从多种奇花异草那里，采摘和提取花粉，从而酿造出营养丰富的花蜜。这些"花粉"中，有正确的话，有看似错误以后实践却证明是正确的话。

有人说成功的企业家是时势造就的，这也对，但更多的是自身修炼而成的。这项修炼，包括善于识别和判断哪些是拍马奉承的话，哪些是投其所好、趋炎附势的话，哪些是掏心掏肺的话、敢于直谏的话，吸收其养分，以滋润自己的心灵，让睿智的创造力多添一份爆发力。

创业艰辛多，是非功过谁评说

改革开放30多年来，在中国经济崛起的舞台上，相继涌现出一大批功勋卓著的企业领袖。他们为我们这个伟大的时代绘上了极其亮丽的浓墨重彩。但与此同时，也有一部分曾叱咤风云的各行业领军人物，却接连不断由巅峰跌入深渊，成为令人扼腕叹息的"悲情企业家"。他们曾经的辉煌，留给我们更多的思考。

"问君何事陷囹圄，怜君何事向天涯"，这是人们对这些"悲情企业家"深含悲情的形象概括。

细阅他们的人生经历，不难发现大多有共同的人生轨迹。先是筚路蓝缕，艰苦创业，顽强拼搏，再是积小胜为大胜，乃至大功告成，志得意满，光环四射，最后贪欲膨胀，利令智昏，"作奸犯科"，一朝东窗事发，身败名裂。

按照一般的推导，很难得出他们"折戟沉沙"的结论。也许谁都不会想到，一个出生普普通通，16岁外出谋生，18岁怀揣4 000元去北京艰辛创业，21年来一步一个高度，最终身价300多亿的"国美电器"的老总黄光裕，而今会被打入"大牢"。

原三鹿集团董事长田文华，出生于农村，土里土气，朴实无华，经过自身的奋力进取，执掌"三鹿"达十数年之久，最后却成了"中国乳业的罪人"。你很难想象，这个曾经拥有百余项荣誉称号的田文华,到最后竟然干出伤天害理的事情,真是不可思议。

使人更感疑惑和难以理解的是,原本名不见经传的福禧集团的张荣坤,一下子哪有这么多资金,以超过32亿元的价格购得沪杭高速公路30年的经营权,又以50亿元的价格买下嘉金高速公路25年的经营权,简直令人难以置信。原来是套用上海社保基金,案发后,张荣坤锒铛入狱。

或许你会更加感慨那个常州的"铁本",那个扬言要在几年内赶超宝钢的"钢铁大王"戴国芳。当初他的艰苦精神,令人感叹。在钢炉未出钢水时,曾几昼夜守在炉旁。这是常人很难做到的。当他面对第一炉钢花四溅时,他激动得哭了。然而,他最终也逃脱不了惨败的命运。原因何在?是他误判了时势,还是时势不允许他这个"钢铁大王"的存在,还是因为别的什么缘故,留待后人评说。

要列出所有这些泣血谢幕的"悲情企业家",恐怕有长长的一串。他们的人生沉浮、兴衰荣辱,在某种意义上说,是整个经济发展环境下的一个缩影,同时也折射出这些"悲情人物"固有的价值取向的迷失和道德沉沦,也是时势对他们开了一个不大不小的玩笑。对他们个人而言,无疑是一个莫大的人生悲剧,然而留给后人的思考却是沉重的。

"以铜为镜,可以正衣冠;以古为镜,可以知兴替;以人为镜,可以明得失"。希望"悲情"不再重演,这当然是良好的愿望,但如果不在思想上、观念上、行动上牢固筑起坚不可摧的"铜墙铁壁",悲情的重现,不是没有可能的。

在笔者看来,至少在以下几方面要有所"为"和有所"不为"。

一、重塑财富理念,加强自我约束意识,树立正确的财富观

财富本没有善恶之分,但在创造和积攒财富的过程中有善与恶、是与非、合法与非法之分。"君子爱财,取之有道",这是古训。这个"道"就是公平、正当、合法。

回想那个"三鹿",几十年来市场口碑不差,一直正正当当、合情合法与人家公平竞争,公司创造和积累了大量财富,田文华自己也光芒四射。可不知从哪一天起,田文华的脑袋"注水"了,动起了伤天害理的坏脑筋。财富的诱惑将她和有毒化学物质"三聚氰胺"捆绑在了一起。只想着三聚氰胺会增加奶粉的蛋白质含量,而对这种化学物质会导致儿童患上肾结石的严重后果置若罔闻,胆大妄为到了令人可憎的程度。可见,商业行为一旦严重偏离了法制的轨道,泯灭的不仅是良心。

再看那个苦心经营几十年的"国美"老总黄光裕,财富够多的了,却还要变着戏法把公司的财富装入自己的腰包,全然忘却自己十几岁闯荡江湖的千辛万苦。这又是什么原因?是让对财富的贪欲这个"妖魔"迷住了心窍。一个人一旦被金钱蒙住眼,迷住心,中邪入魔,那他什么坏事都会干,都敢干;什么鬼蜮伎俩都会使,可以无恶不作。这样的人自以为聪明,实是愚不可及。

所以,我们要重塑财富理念,严于约束自己,树立现代社会的正确财富观。

二、责任高于一切,重于泰山,真正的财富就是尽责

人生下来就是为这个世界尽责任的,当然也包括为社会创造财富,但更重要的责任是让更多的人分享这一财富。

不管是国有企业还是集体企业,是公众公司还是私人企业,都离不开责任二字,满脑子考虑的是责任,一心要肩负起责任,产品就有了质量、品牌和竞争力的保证,任何一丁点儿的"恶"都沾不上身,悲情也永远不会在你身上出现。反之,则埋下了祸根,收获的不仅是身败名裂,恐怕连性命也难保。

中国乳业的霸主"伊利",几乎妇孺皆知,"没有郑俊怀,就没有伊利",可见郑俊怀对伊利的功劳有多大,可以说是倾注了其全部的人生智慧和心血。说明当时他为中国乳业的发展担当了责任,作出了贡献。可是后来呢?他把"责任"二字淡忘了,贪欲膨胀,邪念顿生,随之而来的是利用手中之权为自己大肆敛财。你或许会想,他对伊利的贡献这么大,占点便宜情有可原,这就大错而特错了。你在这个职位上,只有尽责任的义务,绝没有半点贪敛的权利,连想也不能想。

所以,在任何时候、任何情况下,都要把担当的责任放在首位。只有"责任"才是安全的护身符、人生最优秀的价值观。

三、智慧地处理好政商关系,保持既密切又合适的距离

商业与政治难以完全分割。人类社会的商业行为从来离不开政治。如何正确把握两者之间的关系,是对企业家能力和智慧的考验。

素称"公路大王"的刘根山,是现代版的"红顶商人",拥有

"非凡"的"官场"资源,所以便有胆量一口气吞下了上海嘉浏、沪青平、上海同三、上海南环、宁波绕城、绍兴甬金、宁波北仑港等七个高速公路项目。"公路大王"一时名噪天下。然而好景不长,2008年初,刘根山劣迹败露,因涉嫌诈骗巨额资金被有关部门调查。又据媒体披露,他与建行前行长关系非同寻常,通过向后者行贿获得超过20亿元的巨额贷款。其间的黑幕不用多说。

在市场经济体制下,把握好政商关系是一门大学问。企业家在不断提高自己企业竞争力的同时,尽量争取政府的支持,获取资源,同时也要把握好分寸。如何把握,这关系到技术和艺术,但更多的是战略。

总而言之,这些"悲情企业家"的兴衰荣辱,留给我们的思考是沉重而又深刻的。从他们的崛起到谢幕,折射出我们这个时代的深刻变革和进步。我们应在这个变革和进步的环境中,用心聆听时代的脉搏,踩准时代的节奏,更好地把握发展的趋势。如果说,错误和挫折使我们聪明起来了,那么吸取上述这些企业家的兴衰荣辱的教训,也能使我们聪明起来。他们为我们提供了不可多得的反面教材,使我们时刻不忘警醒自己。

点评：企业家周围的几张脸谱

鲁迅先生有一篇杂文，题目叫《聪明人·傻子和奴才》。我想，在企业家四周也活脱脱地转悠着这三种人。展示其种种表现，并采取正确的应对态度和方法，或许对我们"兼听则明"和"知人善任"、"各得其所"会有所启发和帮助。

第一种人是"聪明人"。这里所谓的"聪明"，是指在企业的运作过程中，为自己或自己的同伙获取利益所施展的方式、方法和手段。这种人，八面玲珑，随机应变，见风使舵，阿谀逢迎，竭尽"拍马屁"之能事。时而还会玩弄些两面三刀的计谋，把原来的一缸清水搅浑，为自己捞好处。有时也很擅长在老板面前打"小报告"，搬弄是非，说某某人的坏话，以抬高自己。究其实质，大抵是抓住一点，不及其余，以偏概全，甚而凭空编造。攻击之目标大多是与自己意见相左的人。同理，好大喜功，评功摆好，也大多是为自己和自己的同伙。

此种"聪明人"常活跃在老板身边，具有迷惑性、煽动性和危害性。老板获取的信息往往是被严重扭曲的，甚至是虚假、无中生有的。如若老板"耳软"，信以为真，就可能会酿成祸害。

对待"聪明人"的正确的态度，首先是不可轻信，加强调查研究。对其反映的问题，切不可随意表态，轻率作出结论。如若发现其中"猫腻",也不要一味横加指责,而应因势利导,循循善诱。因为此种性格的形成并非一朝一夕,也不是立马可以改得掉的。性格具有顽固性,只要环境适合就会表演一番。此种聪明人,有时不易识别,在企业家四周不会绝迹。只是玩弄的手法不同而已。可怕的是,善良而偏信的老板有时会成为他们的"俘虏",把严重不对称的信息,当作正确的来解读,如此作出的策略必然会造成对企业的伤害。

其实,聪明人所卖弄的"聪明",是绝顶的愚蠢,因为他们违背了自然法则,所以"聪明反被聪明误"倒是普遍的规律。《红楼梦》中的绝顶聪明者王熙凤便是最典型的文学形象。

第二种人是"傻子"。这类人其实一点也不"傻",是明白人。也是性格使然,有话肚里藏不住,喜欢直言,坦诚直抒。老板面前是这般,背后也是这般,直来直去,从不隐瞒自己的观点。在老板面前,顺话要说,逆话也不放过,语气有点辛辣,有点"大逆不道"的样子。有时说话不太注意方式、方法,大大咧咧,反正是一吐为快,"竹筒倒豆子",难免牢骚满腹,甚至"骂娘"。此种人,大多得不到老板的欢心。其实,这种人倒是企业的一笔财富,因为他所反映的信息真实可信,所持观点鲜明,没有婆婆妈妈,不喜转弯抹角,一针见血,一目了然。老板对此种人的态度,事关重要,不应过分计较他的语气态度,应从他反映的真实情况中看到企业存在的问题,保护其为企业成长发展直抒己见的积极性。这种人越多,企业获取的真实信息也越多,解决问题便有了针对性。可惜在现实生活中,对这种"傻子"性格保护不够,对调动其积极性也不感兴趣。如若置之不理,甚至觉得厌烦,那么此种"傻子"性格也会慢慢收敛,有话闷在肚里,成了"闷傻"、"牢骚满腹者",这对企业来说,倒是一笔无法估量的损失。其实,只要动机正确,反映问题实在,其说话方式、方法都是次要的,何必计较。如果一个企业家过分看重某人的说话技巧,未免太幼稚了。

此种直言不讳的"傻子精神",在"假、大、空"和"一言堂"的环境下,显得弥足珍贵。童话《皇帝的新衣》里的那个孩子,他只认事实,所以一语道破,还事物本来面目。须知,真实是探索真理的前提,也是企业作出正确决策的首要条件。

第三种人便是"奴才"了。此种人毫无主见,听着使唤便是。唯唯诺诺,点头哈腰,人云亦云,在他的语汇里没有一个否定词。说东不言西,说黑不讲白,主心骨全交由别人做主,属非常驯顺的一类。这种人若遇到高明的主管,执行力是一流的。如若当仓库保管员,休想从他那里多领一只螺帽。如若自己独立行事,则实在糟糕之极,定会手足无措,六神无主。对此种人,老板只能利用,不能重用,切不可放至关键岗位。对这种缺乏创新精神和独立解决问题能力的"言听计从者",在企业团队中不应扩大其影响。缺乏思考头脑的团队,是不会进取和持续成长的。所以,老板要切实改变"只要听话就是好"的思维定式,要大力调动广大员工的主观能动性和创造性。

以上所述的三种人,不管企业规模大小,或多或少都可以找到他们的影子。正确地、人性化地善待他们,使之"各得其所",并最大限度地将消极因素转为积极因素,为企业发展所用,这考验着企业家的管理智慧,也是企业文化肩负之重任。

按照"二八定律",20%的人在创造着80%的效益。但必须指出的是,并非这80%就可视为无足轻重,正是这80%在有力地支撑这 20% 去创造价值。没有这 80%，20% 也便成了无源之水，无木之本。从这个意义上说，应宽容某些性格缺陷员工的存在，并用优秀的企业文化去熏陶和重塑他们，转消极为积极，转被动为主动，转故步自封为持续创新。

　　我们不要相信每个人的人性总是完美的，绝对完美的人性是不存在的；作为企业家，要求每位员工都至善至美，也是不现实的。但无可置疑，广大员工是企业的最可宝贵的财富。关键是如何引导他们，最大限度地调动他们的积极性、创造性，使他们的心智聪慧起来、创新能量积聚起来，使我们的团队真正成为一个持续成长和创新的优秀团队。

儒道文化在企业管理中的价值发现

中华文化历史悠久,源远流长,博大精深,孕育了我们这个勤劳、勇敢、智慧的民族。但无可置疑的是,西方文化孕育了现代的工业文明,加速了现代企业治理制度的完善,推动了科学技术的突飞猛进。若问哪种文化更优秀,没有统一的评判标准。每个国家都有自己的文化土壤和基因特点,各有所长,也各有所短。对于植根于西方文化中的现代公司治理制度及其蕴含的价值观,我们要实行"拿来主义",为我所用。学得最成功的要算是日本,所以日本的工业文明领先于亚洲各国,跻身于世界强国之林。

世界各国都有不同的管理模式,都深植于本土文化之中。中国的传统文化在"道"的层面理解得较为深刻,所谓"中学明道"便是。而西方文化更多的是在"术"的层面,即方法流程体系,当然这个层面较好操作,也非常先进。我们的"拿来主义",并非照抄照搬,而是"中西合璧"。我们一定要真正深刻理解传统文化的精华部分,对此要有自信。

中国的传统文化也催生过市场经济(但不是资本主义)。比如在宋代,国内及海上的自由贸易很发达,也发展出一些科学技术。一直到17、18世纪,中国的一些科技并不比西方落后,比如在生物、医学、农业技术等方面。

中国的传统文化是充满智慧、有生命力的。你可能不会想到，1988年，75位诺贝尔奖得主在巴黎发布一个联合宣言称："人类要想在21世纪生存下去，必须从中国的孔子那里寻找智慧。"可见中国传统文化的魅力及其在世界文化中的价值地位。对于我们的企业管理来说，也是一个新的价值发现。

中国的传统思想文化，基本上是儒道两家，也就是说一半属于儒家，另一半属于道家。因为"儒"有时则太刚、易断，"道"更侧重于柔，辅佐了"儒"的阳刚。刚柔相济，便更有力量。所谓刚中有柔、柔中有刚便是。

今天的企业管理，要想有新的发现和突破，透彻理解儒道文化的精华，发掘其在企业管理中新的价值，便成为我们的一项重要使命。

儒道文化在企业管理中的价值新发现，至少有以下几个方面。

第一，在学习和接受新事物，包括学习西方先进的公司治理制度时，务必要做到"学思结合"。

孔老夫子说："学而不思则罔，思而不学则殆。"意思是说光读书学习而不去独立思考，就会迷惑不解；若光苦思冥想，却不去认真领会学习的实质，就会精力疲惫，什么都学不到。联想到我们这些年企业老总学习MBA，可真正学到手的能有几何？有的把西方先进管理的书籍拿来一本一本地读，有关的讲座一遍又一遍地听，试问，真正在企业管理中解决实际问题的能有几个？问题恐怕出在"学思结合"上。正如有的学生为了应付考试，题目做了成千上万，可到了考试时，还是穷于应付。

西方的管理模式，不是全然适合于我们的，"水土不服"的占了相当一部分,所以不能照抄硬搬。孔子说"择其善者而从之,其不善者而改之",就是这个道理。

第二,在培养和造就企业人才上,一定要让其"历练",却不能放在"温床"里培育。"温床"里成长的花朵,是经不住严寒考验的。

我们的孟老夫子说:"天将降大任于是人也,必先苦其心志,劳其筋骨,饿其体肤,空乏其身,行拂乱其所为,所以动心忍性,曾益其所不能。"意思是说,上天将要把重任托付给这个人时,必定要使他的心志经受痛苦和磨炼,使他的筋骨劳累,使他行动受到阻碍和挫折,这样可以使他的心灵受到震动,使他的意志坚韧起来,从而增长他的才干。

在现实生活中,我们往往没有注意到这一点,唯学历论的倾向使他们失去了历练的机会。有时碍于脸面,有关系和背景者,也大开绿灯,"历练"统统豁免。其实,这是有害于人才成长的。在此种环境下"催熟"的人才,一旦失去了庇护,有可能连庸才也不如。

几千年前我们的孟老夫子都清醒认识到了,可惜我们却并不理解,视之漠然。我们在人才观价值上的迷失,就是对传统文化的精华部分没有透彻地理解。对自身文化精华态度淡漠,何来"拿来主义"?宝藏明明在身边,还不远万里去寻找宝藏,舍近求远,这或许是一种"他信力"在作崇吧。

第三,努力克服企业管理中一劳永逸的懒汉思想,不断探索和实践公司治理方略。

企业的管理模式,不是一成不变的,没有一种管理模式可以一劳永逸。事物总是在不断变化中寻求新的平衡。企业管理亦然。那种一旦确定的管理模式,如成了不可变更的教条,那是违背事物发展规律的。

道家的价值思想就是辩证思想。"道"在追踪万物变化发展过程中,表现出一个规律性的东西,要认识世间事物皆在无穷变化之中,并在一定条件下相互转化。"变"是绝对的,"不变"是相对的,永恒不变是不存在的。所以,人们在认识外界事物过程中应不断改造自己的主观世界,使之适应不断变化的事物。企业管理也不能是一成不变的,要在实践中不断适应内外环境的变化,突破固有的管理模式,有所发现,有所创新。

"生于忧患,死于安乐",这是孟老夫子对不思进取者的提醒,也是对永不知满足、时时胸存忧患意识的一种肯定。这两句话的意思是,人处在忧患中,(能激励人奋发有为)使人生存发展,而处在安逸享乐中,会使人衰败以至死亡。这两句话,用来指导企业实践,不失为重要的财富。只有立足发展,胸存忧患,才有进取,才有创新,才有企业的基业长青。

第四,营造企业上下团结的和谐氛围,促进企业可持续发展。

"天时不如地利,地利不如人和",这是儒家文化的重要思想。"天时"、"地利"、"人和",这三者包括了有利于作战的各种主、客观条件,但三者中"人和"最重要。"人和"指的是人心所向、上下团结。一个企业的持续发展,最重要的莫过于团结,包括管理层之间的团结,科室人员的团结,员工之间的团结,员工和各级干部的团结。俗语说"人心齐,泰山移",团结就是力量,就是创造力。但这种团结绝非是"你好、我好、大家好"的和稀泥,而是建筑在共同价值观基础上的团结,即为社会创造价值,为企业创造财富,为自己提升发展空间。

团结就是要讲究沟通。比尔·盖茨多次强调沟通的重要性,他说:"有些领导对人的管理中所犯的最大错误,除了以为自己是最聪明之外,就是无法理解沟通是双向的。"他特别指出:"你必须学会让他人分享你的想法并聆听他人的想法。"他提出了一条沟通的重要原则,这就是"对他人保持开放的态度,不论那个人的地位是比你高,还是比你低,或是与你平起平坐"。杰克·韦尔奇对沟通的方法有更中肯的解释,他说:"需要无数次的直接沟通,它需要更多的倾听而不是侃侃而谈,它是一种持续的互动过程,目的在于创造共识。"

可见,中西方文化在团结问题上的认识是交汇融合的。我们的传统文化完全可以和现代的西方文化平等对话。

儒道文化在企业管理中的价值发现,这里仅举几个简单的例子。现在有相当一批有理想抱负的企业家,对于我国的优秀传统文化和现代企业管理有着更多学习、探索的愿望,并试图应用于企业管理的实践,走出一条独具中国特色的企业管理道路。

值得令人思考的是,中西方两个不同体系的传统文明,为什么一个转化为现代文明,一个却至今还在蹒跚学步。道理恐怕就在于,我们对自己传统文化的精华部分的价值,没有从新的视角去审视它,挖掘它。如果对传统文化的理解较为肤浅和僵化,就不可能发现它的价值。

任何一个民族的发展,国家的兴旺,工业文明的建树,都离不开本国"母文化"的土壤,只有摒弃其糟粕,吸收其精华,对其他民族的优秀文化实行"拿来主义",兼收并蓄,传统文化的价值才会得到充分挖掘,并最终发现它是一座取之不尽、用之不竭的宝藏。以儒道文化为核心的中国传统文化在企业管理的方向性选择上,一定会起到"四两拨千斤"的作用。

从《道德经》中汲取人生智慧

初涉《道德经》,感觉精深、奇妙。它是部天书,是座宝藏,是智慧和力量的源泉,是令人大彻大悟的座右铭。现在很多人都在孜孜攻读,汲取智慧的营养,可见它的价值巨大。

老子这部两千多年前问世的《道德经》,蕴含着智慧的灵气,道出人生的真谛,揭示生活的哲理,犹如一股山间清泉,清澈而甘醇。中外学人奉之瑰宝,推崇备至。林语堂说:"老子的隽语,像粉碎的玉石,不需装饰便可自闪光耀。"哲学大师尼采说:"老子思想的集大成——《道德经》像一个永不枯竭的井泉,满载宝藏,放下汲桶,垂手可得。"德国哲学大师黑格尔说:"老子的著作,尤其是他的《道德经》,最受世人崇仰。"美国著名作家麦克·哈特更是大加赞赏。他称:"在中国浩如烟海的书籍中,在国外被人广泛翻译和阅读的一本书就是在两千年以前写成的《道德经》。在西方社会,《道德经》比儒家经典更受欢迎,少说也有40种译本,除《圣经》以外,任何书籍在数量上都无法与《道德经》相提并论。"由此可见,《道德经》在世界思想文化史上的特殊地位和巨大价值。

《道德经》给人以心智的启迪、人生的感悟,要深刻领悟其精髓,恐怕是一辈子的事业。我初学《道德经》,略知些皮毛,体会极其肤浅,在此就教于同仁们。

体会 A：柔能胜刚，弱能胜强，"无为"正是"无不为"。

《道德经》里说："吾是以知无为之有益。不言之教，无为之益，天下希及之。"在老子看来，"无为"能够战胜"有为"，无心能够战胜有心。老子的"无为"，并非是通常所说的无所作为，而是一种隐藏得很深的有所为；老子的无心也并非没有心计，而是一种潜意识下的图有为的心计。只有这样去领会，才能真正体会到老子的"不言之教，无为之益"的深刻内涵，体味到"身教重于言教"的可贵。

举个浅显的例子。在沪深股市3000点的时候，有人预测会到4000—5000点，有的甚至预测1万点；可事实是立马一泻千里，真是"飞流直下三千尺"，股指到达2800点；五年前的房价我们这里才3000元/平方米，有谁能预测今天会到6000元/平方米。全球经济一直稳步增长，谁会预料全球经济危机会突然袭来，像雷曼兄弟这样的金融巨无霸会破产倒塌。面对这些巨大的变化，我们根本无法去预测，不能不表现出无奈，但我们对变化了的事物，可以潜心去洞察、思考，用心去研究、推敲，不断地分析、论证、综合，去把握事物变化发展的本质。所以，老子的"无为"，并非什么都不做，更不是袖手旁观，而是以一种理性的积极的态度去从容面对，是一种遵循自然规律、循序渐进地行事和沉稳思维的处世态度和方法。通过这种处世态度和思维方式达到"有为"。

再举一例。中国文化革命的旗手和主将鲁迅先生，有两句诗："破帽遮颜过闹市"，"管他冬夏与春秋。"从表象看，是"无为"之举，但你能说他"无为"吗？看似"无为"，恰恰深藏着

"无不为"、大有为。在鲁迅先生的胸中始终洋溢着和敌人血战到底的英雄气概,和"我以我血荐轩辕"的大无畏牺牲精神。他的血管中始终流淌着"横眉冷对千夫指,俯首甘为孺子牛"的热血。毛泽东赞他是中国思想文化战线上的伟大旗手。"他没有丝毫的奴颜和媚骨",以他犀利的笔锋如匕首、投枪般地直刺敌人的心脏。所以,看似"无为"的表象后面是"大有为"。而那种大摆其"有为"架势的伪君子,恰恰是最无为的懦夫。他们和《道德经》里所道的"无为"真谛,风马牛不相及。

《道德经》认为,柔能胜刚,弱能胜强。"天下之至柔,驰骋天下之至坚"。看起来十分柔弱的东西,其内部蕴藏巨大的能量,"绳锯木断"、"水滴石穿"就是这个道理。一颗富有生命的种子,看来十分柔弱,可你知道吗?它在萌发时所产生的力量竟然可把人的头盖骨分开。你能说种子柔弱吗?所以,真正的刚强不是外表的凶猛,更不是匹夫之勇,而是一种来自内心的坚韧不拔。真正的力量不看外表的炽烈,而来自内心的执著。联系到我们的企业,真正的刚和强,不在于虚张声势的宣传、狂轰滥炸的广告,而在于像埋在地下的种子一样,蕴含巨大的潜能。这个潜能就是企业持续创新的能力,以及他的管理团队的智慧开发。

体会 B:"不知"为智,"知之"为不智,"不知而知"为大智。

大家知道,认知事物是一个不断探索和求证的实践过程,不可能一眼见底、一蹴而就。满足于一知半解是虚伪,懂了一点皮毛到处去"张贴"和"喊叫"是幼稚。老子认为:"知不知,尚矣;不知知,病也。圣人不病,以其病病。"意思是说,知道自己还有不知道和不了解的事物,这是很高明的;而不知道装作知道,自作聪明,这是缺点。圣人之所以能力避缺点,是因为他能够把缺点当作缺点,而正是因为把缺点当作缺点来对待,故而才能改正缺点,从而没有缺点。这就是我们现在所说的"知之为知之,不知为不知"的实事求是的科学态度。要懂得无知并不可怕,可怕的是把"无知"当作"有知"而心安理得,承认"无知"并勇于面对"无知",这恰恰是智慧的表现。认识到这一点,才会虚怀若谷,谦虚谨慎,也才不会去干蠢事。在老子看来,"病"(缺点)是客观存在,"金无足赤,人无完人",但不能因为缺点是客观存在,就迁就自己,无所作为,而是要变"病"为"不病"。有了这样的认识,就会不断增强和提高自己的认知能力,并将感性认识上升到理性认识。

老子还着重指出,要破除认识视野的局限,对事物的认识重在本质的把握,不被表象所迷惑,因为表象往往是掩蔽本质的"烟幕"。

"吾生也有涯,而知也无涯",人的生命短暂,而知识学问是无限的。在这个意义上讲,我们永远都是"无知"的。唯其如此,我们才有不断探索真理的勇气和责任。

联系到我们办企业,即使有了相当可观的业绩,我们也不能说"知之"了,企业管理的所有精粹都学到位了,不用再学了。满口饭好吃,满话不好讲,可以肯定还有许许多多未知的领域,我们还未认识,在等待着我们去实践和创新。我们永远处在起跑阶段,永远是"而今迈步从头越"。老子的"不知",给我们后人极大的激励和鞭策。如果有所发现,有所创造,也只能说在探索真理的漫漫长途中前进了一步,这或许是悟到了老子的"不知"之道吧。

体会 C：恃才不张，蓄而不露，露而不狂，韬光养晦。

老子认为，"水满则盈，月满将亏"，"锐之，不可长保"。这就告诉我们，做任何事都要适度，留有余地，这叫适可而止。如何掌控这个"度"，当然各人理解不同，尺寸各异，这考验着每个人的理性和智慧。

"大成若缺，其用不弊。大盈若冲，其用不穷，大巧若拙，大辩若讷"。这段话的意思是，再完美的事物，也有残缺，但它的作用，永不枯竭。再充实的东西，也有空虚，但它的作用没有穷尽。最正直的东西，就如弯曲一样；最灵巧的东西，犹如笨拙一般；最卓越的辩才，又如木讷似的。老子的这段话告诉我们，缺陷是客观存在的，或许有一些"缺陷"会给我们无穷的美好想象。"断臂的维纳斯"不是诱发人们对美好的无限想象吗？所以，做人做事完全不用张扬。与其张扬，不如低调。太张扬，引人注目，很多时候会惹来意想不到的是非乃至灾祸。当然，"低调"并不等于缺乏激情和斗志，而是在表现出激情和斗志时，多几分清醒和谦虚。智慧者首先该想到的是保全好自己。只有自保了，才能更好地有所作为和建树。

而在实际生活中，有些人满足于"一孔之见"和"一得之功"，自以为"老子天下第一"，目空一切，变得狂妄了。有时说出话来也不知轻重，信口开河。曾记得有一企业的老总，扬言在几年内，他的商业连锁店要赶上沃尔玛，真是有些痴人说梦。人家是全球老大，有上百年的发展历史，你才五六年，并且我们的市场环境与人家不能比，怎么可以如此信口开河呢？

邓小平对建设中国特色的现代化所定下的战略是"韬光养晦"。我想我们企业发展的指导思想，也该是这四个字。有了点实力后，不要跟别人去硬拼，谦虚一点、坚忍一点不会错。就是积累了很多经验后，也不要以为可以"一变"应"万变"了。就如一个人一样，健康的标志就是长得结实，一肥胖就没有力量了，这叫徒有其表，不堪一击。所以，还是应把苦功化在如何变"结实"上。即使很结实，也不要到处去吹自己如何有力量，饶人家一只手也会赢，这样，或许会有人来暗算你。因为你在明处，对手在暗处，防不胜防。

三国时期有个叫杨修的人，此人极有才气，知道曹操为何要杀他吗？四个字："恃才放旷"，认为自己了不起。故而你即便是才华横溢，也不宜过于显眼，应当适可而止。但要做到这一点，恐怕也极不容易。因为人总是喜欢抬高自己，吹嘘自己，要战胜人性的弱点，需要大智慧。深刻领悟老子说的"自胜者强"（战胜自己的人才叫强大），这就是大智慧。

体会 D：珍爱生命，淡化"宠辱"，提升境界。

人最宝贵的是生命，因为生命只有一次。老子对生命的理解是："名与身孰亲？身与货孰多？得与亡孰病？"它的大致意思是：声名与人的生命哪一个与我们更亲近？生命与财富对我们来说哪个更重要？获得名利与失去生命哪一个更有害处？这明白告诉我们，声名和财富均是身外之物，和生命的价值更是无法相比。那么我们怎么来珍爱生命呢？声名和财富怎样才能与珍爱生命处在和谐状态呢？这就是老子所说的"有度"。如果在追逐声名和财富的过程中迷失了自我，超越了

"度"这个边界,为名所累,为利所诱,这实际上是在糟蹋生命。所以,老子再三强调不能"甚",更不能不择一切手段去追求。正如俗话所说,"君子爱财,取之有道"。

关于"宠"与"辱",老子认为,无论是得宠还是受辱,都是对自身人格的一种伤害。受辱不用说,得宠也会使你感到惊恐,并会使你失去独立的人格尊严。得宠时,可能在担心某一天失宠,因而寝食不安,焦躁难宁,无谓地消耗有限的生命能量,这不是对生命的一种伤害吗?在现实生活中,大多数人都喜宠惧辱,认为得宠则荣,受辱则贱,其实大可不必。吉凶祸福,瞬息万变,今天是座上客,明天可能是阶下囚,这种一宠一辱的巨变,现实例子多得很,说不定你身边就有这样活生生的教材。当然,真正要做到毁誉不动于心,荣辱不劳其神,宠辱不惊,需要长期的修炼。老子的《道德经》就是修炼的宝书。

在人的一生中,宠辱会时常发生。这个时期得宠,那个时期可能受辱。没有一个人一生都在"宠"中度过,也不会终生受辱。只是时间长短、程度不同而已。《道德经》给我们的教诲是:在得宠时,不要洋洋自得,要以一种平常心来对待;在受辱时,不怒、不怨、不仇、不争,更要以一种平常心待之。我想,如果一个人能真心做到"宠辱不惊",而孜孜以求的是自己执著的一份事业,那将是一种大智慧境界,而成就其人生辉煌的路也越来越近了。用老子的话来说,"爱以身为天下,若可托天下",这就是说,若一个人以天下为己任,就可宠辱皆忘,担当起"天下"之大任。以我们办企业的人来说,一心想着振兴和壮大民族经济,一心思虑着如何进行科技创新,一心掂量着公司治理制度新的突破,那他就会"宠辱不惊",真正领悟智慧的最高境界。

总之,《道德经》是一座启迪人生智慧的"金矿",一把打开人生智慧大门的金钥匙。它是中华传统文化的瑰宝,是东方智慧的结晶,也是西方文化宝库中所欠缺的智慧资源。一切渴求智慧的人们,让我们奋力叩开它的大门。

我对《道德经》的领悟十分肤浅,仅是皮毛之皮毛,因为我还未真正进入它的大门。我将孜孜不倦地去"叩",以一种不畏艰难的攀登精神去"叩",因为我迫切需要以智慧来充实并武装我的头脑。

用企业家的精神锻造企业家的后辈

我们这一代，一靠"天时、地利、人和"；二靠有志向、有抱负；三靠肯刻苦、勤动脑，历经坑坑洼洼、坎坎坷坷、跌打滚爬，终有了"根据地"，有了一份事业，外人称我们"企业家"什么的，政府每年还给你评个"优秀"，喜滋滋捧回几张奖状，领导干部和你亲切握手，说几句鼓励的话，心里确是十分激动。确实，企业发展了，规模扩大了，产品也上了新台阶，每年销售总额都在以两位数递增。

在企业成长的同时，我们的青年后辈也长大了，有的还成了技术骨干、部门经理，忠诚地为企业奉献自己的智慧和创造力。说实话，这些年轻人，与我们那时真不好比，生活上不再像过去的我们粗茶淡饭、粗衣布裤，而要吃得好一些，穿得时尚一些，追逐新潮。时代不同了，社会在进步，渴求生活水平提高，这也很正常，重要的是在追逐时尚的同时，要锻炼自己的意志和毅力，要加强文化和道德的修养，要树立优秀的价值观，流淌在我们老一辈血液里的许多优质基因，要在他们那里坚守并发扬光大。总之，要"一代胜过一代"、"一代更比一代强"。但不可否认的一个事实是：他们中的一些人，意志脆弱，价值观迷茫，把握不住自己人生的航向。故而如何用父辈当年打拼和创造的精神去锻造他们，使他们能够肩负起时代赋予的重任，成了教育他们的重要课题。

去年大年除夕那天,我将他们这些属于我的后辈们召集拢来,开了个迎春茶话会。竟然满满地坐了一桌,连我的两个孩子在内,一共17人。我作为他们名副其实的长辈,看到他们一张张可爱健康的脸庞,很高兴。他们中大多在厂里,也有极少数在念大学。我把这次茶话会当作激励他们上进的一个动员会。我表情上写满希望,话调十分热情和恳切。

我对他们讲了三点。第一点是要立志,有理想,确立人生的坐标。这是最重要的。一个优秀的青年,必定是胸怀理想、抱负的青年。远大的理想和抱负,是成就事业的奠基石,它会使你站得高,想得远,不怕困难、挫折,无惧"严寒霜冻",有永不枯竭的生命力和创造力。富士康"13跳"的员工,感情意志的脆弱,正缘于理想抱负的缺失。你不满意公司的管理,可以远走高飞,怎么可以把生命视同儿戏呢?你一死,会唤醒富士康的管理机制吗?真不知道他们是怎么想的。

要明白,实现自己的理想和抱负,不会唾手可得,不会立时兑现,更不是你有了一个"好爸爸"、"好舅舅"就能顺理成章地实现的。要经过长时期的艰苦磨炼,要有经历挫折和失败的思想准备。在一个人的人生路途中,不会总是阳光灿烂,风调雨顺。说不定老天爷哪一天有意要跟你开个玩笑,让你失败,让你陷入极度的痛苦之中,这个时候就是最大的考验,经受住了,你离成功就走近了一步。很多人就在这个关键时刻,临阵退却了,做了困难的"俘虏"。必须明白,在前进的道路上,迎接你们的不会是鲜花,而是荆棘丛生的沼泽,我们这一代就是从沼泽中艰难而勇敢地闯过来的。

要设计好一个人生规划,既要严要求、高标准,更要切实可行,符合自己的实际。短期一到三年,中期五到八年,较长一点是八年以上。每个时期都要细化目标,如一二年内技术要掌握到什么程度,要精读哪些书,要写好哪些总结。措施要扎实,否则目标只是一个好看的空架子。

第二点是克服优越感,自觉加压力。因为你们的身份比较特殊,人家看你和老板沾亲带故的,有时会另眼相看,对你也比较敬重,但你绝不能有半点优越感。一有优越感,就不会有进步,就会趾高气扬,这非但学不到本领,还会严重脱离群众。要认识到优越感是个沉重的包袱,驼在背上只会越来越沉重,直至使你无法走路,甚至迷失方向。这个问题十分重要,因为人往往在有了所谓"靠傍"后,恐怕就连脸色和口气都有点霸道。一霸道,人家就不理你,不买你的账,也不会跟你交知心朋友,你就成了"孤家寡人"。久而久之,你就会自负、高傲、故步自封、目空一切。

要给自己加压,做事要比人家好,效率要比人家高,要求要比人家严。如果背后有人说你"某某老板的某某,人品不差,责任心强,技术高超,各方面都走在前面",那你就成功了。这就是争气,为自己争气,为公司争气,也使长辈的脸上有光彩。最最糟糕的是,干活拣轻的,工资拿多点,遇到责任推开,相反意见的话听不得。这样,你不仅是在跟自己过不去,也是在往长辈的脸上抹黑。这一点要切切记住。

第三点是抓紧看书学习,广见识,明道理,开阔视野,提升境界。读书是一辈子的事。要养成良好的看书习惯。我们这一代读书机会少,忙于企业发展一时也顾不上,以后要补课。

俗话说:"书到用时方恨少"、"学海无涯苦作舟",这就告诉我们,读书是大有益处的,是使你终生受益的,在工作中会发挥作用的,只嫌其少,不嫌其多。读书既是苦事,又是乐事。只有把它当作乐事,才能钻得进、研得深,有所发现,有所收获。

书海浩瀚,要有所选择。要根据各人需要来选择。有的书要精读、细读,甚至连标点也要琢磨琢磨,加深理解,有的书可以浏览,知其要略即可。总之,要讲究读书方法。我非常羡慕你们有这么好的条件读书,再不好好读,真是枉对人生了。要珍惜现在这样的大好时机,如饥似渴地在知识的大海里吸取营养,滋润并充实自己的头脑,不断积累知识,不断积累经验,为自己的智慧和创造力提供源源不断的动力。

我对青年们寄予极大的期望,并满怀信心。因为人总是要老的,事业需要有人继承和发展,"长江后浪推前浪","青出于蓝而胜于蓝"。未来的事业是属于你们的。

我们企业的希望和前程也寄托在你们身上。我们这一代的未竟事业要由你们去担当和完成。这副历史的重担是极其艰巨的,也是极其光荣的。所以你们现在就要好好磨炼自己,快快成长、成熟起来。当有一天,我们这代人亲眼看到你们完成了我们未竟的事业,并发扬光大,我们将感到无限的荣光和自豪。

"少年智则国智,少年富则国富,少年强则国强,少年独立则国独立,少年自由则国自由,少年进步则国进步,少年胜于欧洲,则国胜于欧洲,少年雄于地球,则国雄于地球。"这段话出自梁启超的《少年中国说》,感情热烈,气势恢宏,风格雄健,具有极强的鼓动性和感召力。青年的成长,小而言之,关乎企业的发展壮大和后继有人；大而言之，关乎国家和民族的前途和命运。

我们这代人把青年人当作一个宝，一个美好未来的象征。所以我们企业要把青年人的成长，当作一项战略性的工程去奠基、去建设。任何忽视对年轻人培养的行为，都是对企业未来的怠慢，也是对国家民族的不负责任。

这次与青年朋友的茶话会，开得很成功。每个年轻人都汇报了在公司成长的体会，我作为他们的长辈，为他们的进步感到高兴。同时，我也非常不客气地指出了他们的不足，寄托我的期待。

我总觉得，我们这一代人跟青年们的沟通，还相当欠缺，对青年的培养还存在这样或那样的问题。如何正确对待80、90后的青年，如何正确地引导他们、培养他们，如何"晓之以理，动之以情"地对待他们前进道路上的各种可能出现的失落和烦恼，以及怎样为他们搭建施展聪明才智的平台，这都是企业在发展中不能不考虑的问题。随着80、90后越来越多地加盟，以及青年员工队伍的迅速壮大，解决问题的紧迫性就越发突出。这既给企业管理带来新的资源，又使企业面临管理的创新。青年员工是企业发展的生力军，又是企业各级管理人员的后备力量。这项基础性工程建设，唯有既扎扎实实，又灵活多彩地去创造性地展开，才能取得成效。不能拘泥，不能刻板，也不能过于传统，只要有利于调动他们的积极性、创造性，就要不拘一格。因为现代青年的思想和思维方式与我们这一代是无法相比的。因势利导，循循善诱，像严父那样"严"，像慈母那般"爱"，或许是较为有益的教育方法。

谋划从《三国演义》武库中借"剑"

《三国演义》是我国四大古典文学名著之一,其文学价值不用多说。而今它的"究天人之际,通古今之变,采百家之长"的智慧和谋划,在竞争日益激烈的商业领域,有着深刻挖掘的价值。日韩两国企业家已走到我们的前头。日本企业界人士说:"人们之所以对《三国演义》推崇备至,视为珍宝,就因为书中藏宝,这些法宝在当今商业角逐中可以大派用场。"韩国企业界研究和运用《三国演义》中的谋划,也大有后来者居上之势。这种"墙内开花墙外香"的现象,颇令我们深思。

实践证明,在市场环境巨变、商业竞争空前激烈的时期,谋划取胜便成为最主要的商业智慧。

高中时读过《三国演义》,其故事人物、情节记忆犹新,而今从企业竞争和管理创新的视角一一加以梳理,深感其谋划的深度、广度以及它的实用价值和可操作性,对我们有着极大的启迪和实际应用的现实意义。

"谋划"是三国群雄角逐的主要精髓。在当前空前强烈的危机感和紧迫感面前,掌握竞争谋划便成为企业可持续发展的重要关键。《三国演义》中的谋划包罗万象、博大精深,非笔者所能驾驭。在此仅从自己的直觉体会,择取其中几个大家耳熟能详的故事片段,并联系当今企业竞争和管理的实际,来拓展我们的视野,启迪我们的智慧,丰富我们的管理资源。

故事片段 A:隆中讨计,决策草庐

刘备为天下枭雄,胸怀壮志抱负。但由于对天下大势知之甚少,分析判断常有失误,故寄人篱下,难以立足。自三顾茅庐结识诸葛亮后,开始从根本上改变命运。一日,刘备亲赴隆中向诸葛亮问计。小说中有这样一段精彩的对话描写。

玄德曰:"大丈夫抱经世奇才,岂可空老于林泉之下?愿先生以天下苍生为念,开备愚鲁而赐教。"孔明笑曰:"愿闻将军之志。"玄德屏人促席而告曰:"汉室倾颓,奸臣窃命,备不量力,欲伸大义于天下,而智术浅短,迄无所就。惟先生开其愚而拯其厄,实为万幸!"孔明曰:"自董卓造逆以来,天下豪杰并起,曹操势不及袁绍,而竟能克绍者,非惟天时,抑亦人谋也。今操已拥百万之众,挟天子以令诸侯,此诚不可与争锋。孙权据有江东,已历三世,国险而民附,此可用为援而不可图也。荆州北据汉、沔,利尽南海,东连吴会,西通巴蜀,此用武之地,非其主不能守:是殆天所以资将军,将军岂有意乎?益州险塞,沃野千里,天府之国,高祖因之以成帝业,今刘璋暗弱,民殷国富,而不知存恤,智能之士,思得明君。将军既帝室之胄,信义著于四海,总揽英雄,思贤如渴,若跨有荆、益,保其岩阻,西和诸戎,南抚彝、越,外结孙权,内修政理;待天下有变,则命一上将将荆州之兵以向宛、洛,将军身率益州之众以出秦川,百姓有不箪食壶浆以迎将军者乎?诚如是,则大业可成,汉室可兴矣。此亮所以为将军谋者也。惟将军图之。"言罢,命童子取出画一轴,挂于中堂,指谓玄德曰:"此西川五十四州之图也。将军欲成霸业,北让曹操占天时,南让孙权占地利,将军可占人和。先取荆州为家,后即取西川建基业,以成鼎足之势,然后可图中原也。"玄德闻言,避席拱手谢曰:"先生之言,顿开茅塞,使备如拨云雾而睹晴天。但荆州刘表,益州刘璋,皆汉室宗亲,备安忍夺之?"孔明曰:"亮夜观天象,刘表不久人世;刘璋非立业之主;久后必归将军。"玄德闻言,顿首拜谢。只这一席话,乃孔明未出茅庐,已知三分天下,真万古之人不及也。

隆中对策,诸葛亮首先分析天下形势,在把握形势的基础上制订策略。当时的形势是:曹操拥百万之众,且挟天子以令诸侯,诚属强势,故采取的策略是"不可与争锋"。江东的孙权,基业巩固,地势险要、民众归附,也属强势,故"可用为援而不可图"。先攻之地为荆州,理由是其主刘表不能守,弱势可攻,且荆州为交通枢纽、战略要地。先夺荆州,建立基地,然后可攻益州,因其主刘璋暗弱,不知存恤,民心涣散,而此地却是沃野千里、天府之国。待两州攻克,胜券在握,三足鼎立之势便成。这是诸葛亮对天下大势的充分把握,并在此基础上提出的正确策略。既有目标,又有步骤和方法;既有局部安排,更有全局考虑,环环相扣,紧密相连。这就是诸葛亮的神机妙算、智慧谋划。以此联系到我们的企业,不无启发之处。企业要发展壮大、持续成长,也必须要有清晰的整体战略,而且是建立在对市场环境变化、竞争对手状况和自身优势等知己知彼基础上作出的整体战略。根据要实现的目标,对具有各种影响的各种因素,充分进行分析、比较、综合、判断,找出问题的关键,求证解决问题的主要矛盾,建立远期和近期的目标体系,根据这个目标体系,确立优选的方案,并付诸实施。诸葛亮的隆中对策,就是把刘备集团置于天下大势这个大系统的环境之下,结合自己的主客观条件而运筹帷幄,寻找系统性突破的战略谋划,可谓是"夫未战而庙算胜者,得算多也"。

故事片段 B:求贤若渴,攻心为上

"人才战"是贯穿三国争霸的一条主线,招揽人才和用好人才,各国都有一套自己的招数。其中就在人才问题上所表现的胸怀和策略而言,刘备是儒家文化的遵循者和实践者。他对人才的核心观点是:诚义为上,攻心为上,大胆使用为上。如三国人才的杰出代表之一徐庶,为刘备站住脚跟、稳定阵势和建功立业作出了卓越的贡献。但在徐庶要离开的问题上,刘备表现得既诚义又大度,体现了"攻心为上"的原则,致使深明赤壁之战计谋的徐庶"身在曹营心在汉",最终赤壁之战中孙刘联军大获全胜。而曹操在对待徐庶的问题上却施用诡计。京剧中有一出戏"徐母骂曹",痛骂曹操的不诚不义。

下面是《三国演义》第三十六回中有关徐庶离开、举荐诸葛亮,以及刘备依恋不舍但仍断然放行的精彩描写。

徐庶览毕(徐母书),泪如泉涌。持书来见玄德曰:

"……（庶）幸蒙不弃，即赐重用。争奈老母今被曹操奸计，赚至许昌囚禁，将欲加害，老母手书来唤，庶不容不去，非不欲效犬马之劳，以报使君；奈慈亲被执，不得尽力。今当告归，容图后会。"玄德闻言大哭曰："子母乃天性之亲，元直无以备为念。待与老夫人相见之后，或者再得奉教。"徐庶便拜谢欲行。玄德曰："乞再聚一宵，来日饯行。"孙乾密谓玄德曰："元直天下奇才，久在新野，尽知我军中虚实。今若使归曹操，必然重用，我其危矣。主公宜苦留之，切勿放去。操见元直不去，必斩其母。元直知母死，必为母报仇，力攻曹操也。"玄德曰："不可。使人杀其母，而吾用其子，不仁也；留之不使去，以绝其子母之道，不义也。吾宁死，不为不仁不义之事。"众皆感叹。

玄德请徐庶饮酒，庶曰："今闻老母被囚，虽金波玉液不能下咽矣。"玄德曰："备闻公将去，如失左右手，虽龙肝凤髓，亦不甘味。"二人相对而泣，坐以待旦。诸将已于郭外安排筵席饯行。玄德与徐庶并马出城，至长亭，下马相辞。……诸将无不伤感。玄德不忍相离，送了一程，又送一程。庶辞曰："不劳使君远送，庶就此告别。"玄德就马上执庶之手曰："先生此去，天各一方，未知相会却在何日！"说罢，泪如雨下。庶亦涕泣而别。玄德立马于林畔，看徐庶乘马与从者匆匆而去。玄德哭曰："元直去矣！吾将奈何？"凝泪而望，却被一树林隔断。玄德以鞭指曰："吾欲尽伐此处树木。"众问何故。玄德曰："因阻吾望徐庶元直之目也。"

看完这段文字,你不能不为刘备的惜才而感动至深。封建时代的帝王尚如此珍爱人才,感情如此真切,真令我们今人思绪万千,感叹之至。

一个企业的发展,主要依靠的是人才,攻其心,以其用,真诚莫逆,诚挚相交,人才就会为你呕心沥血,鞠躬尽瘁。哪怕因一时环境变故导致某一人才离开,也要胸怀大度,允许自由流动。采取"来去自由"的策略,这是充分理解人才、尊重人才的表现。人才环境的宽松,反而可以吸引更多的人才。因为一切优秀的人才都适合于宽松的人才"土壤"。

企业人才的自由流动,这是在市场经济环境下的正常现象。只有让他们充分比较各类企业的人才环境,才会使你企业的人才资源更加丰实。有比较,才有鉴别。最根本的一条是,有效构建宽松的人才环境,并使各类人才在你的企业中有用武之地,充分满足他们的成就感,实现其人生价值。在这样的人才理念孵化下,相信各类出类拔萃的人才将源源不断地脱颖而出,为你企业的持续发展提供用之不竭的人才动力。

礼贤下士,为刘备渴求人才的长处。在诚招诸葛亮的过程中,"三顾茅庐"这个家喻户晓的三国故事,非常有说服力地表明刘备思贤如渴之"诚"。与关公、张飞的态度相比,这个"诚"显得格外令人敬佩。且看下面一段有关刘备集团招募诸葛亮的"三顾茅庐"的精彩描述。

一顾茅庐——次日,玄德同关、张并从人等来隆中。遥望山畔数人,荷锄耕于田间,……玄德勒马唤农夫问曰:"卧龙先生住何处?"农夫曰:"自此山之南,一带高冈,乃卧龙冈也。冈前疏林内茅庐中,即诸葛先生高卧之地。"玄德谢之,策马前行。不数里,遥望卧龙冈,果然清景异常。……玄德来到庄前,下马亲叩柴门,一童出问。玄德曰:"汉左将军、宜城亭侯、领豫州牧、皇叔刘备,特来拜见先生。"童子曰:"我记不得许多名字。"玄德曰:"你只说刘备来访。"童子曰:"先生今早少出。"玄德曰:"何处去了?"童子曰:"踪迹不定,不知何处去了。"玄德曰:"几时归?"童子曰:"归期亦不定,或三五日,或十数日。"玄德惆怅不已。张飞曰:"既不见,自归去罢了。"玄德曰:"且待片时。"云长曰:"不如且归,再使人来探听。"玄德从其言,嘱付童子:"如先生回,可言刘备拜访。"遂上马,行数里,勒马回观隆中景物,果然山不高而秀雅,水不深而澄清;地不广而平坦,林不大而茂盛;猿鹤相亲,松篁交翠。观之不已,忽见一人,容貌轩昂,丰姿俊爽,头戴逍遥巾,身穿皂布袍,杖藜从山僻小路而来。玄德曰:"此必卧龙先生也!"急下马向前施礼,问曰:"先生非卧龙否?"其人曰:"将军是谁?"玄德曰:"刘备也。"其人曰:"吾非孔明,乃孔明之友,博陵崔州平也。"……

二顾茅庐——三人回至新野,过了数日,玄德使人探听孔明。回报曰:"卧龙先生已回矣。"玄德便教备马。张飞曰:"量一村夫,何必哥哥自去,可使人唤来便了。"玄德叱曰:"汝岂不闻孟子云:'欲见贤而不以其道,犹欲其入而闭之门也'。孔明当世大贤,岂可召乎!"遂上马再往访孔明。关、张亦乘马相随。时值隆冬,天气严寒,彤云密布。行无数里,忽然朔风凛凛,瑞雪霏霏:山如玉簇,林似银妆。张飞曰:"天寒地冻,尚不用兵,岂宜远见无益之人乎!不如回新野以避风雪。"玄德曰:"吾正欲使孔明知我殷勤之意。如弟辈怕冷,可先回去。"飞曰:"死且不怕,岂怕冷乎!但恐哥哥空劳神思。"玄德曰:"勿多言,只相随同去。"将近茅庐,忽闻路傍酒店中有人作歌。玄德立马听之。……玄德曰:"卧龙其在此间乎!"遂下马入店。见二人凭桌对饮:上首者白面长须,下首者清奇古貌。玄德揖而问曰:"二公谁是卧龙先生?"长须者曰:"公何人?欲寻卧龙何干?"玄德曰:"某乃刘备也。欲访先生,求济世安民之术。"长须者曰:"我等非卧龙,皆卧龙之友也:吾乃颍川石广元,此位是汝南孟公威。"……玄德乃辞二人,上马投卧龙冈来。到庄前下马,扣门问童子曰:"先生今日在庄否?"童子曰:"现在堂上读书。"玄德大喜,遂跟童子而入。至中门,只见门上大书一联云:"淡泊以明志,宁静而致远。"玄德正看间,忽闻吟咏之声,乃立于门侧窥之,见草堂之上,一少年拥炉抱膝,……"玄德上草堂施礼曰:"备久慕先生,无缘拜会。昨因徐元直称荐,敬至仙庄,不遇空回。今特冒风雪而来。得瞻道貌,实为万幸。"那少年慌忙答礼曰:"将军莫非刘豫州,欲见家兄否?"玄德惊讶曰:"先生又非卧龙耶?"少年曰:"某乃卧龙之弟诸葛均也。……"玄德曰:"卧龙今在家否?"均曰:"昨为崔州平相约,出外闲游去矣。"玄德曰:"何处闲游?"均曰:"或驾小舟游于江湖之中,或访僧道于山岭之上,或寻朋友于村落之间,或乐琴棋于洞府之内:往来莫测,不知去所。"……张飞曰:"那先生既不在,请哥哥上马。"玄德曰:"我既到此间,如何无一语而回?"因问诸葛均曰:"闻令兄卧龙先生熟谙韬略,日看兵书,可得闻乎?"均曰:"不知。"张飞曰:"问他则甚!风雪甚紧,不如早归。"玄德叱止之。均曰:"家兄不在,不敢久留车骑;容日却来回礼。"玄德曰:"岂敢望先生枉驾。数日之后,备当再至。……"

(玄德)方上马欲行,忽见童子招手篱外,叫曰:"老先生来也。"玄德视之,见小桥之西,一人暖帽遮头,狐裘蔽体,骑着一驴,后随一青衣小童,携一葫芦酒,踏雪而来。……玄德闻歌曰:"此真卧龙矣!"滚鞍下马,向前施礼曰:"先生冒寒不易!刘备等候久矣!"那人慌忙下驴答礼。诸葛均在后曰:"此非卧龙家兄,乃家兄岳父黄承彦也。"

三顾茅庐——却说玄德访孔明两次不遇,欲再往访之。关公曰:"兄长两次亲往拜谒,其礼太过矣。想诸葛亮有虚名而无实学,故避而不敢见。兄何惑于斯人之甚也!"玄德曰:"不然。昔齐桓公欲见东郭野人,五反而方得一面。况吾欲见大贤耶?"张飞曰:"哥哥差矣。量此村夫,何足为大贤!今番不须哥哥去;他如不来,我只用一条麻绳缚将来!"玄德叱曰:"汝岂不闻周文王谒姜子牙之事乎?文王且如此敬贤,汝何太无礼!今番汝休去,我自与云长去。"飞曰:"既两位哥哥都去,小弟如何落后!"玄德曰:"汝若同往,不可失礼。"飞应诺。

于是三人乘马引从者往隆中。离草庐半里之外,玄德便下马步行,正遇诸葛均。玄德忙施礼,问曰:"令兄在庄否?"均曰:"昨暮方归。将军今日可与相见。"言罢,飘然自去。……三人来到庄前叩门,童子开门出问。玄德曰:

"有劳仙童转报:刘备专来拜见先生。"童子曰:"今日先生虽在家,但今在草堂上昼寝未醒。"玄德曰:"既如此,且休通报。"分付关、张二人,只在门首等着。玄德徐步而入,见先生仰卧于草堂几席之上。玄德拱立阶下。半晌,先生未醒。关、张在外立久,不见动静,入见玄德犹然侍立。张飞大怒,谓云长曰:"这先生如何傲慢!见我哥哥侍立阶下,他竟高卧,推睡不起!等我去屋后放一把火,看他起不起!"云长再三劝住。玄德仍命二人出门外等候。望堂上时,见先生翻身将起,忽又朝里壁睡着。童子欲报。玄德曰:"且勿惊动。"又立了一个时辰,孔明才醒,口吟诗曰:……孔明吟罢,翻身问童子曰:"有俗客来否?"童子曰:"刘皇叔在此,立候多时。"孔明乃起身曰:"何不早报!尚容更衣。"遂转入后堂。又半晌,方整衣冠出迎。玄德见孔明身长八尺,面如冠玉,头戴纶巾,身披鹤氅,飘飘然有神仙之概。……

读者看完"三请诸葛亮"后有何感想?刘备思贤如渴,"渴"到何种程度,对渴求人才的专注和耐心又达到什么境界,进而联想到,对我们企业招募人才特别是顶级人才有何深刻启示。想通这些问题,就明白了《三国演义》在人才观念上的"古为今用"。可以肯定,未来企业的竞争就是人才的竞争,谁拥有一流的创新型杰出人才,谁就拥有了技术和市场,也就有了强有力的竞争优势。这个竞争优势是由一个创新型人才团队支撑的。一言以蔽之,企业的中流砥柱就是分布在研发、设计、制造、销售等部门中的杰出人才。

刘备对诸葛亮等人才的渴求,当然是为他的霸业服务的,但他诚心诚意、一心一意、放下架子、专注耐心的人才观,却为我们企业在人才问题上提供了十分有益的启示。

故事片段C:"割发代首",勇担责任

一个人要勇于承担责任。企业的每个岗位都有相应的岗位责任。执行者就要以高度敬业的精神,敢于担当自己的责任。任何推诿责任的行为都是对企业的伤害。做错了事不要紧,推卸责任却是严重的。企业的各级领导首先要对自己的部门高度负责。是自己的责任,绝不推诿,要勇于承担、敢于承担、乐于承担。有些领导往往把责任推向客观因素,品质差的甚至嫁祸于人,这是于人于己于企业极不负责的表现。请读一读《三国演义》中曹操勇于承担自己责任的故事,或许对我们加强责任心有所启发。

时建安三年夏四月也。操留荀彧在许都,调遣兵将,自统大军进发。行军之次,见一路麦已熟;民因兵至,逃避在外,不敢刈麦。操使人远近遍谕村人父老,及各处守境官吏曰:"……大小将校,凡过麦田,但有践踏者,并皆斩首。军法甚严,尔民勿得惊疑。"百姓闻谕,无不欢喜称颂,望尘遮道而拜。官军经过麦田,皆下马以手扶麦,递相传送而过,并不敢践踏。操乘马正行,忽田中惊起一鸠。那马眼生,窜入麦中,践坏了一大块麦田。操随呼行军主簿,拟议自己践麦之罪。主簿曰:"丞相岂可议罪?"操曰:"吾自制法,吾自犯之,何以服众?"即掣所佩之剑欲自刎。

众急救住。郭嘉曰:"古者《春秋》之义:法不加于尊。丞相总统大军,岂可自戕?"操沉吟良久,乃曰:"既《春秋》有法不加于尊之义,吾姑免死。"乃以剑割自己之发,掷于地曰:"割发权代首。"使人以发传示三军曰:"丞相践麦,本当斩首号令,今割发以代。"于是三军悚然,无不懔遵军令。

这个"割发代首"的故事,至少说明两点:其一,曹操军队纪律严明;其二,"己所不正,焉能正人"。虽说是象征性的治罪,但敢于对自己所犯错误负责(在当时,割发是对犯严重罪行的惩罚),并且公开自己的罪责。这在那个时代是难能可贵的。难怪鲁迅先生称赞"曹操是一个很有本事的人,至少是一个英雄"。

我们企业的各级领导干部,在工作中难免犯错,有的甚至犯了较严重的错误,自己公开出来自责没有,对自己严加处罚没有,我想这是很难做到的,主要是缺乏这个勇气,怕失威信和面子。其实你犯了错,大家心里也明白。你有曹操这样的认错勇气,就很了不起,尤其是企业的老总。如果犯错后,不愿、不肯认错,那就谈不上改错。这样,小错误累积就有大错误,大错误累积就有更严重的错误,到时改正起来成本就大了。所以,犯了错,一要有勇气承认;二要按制度规定处罚,不能搞"下不为例",自己原谅自己。一个对自己的缺点错误宽宏大量的人是不会有长进的。这是我们读了曹操"割发代首"故事后得到的一点启示。

《三国演义》中可用于企业谋划的案例举不胜举,上面三则是大家熟悉的,且所涉及的这三方面内容,都是企业在发展中常遇到的问题。

企业管理的书要读,但中国传统的经典著作也是管理的智慧宝典。只有深挖其价值,古为今用,为我所用,传统文化的这枝奇葩才能重放光彩。

春天当须防严寒

——感悟任正非和"华为"的危机感

"华为"是一家专事现代信息和通信技术的民营企业,位列中国企业500强榜首,也是通信领域里的佼佼者。老总任正非是该行业的开拓者和领军人物。

由于平时喜读任总的文章、讲话、发言,读得多了,对"华为"的了解也日益加深,对任总的理念和人品有了更多的感悟,对自己思想的触动也深了一个层次。

最使我们触动神经的是他的忧患意识,那种"如履薄冰,如临深渊"的危机感,而且不是一般意义的忧患和危机,而是一种叫作"失败"和"破产"的危机。我想,这种深度的危机感,只有高瞻远瞩、独具穿透力眼光的智者才会深刻觉察到。他分析说:"我们公司的太平时间太长了,在和平时期升的官太多了,这也许是我们的灾难。泰坦尼克号也是在一片欢呼声中出的海。我们好多员工盲目自豪,盲目乐观。如果想危机的人太少,也许危机就快来临了。这不是危言耸听。"他又说:"这些年来我天天思考的都是失败,对成功视而不见,也没有什么荣誉感、自豪感,只有危机感,也许是这样才能存活了下来。我们大家要一起想,怎样才能活下去,怎样才能活得久一些。"他又十分严正地提出:"失败这一天是一定会到来的,大家要准备迎接,这是我从不动摇的看法。"迄今为止,没有听说过一个老总,说是要大家准备迎接失败,任总是第一个。正值欣欣向荣的"华为",它的老总为何如此忧心忡忡,总说失败会到来呢?这岂不是匪夷所思吗?

　　透过任总的原话,仔细想想他为何这样说的道理,答案是显而易见的。他是在给"华为"(其实不仅仅是"华为"),重重地敲了一记警钟,讲了一句难得的"盛世危言"。要我们在春天里想着防严寒,在危机真正来临的时候,有办法、有措施积极而从容地去应对,而不至于无措手足,从而安然渡过危机。

　　须明白,事物的发展绝不会是一条永远笔直向上的直线。繁荣,不可能是永远的繁荣,正如衰退也不会是永远的衰退一样。这是事物发展的辩证法。所以任总的意图是让人们清醒、警觉,及早研究出应对危机的方法和措施,使我们持续活下去,而不至于像泰坦尼克号一样一沉海底。拿任总的话来说,"在这个时期来研究冬天的问题比较潇洒"。这是一种高瞻远瞩的思想境界,大智大慧的超然理念。他十分严肃地提醒正在蓬勃向上的"华为":"目前情况下,我们公司从上到下还没有真正认识到危机。我们是不是已经麻木,是不是头脑里已没有危机这根弦了,是不是已经没有自我批判的能力,或者说已经很少了。那么真正出现危机时,我们是真没有办法了。"他提议以应对危机为题,展开大讨论。讨论公司有什么危机,你部门有什么危机,你科室有什么危机,你流程有什么危机,用哪些方法和措施加以改进,使我们持续活下去。作为一个事业正值蒸蒸向上的"华为"老总,能以这种严于解剖的精神、哲学辩证的思维去考察企业的生存发展,在企业家中是极少见的,也更难能可贵。

他对"华为"的成长、发展、取得骄人业绩的评价是很冷静的。在他眼里,世界上成功的企业都是经九死一生还能好好活着的"不死鸟","烧不死的鸟就是凤凰",而"华为"还没有成功,它只是在成长中。从这个意义上说,我们众多发展迅猛的企业根本没有资格说自己"成功",甚至连"成长中"也不好说,只能说是刚刚起步,因为我们离"华为"还差一大截呢!理由是我们还没有经历过危机的洗礼,我们的智慧还没有接受危机的严峻考验,我们更没有"华为"那种大彻大悟的思想境界。

循着任总应对危机的思路,如何做好应对危机的各种准备,是本文要探讨的主题。笔者认为,有三条可供选择的路径,或许会给你一点启发。

其一,努力打造嗅觉灵敏并具群体进攻能力的"狼性文化"。

任总称:"企业就是要发展一批'狼'。狼有三大特性,一是敏锐的嗅觉;二是不屈不挠、奋不顾身的进攻精神;三是群体奋斗。"他提议每个部门都要有一个"狼狈组织计划",既要有进攻性的狼,又要有精于算计的狈。这就是狼性文化。企业要在激烈的竞争中胜出,战胜随时可能到来的危机,就需要这种文化。

我们的企业在很多时候,缺失"狼"的进攻性,畏首畏尾,缩手缩脚,以致丢失理应属于我们的市场机遇;我们又在很多时候,缺乏"狼"的敏锐的嗅觉,明明是机会却让它擦肩而过;我们又在很多时候,缺乏群体作战能力,以致相互间不能协调,甚而孤军作战,处处陷于被动;我们更在很多时候,疏于精算,浪费很多资源,无形中增加了企业的运行成本。

对于全球经济格局的急剧变化,国内宏观经济调控的着力点和走向,自己行业领域的发展态势,都需要有"狼"一般的敏锐嗅觉,并在第一时间内快速作出反应,所谓"快鱼吃慢鱼"就是这个道理。由此说来,任总提出的"狼性文化",对于我们打造企业竞争力,安然渡过可能到来的危机,具有重要的战略意义。

我们的企业文化免不了显得有些拘谨和刻板,在很多时候适应不了变化的市场环境、日益加剧的市场竞争,当突袭的危机来临时,有可能手足无措。

任总对媒体也发表了自己中肯的看法。他说,媒体有自己的运作规律。媒体说你好,你也别高兴,你未必真好。说你不好,你就看看是否有什么地方可改进,实在报道有出入的,不要去计较,时间长了就好了。要容忍人家的不了解,不要去争论。我们的"狼性文化"只是针对市场,和媒体无涉。有时候媒体炒作我们,自己要安安静静,专心致志地做好自己的事。

企业文化是生产力。打造"狼性文化"就是提升企业的生产力。"华为"的"狼性文化",确实为我们企业提升生产力树立了榜样的力量。

其二,艰苦奋斗不动摇,无私奉献要提倡。

企业在初创阶段靠的是艰苦奋斗,企业的进一步拓展靠的还是艰苦奋斗,应对市场环境的变化和可能出现的危机,更要靠艰苦奋斗。

任总高度评价"华为"员工的艰苦奋斗:"我们的员工都很

努力,拼命地创造资源,世界留给我们的财富就是努力,不努力将一无所有。一切为了活下去,一切为了国家和民族的振兴。""华为"的宏伟目标也是我们所有企业的目标。"一切为了国家和民族的振兴"。为了这个伟大目标,我们很多企业都是从"0"开始,从无到有,从弱到强,从制造到创造,靠的是什么?还不是靠艰苦奋斗?所以在任何时候、任何情况下,艰苦奋斗精神不能丢。我们有些企业自己认为实力强大了,资源丰厚了,浪费一点似乎无碍于大事。这种对艰苦奋斗的漠视,是断然要不得的,连想都不能想。

任总曾多次考察以色列这个国家。那里的自然条件极其恶劣,境内的内盖夫沙漠占据其一半的土地面积。可就是在这种毫无资源、自然环境极其恶劣的条件下,以色列人长期地坚持艰苦奋斗。独立后的以色列,耕地面积增加了6倍,农村人口的比例已从12%下降到6%,食品大部分实现自给自足,并且在科技领域取得令人瞩目的成绩。参观过上海世博会以色列馆的人,想必都印象深刻。任总说:"以色列这个国家是我们学习的榜样,它什么都没有,只有一个脑袋,一个离散了20个世纪的犹太民族,在重返家园后,他们在资源严重贫乏、严重缺水的沙漠上创造了令人难以相信的奇迹,他们的资源就是有聪明的脑袋,他们是靠精神和文化的力量,创造了世界奇迹。"再说日本,它是个岛国,国土面积狭小,且大多是高山,人均资源稀少。能源、钢铁这些工业化生产所必需的资源,它都没有。但是,日本的家用电器却席卷世界市场,日产的优质汽车遍布全球。虽然经历了大地震的重创,但日本人民对生活和工作的热爱未变,日本民族的艰苦奋斗精神未变。我们可以深信,日本民族将以无比自信、智慧和奋不顾身的精神,去渡过并战胜这个极其严酷的冬天。如此说来,对于我们这些正处发展成长中的企业,有什么理由不艰苦奋斗呢?

可以发现,一个长盛不衰的企业,其背后是由一批志存高远、具有献身精神的人在默默地支撑着。在他们眼里,企业的生命重于一切,高于一切,而个人的名利是极其渺小的。我们设想,在一个企业里大家都十分看重自己的名利,唯金钱是图,斤斤计较,那么这个企业还有什么希望可言?

任总提倡一种奉献精神,他教育"华为"人,做工作是一种热爱,是一种献身的驱动力。认真地做好每一件事,不管是大事还是小事,不计较个人的得失,富有责任心。我想,在物质诱惑甚嚣尘上的今天,任总提倡的奉献精神,意义十分重大。

当然我们倡导奉献精神,并不等于不要物质激励。一个是精神层面,一个是物质层面,两者是对立统一的。

任总接触过相当多的美国科技人员,他们那种执著追求成功的精神令人折服。如果以狭隘的金钱观念来认识资本主义世界的一些奋斗者,就理解不了比尔·盖茨每天还工作十四五个小时,不间歇地努力。据任总介绍,美国 IBM 公司有个叫伯特伦的管理者,以管理严厉著称。据说他每天只睡三四个小时,有时会半夜三点起床到他所管辖的某个工厂去逛逛,看看有什么问题。所以任何人的汇报都瞒不了他。象伯特伦这样的工作狂,不是体现了一种献身精神吗?我国研制"两弹一星"的那些元勋们,在石油生产领域苦苦探索二三十年的"新时期铁人"王启明,长年累月奋战在田头和实验室的水稻育种专家袁隆平等等,也为我们树立了无私奉献的榜样。我们企业的管理者,应该从他们那里汲取自我牺牲的精神力量!

其三,只有改进才能活下去,唯有创新方可有未来。

一个企业的管理模式、生产流程、营销方法和手段,都具有阶段性的特点,不可能一成不变。总要随着市场环境的变化、信息技术的发展、工艺手段的进步而不断有所改进。

任总很赏识一位员工。这位员工写了一篇文章,题目是《还能改进吗?还能改进吗?》。如果每位员工都在想着改进、改进,那就了不得!因为只有改进才有希望。

令我们深思的是,现在我们的企业,有多少员工在自己的岗位上想着改进,不断的改进。要知道,任何事物都不可能至善至美,总有可以改进的地方。不进则退,只有不断地改进、完善,方可有所发现、有所作为、有所创新。

在现在这种"跑得慢的会被吃掉"的市场环境下,改进和创新才是生路。任总提出一个起码的指标:"永远领先对手半步"。这个"领先半步"首先是在改进和创新上的领先半步。但是要做到"领先半步",要付出多少的心血和智慧。

什么叫创新?任总对它的理解是:"有些项目研发的时候连一个简单的东西都自己开发,成本很高,它就不是创新,它是消耗、浪费公司的宝贵资源。一个大公司,最体现降低成本的措施就是资源共享。人家已经开发的一个东西我照搬过来装进去就行了,因为没有技术保密问题,也没有专利问题,装进去就行了,然后再适当做一些优化,这样也是真正的创新。那种满脑子大创新的人实在是幼稚可笑的,是没有希望的。"这就是拿来主义再加上适当优化,最重要的是要体现在降低成本和提高效益上。

核心技术的创新,当然是最根本的创新,是从"量变"到"质变"意义上的创新,是从无到有的创新,这需要长期的知识、技术和文化的积累和沉淀。这是创新的方向,也是走向世界强手之林的必由之路。但不管何种创新,目的都是为了提高产品的技术含量,提升质量档次,提高效益。

其实,创新应该是全方位的。管理、文化、制造、流程、营销都大有文章可作。任何单方面的突进,都将扼制创新能量的释放。

创新是一个严肃的课题。要保持阶段性的稳定,频繁地变革,会加大企业的成本。要反对形而上学和赶时髦,一切要从实际出发。

改进也好,创新也好,最终目的是提高效益,持续地实现边际效益提高,人均效益增加。这是衡量创新成功的硬指标。

过去有人把创新看作是冒风险,现在不创新才是最大的风险。因为不创新,原地踏步,就会被人家的创新所淘汰。这就叫时不我待,"逼上梁山","一万年太久,只争朝夕"。

综上所述,我们要时刻保持"如履薄冰,如临深渊"的清醒认识,随时做好应对危机的各种准备。拿任总的话来说,"现在这个时期来研究冬天的问题,比较潇洒"。无论从哲学和自然规律上来看,"危机总有一天会来的,你一定要相信"。但请你记住:机会总属于有准备的头脑。准备越充分,措施越扎实,基础更牢固,就无惧狂风暴雨,不怕三九严寒。"春天当须防严寒","不是春天亦春天"。

让市场的血管里流淌道德的血液

好的市场由好的制度和好的道德来支撑；好的制度和好的道德催生好的市场。随着我国市场经济的不断发展和深入，市场正日趋完善和规范。企业在市场不断公平、公正、透明的竞争规则下，纷纷亮出自己的旗帜，打出自己的品牌，竞争实力不断壮大。但不可否认的是，市场的种种不轨和丑行并不因此而绝迹，反而时有所闻，屡见曝光，更有昧着良心的胆大妄为者祭起毒招，三聚氰胺有之，瘦肉精有之，黑心棉有之，苏丹红有之，水银灌刀鱼有之，甚至出现塑料人造蛋，令市场深恶痛绝，让广大消费者心惊胆寒，给市场蒙上了一层抹不去的阴云。因而市场要流淌道德的血液，成了人们热切的期盼。

人们不禁要问，市场经济发展到今天，为何种种不轨之举屡禁不绝，有时甚至十分猖獗呢？要说制度、规定，不可谓不多。行业有行规，质量有标准。问题的关键恐怕在于现行的这些制度法规远不能制约市场的违规成本，当市场的违规成本不足以震慑犯规者，违规者就不会有所顾忌。另外，有效的执法和监管还偏于疲软，俗话所谓"手条子不辣"。即便建立了严刑峻法，如果执法者的道德发生了问题，那么这个市场的"毒瘤"永远不能根除；如果不能正视广大消费者的利益，那么这个市场什么"魔鬼"都有可能出现，其危害性不亚于地震、海啸与核辐射。久而久之,社会主义市场经济的改革成果就会丧失殆尽,更有可能会动摇社会稳定的根基。对此,我们不能掉以轻心,不能回避所存在的问题。只有直面现实,勇敢面对,寻求解决的途径,才能使市场朝着符合我们预期的方向向前发展。

那么,怎样才能使市场的血管里流淌道德的血液呢?

以笔者愚见,既要从制度着手,又要从道德着手,双管齐下,"两手都要硬"。如果单从道德层面讲道德,或从制度层面讲制度,恐怕都很难奏效。要以制度建设去促道德规范,以道德规范推动制度建设,双管齐下才有成效。

首先要建立一种制度,这种制度足以让违规、犯法者心惊胆寒,使违规所付出的成本远远大于他的收益,甚至令其倾家荡产,严重者追究其刑事责任。当市场的违规、犯法行为屡禁不绝之时,必须采取严刑峻法。"矫枉必须过正"。违规的成本太小,犯规者便无所畏惧,法律也会失去应有的威严。

要知道,在物欲横流、金钱至上的环境里,道德的力量是有限的。单靠道德的醒悟,是难以制伏那些胆大妄为的违规、犯法者的。只有以法律这把利剑使之规矩,教之服帖,这样让市场流淌道德的血液才有可能。

我们一直在强调依法治国,这包括依法治理市场,如果只是把它当作宣传口号,"雷声大,雨点小",心慈手软,要想令孤注一掷的赌徒止而却步,绝无可能,甚至有可能使其变得格外猖狂,对市场的破坏性更大,后果更为严重。

建设好一支执法如山的队伍也至关重要。人是制度的主体,最好、最严密的制度也是由人去执行的。现在的状况是,我们已有了制度,行业有行规,质量有标准,层层有质检,问题在于没有认真严肃地去执行，怕负责任，怕得罪人，特别是与上司有千丝万缕关系的人，能避则避，能轻不重，大事化小，小事化了，待最后问题闹大、真相暴露时才仓促应付。如此执法，怎能让市场的血管里流淌道德的血液呢？要不然，有毒的三聚氰胺怎么敢掺进婴儿奶粉中去？"瘦肉精"的猪肉怎么会有胆量堂而皇之进入各大卖场？诚然，"三鹿"等是昧着良心、道德行事，可我们的执法人员怎么检测不到呢？有人说"三鹿"也是"受害者"，作为执法机构怎么可以放纵它呢？还批它一个"免检产品"，其实这真正是害了他。"三鹿"或许也在抱怨对他们的"宠幸有加"。最近曝光的"瘦肉精"事件，也未尝不如此。真是"前仆后继"，前车之鉴，视而不见。

受损害最大的是我们的市场、广大的消费者。公司的惨重损失是自作孽。一个市场一旦失去了诚信、道德，要重拾消费者的信心不是一件容易的事情。同样，一个苦心经营数十年打造出来的品牌，一旦失去了诚信、道德，要重新扭转局面同样步履艰难。

据报载：双汇火腿肠因"瘦肉精"事件在重庆各卖场下架20多天后重新上架，双汇集团重庆区域的一位经理带着几名促销人员不停地招呼来往顾客品尝，见到有人观看就自己挑起火腿切片往嘴里塞，并大倒苦水说20多天来销售减少数百万元。可众多围观的市民还是冷眼相看，认为这一招不过是一场作秀。有人说，"这明显是做样子给我们看"；也有人说，"早知如此，当初为什么要放瘦肉精？为什么就不把好关？"很多媒体也纷纷刊登文章，发表消费者意见。有一家颇有影响力的媒体刊登一篇题为"双汇经理'嚼火腿肠'，难出诚意"的文章。

其中说:"这种行为太急功近利了。让人们感到可疑的,是双汇的经营理念,以及双汇的产品质量保障机制。"双汇要摆脱"瘦肉精"事件的影响,恰恰需要让急功近利的"卖场大嚼火腿肠"之类的花架子行为走开——脚踏实地善待消费者,才是切实有效的做法。出了不该出的问题,就别指望能轻易获得民众的谅解,取信于民是急不来的,赌咒发誓毫无用处,老百姓只信公开透明,信誉只有从这里慢慢搭建才是牢靠的。这就告诉我们,苦苦经营起来的一个品牌,一旦急功近利,对市场缺乏诚信,无视消费者的利益,哪怕这个品牌再有名,也会一夜之间倒塌。这种把道德践踏在脚下昧着良心的市场行为,应受到全社会的强烈谴责。

我想,现在的双汇在深深自责的同时,或许也在埋怨执法者对他们的放纵。所以,执法不严,姑息迁就,不出问题还好,出了问题人家也在怨恨你。

企业的道德规范是纯洁市场的基础和柱石,是肩负社会责任的体现。要大力弘扬企业公民精神,加强自律意识、道德意识,确保产品的安全性、稳定性、环保性、健康性,这是对市场的最大贡献,也是履行社会责任的主要体现。只有一方面用法律、制度约束企业必须对自己的产品负责,另一方面用道德的力量促其主动、自觉对市场负责,"两个责任"都有了,市场的健康有序才有保障。

全社会要形成强大的舆论攻势,喝令劣品、假品、"毒品"走开,使这些污染市场的东西成为人人喊打的过街老鼠,并且切实赋予民众理应享有的获得赔偿和表达诉求的权利。

在荡涤市场"假、恶、丑、毒"的战斗中,媒体要切实履行社会责任，不负群众的重托。敢于直面现实，敢于揭露丑恶，敢于伸张正义，为市场的健康发展作出应有的贡献。

我们常称消费者是市场的"上帝"，这个"上帝"应拥有维护他们利益的各种权利，这是一个公平、正义社会所应具有的基本条件。但现实的情况是，受损者却总是这个"上帝"。如果一个市场中消费者的权益没有切实的保障，这个市场一定会成为瞒骗及"魔鬼"出没的场所。

目下，食品安全确令人担忧，普通消费者难以判别这些五光十色、鲜嫩喷香的食品是否安全。有人惊呼："现在不知道吃什么才好"，这话表明广大消费者对食品安全的惶恐不安和极大忧虑。

相对而言，机械产品的安全性、稳定性远胜于食品，因为它没有隐蔽性，人们一用就知道。但也不能高枕无忧，为市场提供最安全、稳定、节能、环保的机械产品，永远是我们机械行业的最高追求。机械行业流淌着的道德血液，要为其他行业提供榜样的力量，这是留给全体机械行业老总们的一副重担。

总之，要让整个市场流淌着道德的血液，需要各方面的同心协力。重要的是企业家的血管里要流淌道德的血液，市场监管者的血管里也要流淌着道德的血液。

发展太快的市场，大大小小的问题成堆，现在是到了"快刀斩乱麻"的时候了。"刀"要快，"乱麻"要确诊，"斩"要果断，单靠道德的感化有时是非常苍白的。诚然，搅浑这个市场的害群之马是少之又少，但就是这些"少之又少"者把原本一缸清洁的水搅浑了，弄脏了，让消费者真有点摸不着"北"，真有点"假作真来真亦假"的感觉了。只有对那些"少之又少"者彻底换"血"，整个市场的道德水准才会提升。最好是自己主动、自觉去"抽"，虽然痛苦却很有效。

让我们以高度的责任感、光荣的使命感，为市场注入道德血液而共同努力吧。

从"想成功要先想失败"谈起

人们做事、创事业、办企业，都希望自己成功。成功的优势和有利因素总考虑得十分周密，叙述起来也头头是道，"一、二、三、四、五"，主次分明，条理清楚，似乎成功大有把握；至于风险因素总考虑较少，即使想到也大多是轻描淡写，只关注枝枝细节，似乎风险不是风险。可是一经实践检验，却发现事与愿违，离成功的目标相距甚远，有的则反陷入尴尬境地，似跨进了一片难以自拔的沼泽地。所以，想成功不能凭主观臆想，不能只盯着几条成功的理由而缺少冷静，产生狂热，全然忘却了风险因素。

李嘉诚先生有一句名言："想成功要先花90%的时间想失败。"这是他雄立全球市场55个国家、历时60余年基业长青的宝贵经验，令人深省、催人深悟、令人感佩。

李嘉诚自1950年创业至今六十余年，他的企业从未遇到一年亏损，历经两次石油危机、亚洲金融风暴，他的企业却能横跨55个国家，员工达25万之众。他说："我是比较小心的，经历过贫穷，怎么会去冒险？你看到很多人春风得意，一下子就变成穷光蛋。我绝对不会这样做事，却是步步为营。"这个"步步为营"，就是在投资某一项目时充分考虑其风险因素。这个"充分"就是"要花90%的时间想失败"，从而避免失败，走向成功。

为何事先要充分考虑风险因素,要花很多时间去考虑失败？这是由认识论决定的。因为人们认识未知事物不可能都是先知先觉者。绝对的先知先觉者是不存在的。囿于认识事物的局限性,事物的不可知因素在增加,故而事先一定要充分考虑可能发生的风险因素,考虑得越充分,就越能避免失败。世上并无常胜将军,有时失败是无可避免的,但不能因此而忽视风险因素,无视风险给企业带来的伤害。因为有些风险可能产生连锁反应,令企业陷于危险边缘,甚至倒塌了不能"东山再起"。李嘉诚先生的"步步为营"确是规避风险的指南。因冒险而成功,是不会使成功走向永远的。

中国近年来一些海外并购的案例,就是没有充分考虑到其中的风险因素,被一时的做强冲动掩盖了。经济学家郎咸平最近的有关评述不无警示意义。他说,"我们的上海汽车对韩国双龙的整合基本上一天好日子都没过过,一直在闹分家","上汽根本就没有搞明白,韩国双龙的工会究竟有多厉害,连韩国政府都对付不了"。"1700多个工人,罢工77天,还跟政府发生激烈冲突","他们的真正目的是要表示对李明博政府的不满,因为李明博之前是现代汽车的老板,他们就是要流血,要制造政府偏袒外国资本家的印象,从而让公众觉得需要左派进入国会来制约右派政府,这样好让工会的人马顺利进入国会。看到了吗？这才是工会。""还有首钢在1992年11月5日,以1.18亿美元购买濒临倒闭的秘鲁国有铁矿公司98.4%的股权,刚完成收购,各种名目的罢工示威就接连上演,用首钢某位领导的话说:'每次费尽心力解决完问题后,又面临下一波威胁。而每次罢工的目的几乎都是涨工资、加福利。'每罢工一天,就让首钢损失大概100万—200万美元。首钢的领导就说,真是心灰意冷了,双方日子都不好过。"

　　这就是风险,在并购前完全没有想到西方的工会这么强大,他们甚至可以跟政府较劲。你要知道工会可是最大的利益集团,因为他们拥有强大的选举票仓。郎咸平说西方的工会"确实不是特别差的组织,它们是魔鬼"。我们走出去并购一个"魔鬼",能获胜吗？除了风险还是风险。待想明白了是风险却已经损失了不少真金白银。想要收获成功,尝到的却是失败的苦果。所以,李嘉诚先生说"要想成功先要用90%时间想失败",道理就在于此。大的事情是这样,小的事情恐怕也不例外。我们企业在运作过程中,或多或少都存在着因很少考虑"失败"而失败的事例。人都偏好于成功,忌讳失败和风险,正如喜听好话而厌恶"坏话"一样。可越是这样,失败和风险却如影相随,随时都会来叩你的门。

　　笔者看过一个校办羊毛衫厂创办时作的可行性报告。它精确统计了全镇有多少人口,老人、小孩、妇女等分门别类,非常翔实。它按每10个人买一件,计算下来也是一个可观的数字,校办厂每年产能2万件,对照全镇人口,保证生意兴隆,供不应求。笔者曾提醒说,这里离羊毛衫基地的浙江相距很近,那里羊毛衫厂星罗棋布,而且工艺先进,款式新颖,他们肯定要来抢占市场,你们有这个能力与他们挑战吗？你们的工艺水平、性价比能与他们争锋吗？可这家厂根本无视风险,在一片狂热中上马。可结果真如笔者所料,不到半年,浙江的羊毛衫就很快占领了这个江南小镇,无论是产量、款式还是价格,都是当地这家厂不能比的。这就注定了这个校办羊毛衫厂的短命。

果然不到一年就关门打烊。这个小小的例子,也充分说明无视风险意识的严重性。

所以,请你牢记李嘉诚先生关于风险的提示。他说:"我会不停地研究每个项目在可能发生的坏情况下出现的问题,所以花90%时间考虑失败。"他也常说:"一个机械手表,只要其中一个齿轮有一点毛病,这个表就会停顿。一家公司也是这样,只要有一个弱点,就可能失败。"他还用更形象的比喻来表达风险的敏感及应对。他说:"虽然天气蛮好,但是你要估计,若有台风来袭,在风暴还没有离开之前,你怎么办。"他的这些教诲,确是给处在风和日丽环境下的企业注了一剂清醒剂,打了一支预防针。

那么,有何方法可以在风暴来临之前,充分做好各种准备,以积极而从容的姿态去应对风险呢?还是让我们重温李嘉诚先生驾驭企业60年的宝典。他在汕头大学一次演讲时总结了四条企业经营之道,这是他无私奉献给我们的最可珍贵的资源。

第一条:好谋而成。他说:"一场最漂亮的仗,其实是一场事前计算清楚得失的仗。"这就明白告诉我们,凡事要深思熟虑,谋定而后动。所谓深思熟虑,一要想产业的市场前景;二要思投入成本;三要想与竞争对手的比较优势;四要考虑风险因素及防备。想得越充分、越透彻、越精细、越明白,成功的概率也就越大。可这种思考的功底来自哲学的视角,来自文化的素养,以及平素人生历练的功底。至于那种浅表式的、非本质性的、急功近利式的思考,是称不上"深思熟虑"的,它只会缩短企业的寿命,无法使之永恒。

第二条：分段治事。根据笔者的理解,是在洞察事物变化的条件下,企业阶段性地部署计划、目标、措施,各部门要根据企业总体阶段性目标,制订并采取与之相适应的分类计划、目标和措施,而且要有条不紊地进行。

在分段治事的过程中,要严格贯彻精细化管理的原则,可量化、可操作性原则,实事求是、因地制宜的原则,部分服从全局的原则。与此同时,要鼓励各部门创造性地去完成分段治事的各项目标。

第三条：不疾而速。这就是古语里说的"欲速则不达"之义。它的深刻含义在于:在没有做一件事之前,充分分析自己的优势、劣势,以及如何应对可能出现的各种困难,做到成竹在胸,当机会来临时,就一击即中,这就是所谓的"机会总是钟爱有准备的头脑"。

这个"有准备"的把握,是智者驾驭机会的利器。有些人只看到机会来临时的遍地黄金,而到手时却是一堆带刺的荆棘。所以这个"速",是有准备的"速"、厚积薄发的"速"、老谋深算的"速",若为"速"而"速",必然导致欲速则不达。

第四条：无为而治。这个"无为"是指没有人治的痕迹,是好的管理体系,好的公司治理制度。一个大的公司靠今天一个指令明天一个规定是不行的,必须有好的制度,全体员工就是这个好制度的最忠实的卫士和身体力行者。任何人都不能超越制度,都应在制度的框架内做事。公司的各项制度是公司治理的最高准则,是企业的"宪法"。当然,这个好的制度还必须在实践过程中逐步完善、充实,而不是不可变更的"本本"。有利于提高生产率,有利于降低企业的运行成本,有利于人均效益的提高,有利于员工创新潜能的充分发挥——能确保这四个"有利于"的制度,便是好制度,也就是李嘉诚先生所言的"无为而治"。

常思此四者,不是英雄亦英雄。企业界中的英雄们总是在思考"成功"和"失败"的轮回中,不断将企业推向新的高度。欲思成功先虑失败,多虑失败不会失败。失败和成功的距离有时仅一步之遥,就是这一步之内决定了你企业的命运,故而企业发展进程中的关键一步,万不能有丝毫的闪失和麻痹。

成功与失败之关键在于人。人的因素永远是第一位的。李嘉诚先生用人有两条准则:一是忠诚,这是最基本的;二是能力,首先是应对风险和失败的能力。没有忠诚度的人,是最不可靠的人,迟早会拖垮企业;没有应对风险能力的人,是平庸之辈,而平庸绝不会使企业胜出。

如果一个企业都是些只想着成功的人上,没有人在考虑如何应对风险和失败,特别是高层,那是十分危险的,犹如一艘巨轮在行驶中突遭飓风而不知转向,最终沉没的结果一样。

亲爱的读者朋友,当你想成就一件事、一项投资、一种事业的时候,你曾想过风险和失败吗?你有抵御风险和防备失败的良策吗?如果你现在还没有,请你把李嘉诚先生"想成功先用90%的时间想失败"这句话铭刻在你想成功的头脑里。

浅议品牌经营与资本经营的结合

企业欲做强、做大、起飞,当需两翼:一为品牌经营,一为资本经营。品牌经营是基础,是企业立身之根本;资本经营助推企业起飞,整固并拓展品牌经营成果,并为进一步壮大企业实力和释放创新潜能提供巨大的舞台。

实践证明,一手抓品牌经营,一手抓资本经营,两者紧密结合,相得益彰,将企业不断推向新的高度,从而进入强企之林。很多具有市场影响力和号召力的优势企业,就是在这两者相互促进的基础上铸就了新的辉煌。

倘若只重视品牌经营,因资金、规模等限制,较难进一步延伸和拓展;而若忽略品牌经营,资本经营就失去了支柱,成了无源之水、无木之本。唯有两翼双飞,才有可能到达成功的彼岸。

市场不乏有这样成功的案例。四川新希望集团就是品牌经营和资本经营的成功范例之一。创业之初,刘永好等弟兄四人用卖手表、自行车的1 000多元钱起家,先搞养殖业,靠养猪、养鸡、养鹌鹑赚了第一桶金1 000多万,然后开始往饲料业发展,大打"希望牌","希望牌饲料"遍布大江南北,企业逐步成长壮大。到2000年时,就有150多家饲料企业,分布于中国内地绝大部分省区,年产值达100个亿左右。其间付出的心血和智慧自不必说。刘永好对品牌经营的诠释是:"品牌经营不单是广告,更重要的是产品的质量品牌,企业的信誉品牌,对社会责任的品牌,道德的品牌。"因为他们切实做到了,再加上养殖业大发展的历史较好机遇,所以企业发展如日中天,左右逢源。

品牌是人品、质量、诚信、责任、道德的集合体,是实体企业将自己产品推向市场并得到消费者高度认可的一种亲和力,这种亲和力所产生的价值是无可估量的。它远远超过其有形资产的价值。所以,产品经营的核心是品牌经营,没有品牌的产品就像一个始终喂不大的孩子,无法成长壮大起来。由此可见,品牌经营对企业发展的战略意义是牵一发而动全身的。

品牌经营发展到一定的高度,资本经营就有了基础。新希望集团就此在资本市场上立足,以筹集的资金扩大自己的版图,扩充产能,招募人才,加大研发和拓展营销新网络。资本的巨大积累为进一步做大、做强奠定了坚实的基础,接下来便兼并收购了30来家国有、民营企业,这30来家企业通过兼并收购后,都迎来了第二个春天,达到了共赢,这就是资本经营带来的硕果。新希望集团也迅速实现了低成本扩张。又经过几年的努力,在中国工商联的牵头、支持和帮助下,成了中国民生银行的第一大股东。民生银行上市,成为中国一家民营投资的全国性上市银行。"新希望"当时的投资是每股1元钱,现在已经增值到8元多了,资产已远超10个亿。与此同时,他们又加大了国际合作的步伐,在越南投资900万美元建了两家饲料厂,在菲律宾建了一个现代化工厂,在委内瑞拉达成战略发展总框架协议,其中有一农业发展项目由"新希望"来实施。

浅议品牌经营与资本经营的结合

以上案例,有力佐证了品牌经营和资本经营紧密结合对于企业发展的战略意义。在谈到两者关系的处理时,新希望集团总裁刘永好不无感慨地说:"如只抓产品的质量,没有注意到资本经营的重要性,发展就比较慢;如只抓资本经营,忽视了基础,也就容易垮塌。"故而只有两者比翼齐飞,才能达到新的境界,占领新的高地。

试想,如果当时"新希望"只埋头在自己的饲料业里苦耕,品牌和质量是不成问题的,但要实现现在这样的产能,在行业内的影响力、号召力,以及雄厚的资本积累,没有资本经营的威力和取得的巨大成功,几乎是不可能的。

由此看来,品牌经营和资本经营齐头并进对于企业跨越式发展意义重大。但说说容易,做起来却不是易事。仅说品牌经营,这是产品进入市场的绿色通行证。要拿到这张市场"王牌",也不是一蹴而就的,有一个不断培育、呵护、成长的过程。这个培育过程包括产品质量的逐级提升,服务的一步步完善,诚信责任意识得到市场高度认可。有了品牌,还要精心呵护,不断提高品牌档次,费心使这张品牌成为"绿色"。至于资本经营,更要有聪慧的头脑,精心设计,踏实行事,这是大手笔,万不可有丝毫的闪失。就说兼并收购这件事,对方的现有资产、潜在能量、市场前景以及文化的融入,都要全盘考虑,充分评估。有两条是必须注意的:一是必须保证低成本扩张;二是有较大把握,让对方迎来第二个春天,最终达到共赢的目的。至于去海外并购,考虑的因素显然多得多,其中对方国内的政治和法律状况是不能不考虑的重要方面。

品牌经营和资本经营的完美结合,自然是企业强身健体的两翼。这两翼不是勉强装上去的,也不是裱糊纸和镀了锌的洋铁皮,而是具有展翅飞翔、搏击风浪能力的两翼。

据笔者观察,目前不少企业在这两个问题上存在着一些认识上的偏差和误区。

第一种是对品牌经营有所认识,有所追求,自己的产品已经做得比较好了,有品牌经营的愿望,但具体做起来,总觉得有难度,畏首畏尾,徘徊不前,就连拿个省级品牌都似乎十分为难,国家级品牌更不敢奢望。产品经营是品牌经营的基础,产品经营已经有了长足的进步,这就为品牌经营打下了基础,接下来的步骤应该是有效地去操作,适当地做广告,争取媒体的支持;调查消费者对产品满意度的状况并广泛征求改进意见,积极主动配合各级质检部门的工作,大力加强对产品品质的跟踪监督等等。总之在理清思路的前提下,要放胆去做,坚决克服畏难情绪,对品牌经营要树立和提升信心。凡事开头难,但只要你敢于和善于探索,勇于实践,也就不难了,钻进去后会使你其乐无穷,品牌经营也就顺理成章、水到渠成了。

第二种认识上的偏差,是压根儿没有这种想法、追求和愿望,心甘情愿给人家"代工",也不敢跟人家议价,对方领导来还要百般殷勤奉承。这种寄人篱下、小富即安的理念阻碍了企业前进的步伐。视野和观念上的狭隘,滋生了安于现状、无所作为的思维,当然品牌经营也就成了他们不敢企及的奢侈品。这种认识是传统小农经济的产物,有它存在的基础和土壤,但经过改革开放30年的市场实践,应该从固有的思想束缚中解放出来。你的产品质量已经上了档次,甚至很多著名企业都在青睐你的产品,品牌经营已经有了功底,应该解放思想,敢作敢为,迈开步伐,向品牌经营的方向去努力。因为品牌经营是市场经济发展的必由之路。要在经营上谋求独立,实现企业利润的最大化,并进一步向上拓展空间,品牌经营是你必然的选择。

在资本经营方面,也同样存在着这样或那样的思想认识问题。其一是,产品已有了品牌,市场也有销路,份额逐年扩大,家底也日趋厚实,但看人家资本经营红火,企业发展越来越快,原本同处在一个水平上,现在都走到前面去了,自己也想有所作为,但总顾虑重重,现在监管越来越严,信息越来越透明,怕自己一时不能适应。其实真正的增长,是在严密监管和信息透明下的增长,完全不必有所顾虑,要走出不去想、不敢想的思想误区,满怀信心,理直气壮地走资本经营之路,助你企业腾飞。

另有一种是,对资本经营怀有浓厚兴趣,有美好的憧憬,也作了些可贵的尝试,但苦衷总多于快乐,失败多于成功,除了资本经营缺乏精密设计之外,还苦于品牌经营不足,资本积累薄弱,技术、文化功底欠缺。急是急不来的,我看应从基础做起,先把品牌经营搞扎实,争取尽可能的资本积累,为资本经营作好准备。有志者事竟成,有了品牌经营和资本经营这个"志",殚精竭虑地务实做好企业运作的"事",成功就一定不会遥远。

总的来说,品牌经营和资本经营的并肩齐进,是市场经济的"两手都要硬",需要经营者的大智慧、大手笔。一帆风顺是不可能的,没有曲折和坎坷是幼稚的想法,绝对的把握也不太现实,失败也不是不会发生,关键是方向要看清,论证要周密,操作要稳健,既要步步为营,更要敢作敢为;既要谨慎从事,又要胆大心细;既要有成功的信心,又要设计不成功的退路。

很多事情是不依自己的意志转移的,因为我们面临太多的不确定因素。在社会经济转型时期,会出现各种很难预测的复杂矛盾和利益冲突,会出现困难和曲折,但它无碍于品牌经营和资本经营的发展,这是造就强势企业的必由选择,也是中国民族企业崛起的必然。这应该也是一个大趋势。在市场经济这个大趋势下,"大鱼吃小鱼""快鱼吃慢鱼"成了市场竞争的必然结果,所谓"强者恒强"就是这个道理。

所以,品牌经营和资本经营的完美结合,比翼双飞,应该成为有志于做大做强者的美梦,让我们为"美梦成真"而贡献出自己的全部智慧和生命能量。

管理要从复杂中解放出来

大道至简，一切最具价值的东西体现于简单之中；一切简单的东西都蕴含着深刻的道理。管理的精要在于简单。它犹如修剪树木，修去旁逸斜出的枝杈，为的是让树干长得更健壮和挺拔。管理不是可供欣赏的艺术品，不需要婀娜多姿，要的是瘦身强体。

大家知道，两点一直线是最近的距离，是最简单有效的到达方式。若作一个圆周运动，虽最终也能到达想要到达的目的地，但不知要多耗费多少时间和精力。管理之"简"，也莫过于此。管理之"简"，并非是一般意义上的简单，更不是简陋和草率，它的核心是"精"。"精"之义，强调的是有用和高效，节约资源，流程畅达。"简"是到达目的之方法和形式，"有用"和"高效"则是它最终的归宿。

纵观企业管理的现状，似乎有一种越来越复杂化的趋向。机构趋于行政化，管理人员趋于官僚化，文件之多趋于文牍化。原来一个部门可以解决的问题，现在成了两个部门解决一个共同问题；原来一个文件可一竿子到底，现在层层批转，似玩"兜圈子"游戏；原来一些问题部门经理可独立解决，现在要层层请示。"婆婆妈妈"一多，办事层次也越来越复杂化，效果也越来越差，时间成本则越来越大。

企业是企业，政府是政府，职能不同，管理的方式也迥异。若把政府的一套拿去用于企业，显然会越来越复杂化。企业是以追求利润最大化为主要目的，政府是以服务最完善为目的。目的不同，所采取的管理手段和方法也不同。同样是企业，民企和国企的管理模式也有很大差别。民营企业管理的活力来自简洁明了，灵活适用，非常实用，最讲效益。时间成本要求小之又小，管理成本要求少之又少，效益追求要求大之又大。这是由民营经济的资本性质和产权结构所决定的。

我们这里所讲的管理去复杂化，有两层意思。其一，机构设置要简洁，宜少不宜多；人员配置宜精不宜粗，兵是精兵，将是强将，忌滥竽充数，宁缺毋滥，使每个部门都成为前线阵地的坚强指挥所，每个管理人员都是攻守兼备的优秀指挥员。其二，提倡一精多专、一专多能，使人力资源配置更有生气和活力。企业的产能和盈利是随市场环境之变化而变化的。在管理体制的总体设计上，就要充分考虑市场变化的因素。有弹性的管理，成本的下降也有空间。如果管理环节多而繁琐，运行成本就会增加，效率也会大打折扣。民营经济经不起这种纠缠不清、"婆婆妈妈"的折腾。国企的某种管理模式不一定是民企的样板，若照猫画虎，活力就会丧失，武装自己解除，哪来盈利能力？

我看过许多全球500强企业人力资源的优化配置。管理人员个个都是一精多专的多面手。一个人既精于这项工作，又能完全适应那项工作。既注重专业性，又强调适应性。这样对于市场环境的变化，企业就有了不断降低运行成本的驾驭能力。所以一味强调专业性而忽视适应性，在特殊环境下会使企业处于被动状态。

综上所述,管理要从复杂中解放出来,就在于:去官僚化、行政化,去文牍主义,去繁而复杂的环节,去多头牵制的"婆婆妈妈",合理机构设置,简化流程,优化人员配置。但至关重要的是,企业文化要发挥积极作用,加强对企业员工价值观、责任心、忠诚度的培育,普及并提升契约意识。

这里举一个简单的例子。中国希望集团的总裁刘永好,十年前去韩国一家面粉厂参观,这是西杰集团下面的一个面粉企业,每天处理小麦的能力是1 500吨,仅雇佣了66名员工,而我们同样的企业一般水平就要到100多人,同样的设备和技术,我们的人力成本非常之高,为什么呢?那个厂长婉转地批评我们,"你们中国人做事不到位"。正是这个"做事不到位"才造成两者差距的悬殊。他又去美国一家饲料企业访问,发现了同样的情况,他们每天生产饲料100吨,只用7个人,我们日产饲料300吨,用了100多人。同韩国、美国的企业相比,我们的效率确实不高。究其原因,不是差在资金、技术和设备上,而是差在员工的素质上。我们历史上没有经历过真正意义上的商品社会,契约精神缺失,因而要有复杂繁琐的程序去制约和监督,这就明显增加了管理的运行成本。所以不要光看我们员工的薪水比人家低,我们做事的效率也比人家低。每个都低那么一点,体现在整个企业上,那就是一个非常大的差距。而这种差距也不是短时间所能解决的,随着市场经济的不断成熟、企业运作经验的不断积累、企业文化的不断提升,相信会逐步缩小差距。只有员工责任意识的觉醒、企业契约精神的培育,做事才能到位,效率才能提高,工资才会增长。有些员工老抱怨企业工资低,可你是否想一想,自己的工作效率有多高?"中国人做事不到位",这位韩国厂长的话,很值得我们深思。

企业管理何谓"简单"?"简"和"繁"是个相对的概念,简之相加为繁,繁之相减为简,在别人看来是"繁",而你可能以为是"简"。因为各企业的规模、产品、流程都不尽相同,企业文化也各异。甲企业的管理之"简"拿到乙企业可能不适合;同样,乙企业的管理之"简"拿到甲企业也不适应,没有一个统一的标准去衡量。但只要是做到路径最便捷,道路最畅达,效率事半功倍,就是"简"了。

管理是门大学问,要真正做到管理的简约、有用、高效更为不易。仅靠读几本书,听几堂课,做几次咨询是断然不解决问题的,一定要在实践中去大胆探索,变革创新,并综合分析比较,方可知什么是管理之"简"与"繁"。去别的企业取经,也只能作为有益的参考。

这里需要特别指出的是,管理之"简",绝非是马虎和粗糙的代名词,更不是排斥精细化,而是突出重点之"简"、有用高效之"简"。犹如写文章一样,重点要"泼墨如云",枝节要"惜墨如金"。所谓管理之重,指的是设计、研发,营销网络,财务审计,人力资源以及企业文化等。就是这些也有重中之重,也有主次之别,并非眉毛胡子一把抓。

成功在于简约,失败在于复杂,这是众多企业家的共识。管理越是"简单",管理者越是不简单,不简单的管理头脑产生"简单"的管理模式。犹如解一道复杂的数学题,聪明的人总想着如何用最便捷的解题过程和方法去精确计算出它的结果,而愚钝的人总把它想得很繁琐、很复杂,不知要绕多少弯,兜多少圈,才大致计算出结果,其精确度还不是十分理想。两者相比较,效率简直无法比。

企业管理自始至终坚守"简"的设计者,是管理高手;企业管理由"复杂"变为"简单"者,不仅是高手,更是敢于探索、实践的改革者。

企业管理由"繁"至"简",需要智慧、胆识和决心。举个例子,大家知道菲亚特汽车公司是意大利最大的汽车制造商,也是全球最大的汽车公司之一。当管理层意识和觉察企业管理复杂时,断然下手,接连开了两个由管理人员参加的会议。第一个会,总裁只说了很简洁的一段话:"各位,近年来我们公司每况愈下,似乎要从世界汽车生产商的序列中消失了。对此,我作为一名老菲亚特人,深感痛心!今天请大家思考一下,我们的问题究竟在哪里?"说完后就宣布散会。他此次开会的目的只有一个,那就是要激励公司高层人员的斗志,为他下一步行动计划做好铺垫。几天后,又召开了第二次全体会议,这次他没有马上宣布散会,而是抡起了他的"三板斧"。"我们要大幅度地进行机构调整,请大家要有足够的心理准备和承受能力。为什么要这样做呢?大家应该发现,菲亚特汽车公司机构重叠严重,从而导致企业效率低下,已经到了非改不可的地步了,否则,我们就只能坐以待毙了……"

菲亚特为弃企业管理之复杂,拾企业管理之简单,大刀阔斧改革,从而重新焕发活力,这为我们的企业删繁就简提供了一个可资借鉴的范例。

记得美国通用电气前董事长杰克·韦尔奇曾对管理的"简单"和"复杂"的理解,给出了一个非常精辟的结论。他说:

"管理就是把复杂的问题简单化,把混乱的事情规范化。"这两个"化"对管理之义作了最正确的诠释。他针对管理层次繁多的现象,尖锐指出:"多一个管理层级,就多一层麻烦。现在,我们就要彻底消除那些没有意义的管理层级,根除所有的官僚主义,让我们的企业更加高效地运转。"

  这位管理大师已对本文的宗旨进行了高度概括。当企业盈利较好时,复杂的管理体系所消耗的能量还能承受,但当市场环境变化、盈利水平下降时,亏损便开始显现了。企业要立足两方面:一要着眼现实;二要面向未来。就此而言,企业管理的简化和高效,便是方向性的选择。明白了这个道理后,接下来是"一个行动胜过一打纲领"的问题了,企业界的朋友们,不知你们想过这个问题没有?

管理者的最高智慧：自我"解剖"

"解剖"是医学上的术语，这里借用这个术语，比较形象地说明直面人性弱点、无情批判自己的必要性和深刻性。作为一个高层管理者，如果没有勇气去正视并改正自己的缺点和错误，无情地"解剖"自己，那么他也就失去了"解剖"别人的资格和能力，也就失去了管理的"权威"。管理的"权威"，并非仅来自上司的"尚方宝剑"，更是来自管理者自身的知识、道德、悟性的沉淀，以及管理经验的积累。这是一个长期探索、实践并不断总结经验教训的过程。而在这个过程中的最高智慧体现，是无情的自我"解剖"。管理者只有首先管好自己，方有资格和能力去管理别人。

俗话说"金无足赤，人无完人"。人性中的许多弱点，工作中的许多无奈和失误，不会因你是管理者而不复存在。由于管理事务的繁重，种种无法预测的变化，有可能众多的弱点和无能会表现得更加充分。一个优秀的管理者，一定是一个对自己思想行为时刻反思、对自己弱点和错误毫不留情的人，犹如一双明亮的眼眸里容不得半点尘埃一样。如果一个管理者只停留在指点别人的层面，总以为自己正确无误，那他就不是一个合格的管理者，管理效果也不会很好。他的糟糕之处就在于自命不凡、目空一切、高高在上、忘乎所以，似乎天塌下来，他有能力去顶似的。如果带着这种愚笨的想法去管理企业,十个中有十个是失败的。虽然会因某种偶然因素而一时"辉煌",但谢幕会很快到来,终究还是昙花一现。

管理者的自我"解剖"精神,笔者以为主要表现为五个方面。

其一,敢于直面企业发展战略制订和实施上的不足和缺陷。

企业战略是企业在发展进程中较长一个时期的行动纲领,并随经济环境变化适时作出调整。就像一艘航船在船长的导航下,始终沿着预定的航向乘风破浪驶向胜利的彼岸。正确的战略,基于对未来经济跌宕起伏的把握,对自己产业前景在这个充满变数的经济大潮中的定位,从而采取正确的策略,该做什么,不该做什么。正如芬兰诺基亚公司的董事长奥利拉所言:"具有超前的意识,预测未来的需求,是未来取得成功非常重要的因素。"

我们在制订企业发展战略时,或囿于思想认识的局限,或因于经济形势变化的迷惑,或受阻于分析判断的疏漏,极有可能会对战略制订的正确性带来影响。经济繁荣时期的战略与经济衰退时期的战略,经济由盛而衰的战略与经济由衰转盛的战略,都是各不相同的。但这都不影响我们制订正确的战略。为什么那些百年长存不衰的"不死鸟"企业,始终保持旺盛的活力,就在于在每个不同的经济时期,制订和实施了正确的战略。

值得我们思考的是,我们过去在发展战略的制订上,有哪些是对的,有哪些是错的,还有哪些是重大的判断失误。要来一个总结,要有一番认真的自我解剖。任何事物都不可能十全十美,战略制订也不例外。我们会发现,两个在规模、产品结构、经营方式等方面十分相似的企业,一个经过几年的努力,远远跑到前面去了,而另一个却仍徘徊不前,这就是战略差异的结果。

正确的战略,就是给了你一张比较清晰的并富有想象力的发展蓝图,分步实施便是一个接一个的攻坚战。它需要坚持不懈的承诺和投入,需要义无反顾的献身精神。

也许你制订的战略是正确的,但实施却是失败的,终究这张美好的蓝图只能欣赏而已。导致实施失败的原因很多,或受阻于你意志的动摇,或流产于你心态的浮躁,或失算于急功近利的"短视症"。凡此种种,都值得我们去深刻反思和自我解剖。

即使是实施很成功,也难免会有疏漏之处,同样有必要在总结经验的同时,吸取其教训,以使以后的路走得更稳健些。

这里还必须强调战略决策中的文化因素。文化始终是企业发展战略的极重要组成部分。战略的实施靠的是什么？主要是靠全体员工的高度认同和创造性的参与。没有广大员工的积极参与,战略实施就成了无源之水、无本之木。"企业战略即决策中最艰难的部分是企业变革所要求的文化变革,改变公司员工已经习惯了的自给自足和不受外界影响的思想状态和性格特点,教会他们适应竞争和经济压力",这是全球500强企业美国IBM公司董事长对文化在战略决策中作用的阐述。因此,战略的实施必须与员工的价值理念、行为习惯相适应。而教会他们适应,是一项艰巨的工作。管理者应在"教会他们适应"的问题上,下足过去没有下足的功夫,记取过去没有记取的经验教训。

其二,敢于正视和检讨自己企业在用人问题上的某些失误。

人才对于企业发展的重要性,毋庸多言,所谓"成也萧何,败也萧何"。由于人们对人才观的认识差异,引进、选拔、培养、使用也各不相同。"德才兼备"是大家公认的人才标准,可是落实到某一人才上,究竟"德"在何处,"才"在哪里,三分是德、七分是才,还是三分是才、七分是德,或者各占一半,均没有量化标准,各人对其的评判也大有差异,这在人才问题上难免就有失误之处。所谓伯乐相马,慧眼识人才,大都具有理想色彩。

在人才问题上产生困惑,是常有的事。例如,你花费很多精力引进一个名牌大学的本科生,可在实际工作中能力平平;又如,你倾其所有挖到别家企业的一个人才,可到你那儿却成了庸才;还再如,离开你企业的那个被你称为庸才的,到了别的企业却成了个杰出人才等等。所以,企业在人才问题上做对百分之八十,已经是非常了不起了。有的企业之所以业绩上不去,甚至遭到重大损失,正是在用才问题上出现了重大的失误。

回顾企业的实践,我们有必要进行认真的总结。哪些做对了,哪些做错了,哪些不够完善,哪些十分欠缺;哪些是由对人才观的片面认识所造成的,哪些是由企业的人才环境不佳而造成的。对人才问题上做对了的事情当然应该总结,但对做错了的事情更应深刻反思。

由于人们对人才观的理解差异,所以选择的人才路径也不尽相同，对于人才的偏好也难免不尽一致。

华为的任正非最注重人才的素质、潜能、品格、学历，其次才是经验。华为认为，对人的选拔，"德"非常重要，从中层到高层的提拔，品德是第一位的；从基层到中层的提拔，才能是第一位的。选拔人的标准是有变化的，在选拔人才中重视长远战略性建设。在人才的使用上，凡进入华为公司一周以后，博士、硕士、学士，以及之前取得的地位均消失，一切凭实际才干定位。

华为的实践充分说明：人才只有在实践的熔炉中才能检验和成长。这与海尔的"伯乐不相马""是好马拿出来遛遛"的人才原则如出一辙。

美国通用电气前董事长杰克·韦尔奇对优秀人才的评判是："什么是甲级人才呢？对领导者而言，甲级人才就是对未来的发展能够构造出一幅美好的蓝图，而且能够将这幅蓝图清楚地向团队阐述的人，这种阐述必须非常详尽有力，直到它成为所有团队成员的奋斗目标为止。"这是从战略的眼光去评判优秀人才。它强调三个重要元素：第一，要有构造未来发展美好蓝图的战略定位；第二，要有实施这幅美好蓝图所应具有的周密、详尽、有力的实施部署；第三，这幅未来发展的美好蓝图要成为整个团队的价值观和目标追求。可见，这位全球顶级的管理大师特别看重企业未来发展的优秀人才。

美国戴尔公司十分强调经验与智慧的均衡发展和创新能力，同时也体现出对人才的极大包容性和宽大胸怀。迈克·戴尔说："我们希望找到经验与智慧均衡发展的人，在创新的过程中不怕犯错的人，以及视变化为常态并且热衷于从不同角度看待问题和情况,进而提出极具新意的解决办法的人。"

美国 IBM 公司总裁小托马斯·沃森则偏重于讲真话,而不是言听计从、唯唯诺诺的人。"最容易使人上当受骗的是言听计从、唯唯诺诺的人。我宁愿用那种脾气不好但敢于讲真话的人。作为领导者,你身边这样的人越多,办成的事也越多。"他如是说。

所以,对人才观的理解各有千秋,但我们的主要任务是认真总结自己在用人问题上的经验和教训,这样你才会在实践中真正深刻领悟什么是正确的人才观。

其三,敢于认识和纠正企业执行制度上的"人治"现象。

企业制度是用来规范企业行为,使之优化资源配置、保证流程畅通、提高效益的一系列规定和准则,具有严肃性和权威性。无论是企业领导还是普通员工,无一例外都应严格遵守。

但实际上,制订制度是一回事,执行制度又是一回事。这是一个问题的两个方面。虽然制度是自己制订的,但自己执行起来恐怕也不会十全十美。有人戏言,执行百分之八十已经相当不错了。可见我们有些企业在执行制度上的随意性有多大。这就严重制约现代企业治理制度的建立。可以这么说,现代工业文明制度对我们来说还是个稀缺资源,毕竟西方的工业文明路程走了三百多年,我们才几十年。但有一点是可以肯定的:如果对制度采取漠视的态度,企业是注定做不强,也做不久的。

我们每个企业想必都有做强、做大、做久的强烈愿望。正是缘于这个愿望,我们才有必要认真回顾一下以前我们执行制度的状况,哪些是切实执行了,并取得显著效果,哪些基本上执行,哪些形同虚设,根本没有执行。要多问几个"为什么",要有"打破沙锅问到底"的精神,追究制度执行不力的原因,这也许会给你带来意想不到的效果。

制度本身是不会产生效益的,只有认真地执行才能显出它的威力。如果把它当作"花瓶",用来装点门面的话,那就失去了制度存在的意义;如果执行得不彻底,甚至虎头蛇尾,那就丧失了制度的权威性,也失去了群众对制度的信心。

如果一个老板把制度看作是自己手中的玩物或膝下的奴隶,那不如没有制度。但现代公司治理需要执行力很强的制度。

因此,我们有一千个、一万个理由对我们过去在执行制度方面的情况来一个盘点,就像盘点我们的资产时那么认真、细致、踏实。这样,我们会在执行制度上发现很多"人治"现象,这对今后严格执行制度大有裨益。千万不要把它当作一件痛苦的事情,我们应该把做企业比作描绘一幅最新最美的图画,其间,勾勒的线条和调和的色彩难免要不时地进行调整,以使这张图画更新更美。要把它当作一件充满无穷乐趣的事去做,做企业如果有这种心态,就不愁不会成功。

其四,敢于战胜和征服人性中的弱点。

人们做事情、办事业,有的很成功,有的比较成功,有的则很糟糕,但过了一段时间,成功者有可能倒下失败,失败者有可能转败为胜,个中原因可以说一千、道一万,错综复杂,但其中一个重要的因素不知你注意了没有,那便是人性中的优劣因素在多种条件下的作用。

毋庸置疑,人性中有积极的一面,如顽强拼搏、坚守正义、勤勉好学、谦虚谨慎、乐善好施等等;但也有消极的一面,如投机取巧、见风使舵、贪婪成性、骄傲自大、爱财如命等等。

我们办企业,在某种意义上说,是一次又一次在人性的舞台上表演亮相。可以这样说,企业前进的每一步,都是不断挑战人性弱点的心路历程;同理,企业步履艰难甚至倒退,便是人性弱点的集中放大。

我们不妨回首一下,当企业经营顺利、利润水平大增时,你是否有过骄傲自满的情绪,是否有过自以为本领大得不得了的心态,是否有过不尊重人家,听不得半点意见的感觉;而当企业经营困难、盈利水平大减时,是否有过垂头丧气、怨天尤人的情绪,是否有过自卑的心态和"病急乱投医"的浮躁;当一场突如其来的变故打乱你企业经营秩序时,你是否有过惊慌失措的恐惧,是否有过泄气沮丧的心态。我想作为一个企业的当家人,或多或少都会遇到过诸如此类的情况。这就是人性弱点对你的严峻考验,战胜并经受住考验,就会使你的企业变得更为成熟,使你个人变得更加聪慧。企业发展得越快,途中经历的事情就越多,磨炼的机会也越多,智慧的积累也越丰厚。

综上所述,敢于战胜和征服人性中的弱点,是企业当家人将自己的企业不断向前推进,并使自己的性格不断完善的必由之路。人类从必然王国走向自然王国的历程,就是持续地征服人性弱点的心路历程。

在某种意义上,对于自身性格的修炼,你强人家一步,机会就多人家十倍,你可相信?

其五,敢于在习惯势力面前,坚守自己的信仰。

"千百万人的习惯势力是最可怕的势力。"有一位伟人这样说。可见,习惯势力对进步的破坏能量有多大。它可以阻碍你前进的方向,摧毁你坚定的意志。但是,不要怕习惯势力,实践是检验真理的唯一标准,要敢于在实践中挑战习惯势力,去创造新的天地。这样,习惯势力便成了一只纸老虎。如果你惧怕它,它便成了一只真老虎,威吓你,甚至把你吃掉。

联想当时我搞电梯的经历,深有体会。在搞了数年电梯配件以后,茅塞顿开,梦想萦绕,想搞整机。因为一个电梯企业如果没有整机上马,就不是一个完整的电梯产业链。可当时的习惯势力是,整机这玩意儿有风险,那是洋人们玩的东西,科技力量也不具备,资金投入也大。总之,很多困难横在你面前。思前想后,勇敢冲破习惯势力的干扰,加大投入,引进人才,胆大心细、勤奋务实,终于第一台大高度扶梯诞生,安装在距深圳一步之遥的广东石龙火车站。据说,现在这台大高度扶梯在维保工人的辛勤努力下,运行正常,为南来北往的乘客提供安全、舒适、快捷的服务。要是当时受制于习惯势力的束缚,强调这也难,那也难,仅仅满足于零部件(那时我们的零部件也已经做得相当不错,很有品牌了),那就不会有今天的"康力电梯"。

事物总是在变化中前进的,企业也是在变化中发展的;因袭的习惯势力也会变着法儿干扰你前进的脚步。这时,需要我们拥有一份信仰,以超越和创新的精神去战胜各种习惯势力的干扰,去开拓真正属于自己未来的新天地。

综上所述,管理者的最高智慧体现在以上五个方面的自我解剖。人们总是在不断改造客观世界的同时,改造自己的主观世界,并在两个"改造"中不断修炼自己的人性,完善和提升自身的价值,将自己的企业不断推向新的高度。

下篇

放飞梦想 任重道远

坚守价值观,才能走向未来

生命之存在意义,在乎对生命价值的执著追求。自由、公正、幸福、尊重、成就感构成了生命价值的全部内涵。同理,企业的生存与发展,是企业家对拥有的一份信念和理想,生生息息的依偎和追求。企业家之所以成为企业家,是胸中始终燃烧着信念的炽烈火焰,使自己成为工作的"偏执狂",可谓是"衣带渐宽终不悔,为伊消得人憔悴"。

企业的价值观是企业在长期修炼、磨合中形成的,是企业家信念、理想、责任、道德和文化的高度融合,并通过企业文化的作用,成为全体员工共同认可并不懈追求的行动指南和纲领。

企业价值观,是一个企业的灵魂所在、创新源泉,并决定企业的未来走向。

企业价值观决定企业的高度和深度。企业家具有什么样的价值观,就有什么样的企业。只有优秀的价值观,才能引领企业劈波斩浪、奋勇向前,驶向成功的彼岸,最后使你领略"一览众山小"的豪情。

价值观本身并不直接产生利润,但它会使你找到最好的管理模式、最佳的资源优化配置,使你具备别人无法复制的竞争优势,并成为某个产业领域的"领跑者"。从这个意义上说,企业价值观也是企业的"第一生产力"。世界经济充满变数,风平浪静、一帆风顺是幼稚的奢望,社会经济的跌宕起伏才是它的原生态,人类社会总是在充满变数中曲折前行。尽管社会经济的不确定性将长期存在,但企业的价值观不能在"风雨飘摇"的动荡中有丝毫的动摇。价值观这棵"常青树"要永远保持枝繁叶茂,勃勃生机,充满旺盛的生命力。

企业的持续成长和成功,是在企业价值观的引领下取得的。离开了价值观,奢谈企业的成长,是缺乏精神支撑的,而一个没有信念支撑的企业,就不会走向成功。因一些偶然的因素,可能会"腾达"于一时,却不会走向永恒。世界企业发展的历史证明了这一点。

什么是成功的企业?用华为老总任正非的观点来说,就是那些历经全球经济的衰退、金融危机严峻考验仍然巍然屹立的"不死鸟"。我们绝大多数看似发展迅猛的企业,只能算是在成长,而算不上成功。

纵观世界500强中的那些长寿企业,它们之所以能够雄视全球,经受住全球经济衰退危机的严峻考验,是因为它们在价值观的引领下,知道用什么样的本领去挑战危机,懂得以怎样的方法安全躲进"掩体",以防因"流弹"的袭击而无谓牺牲。它们不是天兵神将,也不是超然之物;它们究竟握有什么样的"倚天剑",而能战胜"乌云"和"妖魔"呢?一言以蔽之,价值观使然。

为说明企业价值观在企业持续成长、铸就百年老店中的独特地位和统率作用,请允许我以西方工业巨头为例来说明。因为它们的工业文明起步早、时间久、历程长,价值观较成熟。

第一家是 IBM(国际商用机器公司),1911 年创立于美国,距今已有超过 100 年历史。IBM 是全球软件业的商业巨无霸,整合全球五大软件品牌,在各方面都是软件界的领跑者。2008 年以来,尽管受到全球金融危机的严重威胁,但 IBM 的收益依然保持稳步上升,2008 年实现营业收入 1 036 亿美元,实现营收创纪录。作为企业界的"常青树",IBM 为何能在金融危机的大潮中一如既往稳步向前,并在其百年历史进程中,长盛不衰,受人尊重?究其原因,他们一直坚持遵守"沃森哲学"。该哲学思想就是他们的价值观。

早在 1914 年创办 IBM 公司时,老沃森就高瞻远瞩地为公司制定了价值定向和行为准则。公司的优秀价值观和行为准则,对公司的成功所贡献的力量要比技术革新、销售技巧或庞大财力所贡献的力量更大。正是他们秉承"成就客户、创新为要、诚信负责"的核心价值观,使他们实现了一系列雄心勃勃的计划,从而成为全球软件业的领军企业之一。小汤姆·沃森说了以下一段话,道出了企业价值观的无穷魅力:"任何企业,为了生存和成功,必须有一个健全的信念,并将其作为所有决策和行动的前提。接下来,企业成功的最重要因素是忠实地遵守这些信念。"从沃森的角度来看,一个公司的特质往往在于其信念,这就能够创造出独特的管理和运营模式。坚持这样的核心,就等于确保了企业成长基因。所以,只有坚守价值观,才能实现资源和利润的优化,才能走向未来,使企业具有鲜明的文化基因。

第二家是丰田汽车,创立于 1933 年,诞生于日本,距今有 79 年历史。丰田是全球排行第一位的汽车生产厂商。其旗下品牌主要包括雷克萨斯、丰田等系列高低端车型等。丰田的产品范围还涉及钢铁、机床、农药、电子、纺织机械、纤维织品、家庭日用品、化工、建筑机械及建筑业等。

丰田自 1933 年创建以来,经历了中东战争的爆发、石油危机、经济衰退及近年来的金融危机的重重考验,在全球经济陷入严重衰退、通货膨胀甚嚣尘上之时,丰田将新的起点瞄准在资源的有限性上,有力地开展了节省资源、节约能源、降低成本的运动。丰田始终坚信汽车绝不是什么"奢侈品",是社会真正的必需品,由此丰田便主动出击,选择热点开始由大型车转向节省燃油的小型车,并与美国通用汽车公司合作,不仅占领了全美汽车市场,并且雄霸全球。而今,丰田已经发展成为拥有数个车系、数十个车型和车款的庞大家族。它所涵盖的车型从最低端的民用经济小汽车,一直到最高端的豪华轿车。不管在世界上哪个地方制造的丰田汽车,都会尽力做到全球统一的丰田高质量品质,这也是为何丰田能在全球获得成功的一个重要原因。今天,丰田已经在利润上超过全球第二和第三位汽车公司的总和了。

丰田之所以成为今天的丰田,根本的一条也是在于忠实地施行自己的价值观念。在丰田的价值观里,"向前,永远向前"是一以贯之的。丰田的创始人丰田英二说了这样一句极为深刻的话:"把过去忘个干净,大步迈向未来。企业和人一样,不敢向前的时候,就象征着一切都结束了。"而正是这个"大步迈向未来"的价值取向,引领丰田从成功走向新的成功。

丰田价值理念中的另一点也极为可贵,即特别强调员工的素质训练,有计划分阶段地实施主业教育,把员工培养成为具有独立工作本领的人。要论企业员工独立工作的能力,丰田堪称全球数一数二。可以这样说,丰田的每位员工都有应对风险的能力,这是十分难能可贵的。

第三家是西门子股份公司,创立于1847年,诞生于德国,距今165年历史。西门子是世界上最大的机电类公司之一,全球拥有大约461 000名雇员,据2005年财报,实现销售额75 445亿欧元,净收入30.58亿欧元,其中80%的销售来自境外。业务遍布全球190多个国家,在全球拥有大约600家工厂、研发中心和销售办事处。公司业务主要集中于六大领域:仪表和通信、自动化和控制、电力、交通、医疗系统和照明。

面对全球金融危机的形势,西门子CEO彼德·罗旭德称:当前的经济滑坡是"我们这一代从来没有见过的",并认为这将使"强大的公司更加强大,弱小的公司更加弱小"。"强大"、"弱小"的决定因素是价值观。高瞻远瞩的价值观,会帮助你洞察市场变化的规律,把握市场的总体趋向和未来走势,给予你灵活机动地应对风险和危机的智慧和能力。所谓"强者恒强",正是从这个意义上去诠释的。正如笔者标题所示,坚守价值观,才能走向未来。

第四家是宝洁公司,创立于1837年,诞生于美国,至今有175年历史。宝洁公司是全球最大的日用消费品公司之一。全球雇员近10万,在全球80多个国家设有工厂及分公司,经营的300多个品牌的产品销售分布160多个国家和地区,产品包括织物、家居护理、美发美容、婴儿及家庭护理、健康护理、食品及饮料等。

因为是日用消费品,故宝洁公司采取了多品牌战略,满足多个层次消费者的需求,以提高市场的占有率。仅洗发水就推出了"飘柔"、"海飞丝"、"潘婷"、"伊卡璐"、"润妍"、"沙宣"等众多知名品牌,每个品牌都有各自的定位和特性。仍拿洗发水品牌来说,"飘柔"强调的是发质的柔顺;"海飞丝"专注于去屑;"潘婷"突出的是对秀发的护理和滋养;"伊卡璐"着重于草本配方及天然清香;"沙宣"走的是专业路线。其他品牌的日用品也如此。这样,使顾客不论从哪一个角度出发,都会购买到宝洁的产品。差异化多品牌的市场营销,使宝洁始终立于日用消费的王牌地位。

宝洁的价值观就是做全球最好的日用消费品,以多品牌、差异化及品牌延伸来实现其价值目标。

宝洁公司在1837年成立之初,只是一家很小的很不起眼的企业;在价值观的正确定位和多品牌、差异化战略的指引和推动下,通过自身不断发展、兼并、创新,才成就今天的宝洁——全球日用消费市场的一棵永不凋谢的常青树。

为何选这四家企业?因为它们始终保持高增长,远超同行。尽管世界经济遭受金融危机的重创,面临经济衰退的折磨,这四家企业却依然表现卓越。强烈的企业宗旨和价值观,使它们走出"独立行情"。

我国现代工业文明起步较晚,这是历史留给我们的遗憾。那时即使有一点工业文明萌芽,在封建专制的桎梏下也很快被扼杀而夭折。晚清时期,一些有识之士虽有振兴经济、走现代工业之路的远大志向,创办过一批企业,但大多是官办或官督商办,算不上现代意义上的工业企业。至于现今尚存的那些众多中华老字号,大多是量小力薄的作坊,在经济总量上微不足道,称不上是有分量的百年企业。如果要写上一笔的话,那要算是同仁堂了。同仁堂的存在与发展固然有许多因素,但其中的价值观,是起主导作用的。同仁堂以"普世救人"为宗旨,"方正、药正、心更正",成就了这家百年老店。这是中华文化的骄傲,也是中国民族经济的奇葩。

今天,我国民营经济发展迅猛,实力大增,经济总量不可小视,创新能力提升明显,并不断涌现出众多实力超群、出类拔萃的龙头企业。它们在各自的产业领域雄心勃勃,将成为民族工业的中流砥柱。可以相信,中华民族现代工业文明的百年老店有望在它们中间诞生。勤劳、刻苦、具有创造性智慧的中华民族,在未来的工业文明进程中必将起到重要作用,并在众多产业领域雄视全球。

价值观是企业的旗帜和纲领、坚守的力量、成长的呵护者。各个企业的价值观各异,但异中有同,其共性是客观存在的。现就其共性提出五个价值体系的内容,以求教于各位同仁。

第一,诚信的价值观。诚信是企业价值观中最重要的一点。诚信和信任是我们所珍视的价值核心,这不仅意味着要遵守法律,更要遵循法律的精神。在公司内部,诚信建立起来的信任极为重要。只有这样,才能极大地激发员工们的积极性和创造性。

社会经济转型时期,变化如影相随,我们的一些价值会有所改变。但是,有一个价值观绝不能改变,那就是坚持诚信。美国通用电气公司前 CEO 韦尔奇真诚地告诫我们:"绝对不要有任何人对你在'诚信'方面有丝毫疑问。"一语道出了这位世界顶级管理大师对诚信的珍视。

第二，积极应对变化的价值观。全球社会经济无时无刻不在变化。当今的世界经济态势表明,变化往往会超出我们的想象。面对变化带来的各种负面冲击要作好各种应对准备,更要想到变化会带来机会而不是危机,不要彻夜不眠地担心变化,视变化为洪水猛兽,而要充分利用变化,调整好我们的思想和企业组织,视变化为一次极好的市场洗礼和修炼内功的良机。把握变化、适应变化、挑战变化,应该成为企业价值观中的创新动能。

第三,永远忠实于客户和股东的价值观。"客户是上帝",这句话永远是对的,体现了对客户的充分尊重。我们要努力使自己成为一个真正以客户为中心的领导者,永远忠实于客户的理念要融入我们每一位管理者的血脉之中。有了这种理念,我们在为客户提供服务时,就会有最优良的服务态度,就会产生最完善的服务客户的制度体系,就会不断改进我们的工作。即使遇到问题,也会找到最妥善的解决方案。海尔的"真诚到永远"应该成为我们的座右铭。

永远忠实于股东,这是股份公司的神圣职责和使命。投资者以信任的态度把钱投给企业,企业就要用好这笔钱,努力确保其保值、增值,切实维护投资者的权益。那种业绩"一年优、二年平、三年亏",两眼只盯着"圈线"的企业行为,应视作对股东利益的最大背叛,是公司的极大耻辱。

要在思想上真正确立投资者才是企业主人的理念。真正的现代企业,只对投资者负责,现代企业的真正作用是一种为投资者获取回报的载体。只有充分利用资本市场的严谨规范经营,专注于为股东带来最大的回报,才是现代企业的价值所在。

第四，永远保持技术领先、他人无法复制的价值观。技术创新是增长的引擎。"人无我有，人有我优"，是技术创新的原则。同质竞争的出路是差异化。差异化的技术优势永远是企业的价值所在。营造这种优势的基础是要建立自己的研发团队，为企业的产品质量提供坚强的领先技术支持，并快速对市场需求作出反应，以使企业的产品在当前和未来确保在技术竞争中获胜。韦尔奇始终强调，如果一家公司没有技术，不管是知识方面还是产品方面的技术，那么它就不可能成为一家价值型公司。要永远坚持这样一种理念：我们永远是销售高科技产品的公司。

要保持技术领先，使他人无法复制，确实不是一件容易的事，但你要创造一流公司，打造"长寿"企业，必须这样做。这一道坎是必须要逾越的。时间上可以等待，观念上必须坚持，行动上既要稳步推进，更要"只争朝夕"。世界已经到了信息技术时代，慢半拍就会陷于被动，从这个意义上说，所有的企业都面临着"落后挨打"的态势，肩负着重新整装待发的使命，新的技术、新的工艺、新的流程必然在新的理念指导下产生。

第五，尊重和善用人才的价值观。人才是企业最可宝贵的财富，是任何物质财富都不能与之比拟的。那些强大的企业背后，都由一个优秀的人才团队在支撑，为这个企业提供源源不断的成长动力。可以这样说，企业命运的决定权就握在人才手里。试想，通用电气如果没有杰克·韦尔奇这样的奇才，会成为今天如此强大的公司吗？同样，苹果如果没有乔布斯，会像今天这样雄视全球吗？记得世界级管理大师、全美"钢铁大王"卡内基说过这样一句话:"如果有一天一把大火把我的厂房、设备、材料全部烧毁,但只要保住我的全班人马,几年以后,我仍将是一个钢铁大王。"

卡内基这样说的底气何在?答案不言而喻——人才。比尔·盖茨也说了类似的话,他说:"如果把我们顶尖的20人挖走,那么我告诉你微软会变成一家无足轻重的公司。"所以,在任何时候、任何情况下,企业都要把发现人才、培养人才、使用人才放在首位;毫不动摇、坚定不移地把人才建设放在突出的地位。如果说科学技术是第一生产力,那么人才便是生产力中的生产力。有了这样的人才价值观,你还会生怕企业做不大做不强吗?而如果你在人才观问题上认识模糊、行动迟缓,那将会犯方向性的错误。

综上所述,企业价值观的五个系统,是企业必须孜孜以求的目标和主攻方向。只有牵住这个"牛鼻子",才会使你的企业不断跨向新的高度、铸造新的辉煌,才有可能保持永续成长,并成为长寿企业。

价值观不是与生俱来的,是在企业的长期实践中磨合而成的,是在不断认知、不断接受新事物的过程中逐步提升的。在刚开始创办企业的时候,对此可能还很模糊和幼稚,可能根本不了解现代企业为何物,而随着认识和实践的不断深入,随着现代工业文明理念的不断传播,随着振兴民族经济愿望的日益强烈,塑造现代企业价值观便成了挥之不去的情结和信念。

现代西方工业文明的历史进程及其所取得的成果,反复证明了一条真理:坚守价值观,才能走向未来。反之,若企业价值观丧失,企业的所有资源也将随之流失,犹如一个人没有了灵魂徒有躯壳一样，这便失去了生命的存在意义。

"莫道前程多艰辛，价值行得万里船；征途万里路迢迢，而今迈步从头越。"这就是本文的结语。

市场·法制·规则

　　一切生命体都离不开它生存的"土壤"。企业也是生命体，而且应该是最具活力的社会生命体。这个生命体的孕育、发展、壮大的"土壤"是什么呢？简言之，就是市场的法制和规则。

　　所有"市场"的交易行为都必须有严格的市场边界，明确什么是可以做的，什么是不可以做的；什么是大力提倡的，什么是严令禁止的。这些都须纳入市场法制的框架。市场规则必须做到公正和透明，因为只有公正和透明才能维护市场的健康和有效。所有进入市场的经济体，不管属于何种性质，也不管企业规模的大小，在市场规则面前都是平等的，都是参与市场经济的重要一员，不应存在歧视性的待遇。任何差别化的政策，人为设置的所谓"内部人待遇"和"外部人待遇"，只能给市场带来伤害，扼杀企业的生命活力。

　　市场经济的核心是竞争。如果市场丧失了公正的原则，市场的所有元素必然被严重扭曲，并将导致投机盛行，假冒伪劣泛滥，竞争也就失去了积极的意义。君不见，有一个时期，仿制名牌的伪劣产品沉渣泛起，使消费者蒙受了巨大损失。

　　因此，至关重要的是加强市场的基础性建设，完善市场法制，维护公正。否则，企业的任何努力都将难以奏效。故而政府这个市场"看门人"的角色只能加强，而不能有丝毫的淡化、弱化，更不容被异化。

不可否认，今天的市场比以往已有很大的进步。市场的法制建设正不断加强，公正的市场规则正逐渐引起关注，歧视性的市场霸王条款正在日渐得到清理。但毋庸回避的事实是，仍有许多问题严重存在。最大的问题是市场的垄断性始终操控在少数国有企业手里，很多国有企业并没有完全按照现代公司治理体制进入市场。可以这样说，对市场的垄断，就是对市场公正的肆意破坏。2005年国务院发布的"非公经济36条"，没有很好地得到贯彻执行。本来是除了法律规定不可以进入的领域，非公经济都可以进入，但实际上却设置了重重市场壁垒，使非公经济在众多领域无法进入。还有融资，本应是各类经济主体都享受平等的待遇，而现在却反而"欺贫爱富"了。

所以我们做企业的，最担心的是市场机制的不完善、规则的不公平，特别是对那些带有歧视性、垄断性的市场霸王条款，更心有余悸。笔者始终认为，参与社会主义市场经济的各个经济实体，都是平等的，如果政府把谁当作"亲孙子"，把谁当作"假孙子"，则只能削弱市场经济的活力。"是好马，遛出来看看"，市场的主体要由市场说了算。"好家伙"、"坏家伙"得由市场来评判。你认定的"好家伙"，到了市场有可能是"坏家伙"。从这个意义上说，市场就是检验"好"和"坏"的最好标准。

为社会提供80%就业率的非公企业，改革开放以来达到了前所未有的发展高度，为社会福祉作出了巨大贡献。它们提供了80%的城镇就业岗位，生产总值占全国总产值的60%，上缴税收总数额占全国总税收的 50%；全国 65% 的发明专利和 80% 的新产品都是由中小企业所研发。但近一两年来其发展瓶颈却日益显现，发展处境颇多忧虑。人工涨、汇率涨、原材料价格涨；用工荒、用电荒、资金短缺……严峻的生存状况正向中小企业逼近。"做老板不容易，做中国的民企老板尤不容易"。更多时候，痛苦多于欢笑，逆境多于顺境。可为着心中的一份事业，就是最苦的老板也得"做"下去。

为了千百万民众的安居乐业，为了社会的福祉，怀着对振兴民族经济的一份执著，我想就民营经济的发展，提一些建设性的看法。

首先，国家不仅要在理论上，更要在实践上大力发展、扶植民营经济。就现状而言，要千方百计减轻民企的市场成本，包括减轻各种税费负担，取消人为设置的市场壁垒。近年来，"三涨、二荒、一短缺"已大大挤压了企业的盈利空间。虽然各企业尽量压缩管理成本，但无法抵消企业成本的大幅增加，给企业的持续经营带来极大的压力。

大家知道，"非公经济 36 条"是一个促进民营企业发展的好文件，我们期望它能够得到强有力的贯彻落实。可 7 年快过去了，有关扶植民企发展的条款远远没有落实到位。这使我联想到光有法制、规则、政策还不行，还需要有强大的执行力。倘若有利于市场发展的法制、规则建立了，却不去贯彻执行，或执行得很不彻底，或干脆不予理睬，那么这个市场还是没有希望的。民企的发展便成为一句空话。

最近在学习《朱镕基讲话实录》，其中有"国务院办公厅要为各部门树立好的榜样"一文（第 242 页），内中有这样一段文

字,读来发人深思。现摘抄于下:

"一件明明是非常正确的事情,一年半也办不动,批示了10次之多也贯彻不了,我感到国务院的工作效率实在太差了。就这件事情你问哪一位领导都说正确,可就是不办。为什么?就是有些人凭自己的想法办事,管你总理讲的还是副总理讲的,他都不当一回事,随随便便给你否了或者是给你拖延。这么下去怎么得了!我一想到这件事就非常痛心。如果这样搞下去,5年一晃就过去了,我们给老百姓办不了几件事情。这件事情说明,所有好的思想、好的思路、好的政策都会在官僚主义中被埋葬,这太可悲了。"

我在想"非公经济36条"之所以至今无法落实,会不会与这种官僚主义有关。我再进一步想,这样差的办事效率,期待民营经济大发展岂不是太令人担心。如果肩负起80%以上就业率的民营企业得不到发展,则实在是一件十分可怕的事情。

不久有媒体传出"现在比2008年更艰难"的说法,引起很多人的共鸣,因为现实给人的"感觉"确实如此。高通胀、流动性紧缩、资源能源短缺,这三大趋势将在一定时期内长期存在,这会给企业的发展带来很大的压力。市场法制的完善,规则的公平,政府的扶植,成了民企挑战危机的殷切期待。除此之外,需要企业家保持企业家精神,加强抵御风险的能力,也需要社会更持久的理性。

社会经济结构转型时期,难免带来各种阵痛,我们的企业家要多一份自信,少一份怯弱;多一份冷静,少一份浮躁;多一根"只有自己救自己"的弦,少一些依赖性和侥幸取胜的心理。

有一位经济学家说过这样一句话:从世界工业文明发展的成功史看,成功者属于产权明晰、治理结构优良、创新动力旺盛的民营企业。借此与大家共勉。

完全可以深信,在艰难中发展成长起来的非公经济,一定会在中国崛起的历史进程中,担当起历史的重任。中国政治经济改革也必将把非公经济推上国民经济发展的重要舞台,并上演一幕幕波澜壮阔的大戏。

国产电梯为何不能进入中国名牌目录

　　电梯属装备工业,是城市交通的重要载体,也是城镇建设、安居工程的重要组成部分,事关民生的公共服务产品之一。改革开放30多年来,随着大规模的经济建设和城市化大步推进,我国的电梯业取得了空前的繁荣和发展。截至2010年底,我国电梯产量超过全球总量的50%,并且将以每年20%左右的速度高速增长。尤其是在2009年和2010年,尽管全球由于金融危机的影响经济普遍下滑,我国电梯业却逆势而上,仍保持强劲增长的态势。目前,我国电梯产量、电梯保有量、年增长量均为世界第一。

　　早在改革开放之初,外资电梯企业就嗅觉灵敏地察觉到中国电梯业的广阔市场前景,纷纷蜂拥而入,抢占这块丰盛的"蛋糕"。凭借它们先进的技术、响亮的品牌、雄厚的资金实力,迅速在我国各地布局,给这些外资电梯企业带来实实在在的极其丰厚的利润,可以用赚得"盆满钵溢"来形容。

　　诚然,它们在进入和扩张市场的同时,也为我们带来了先进的技术和管理经验,但更为重要的是,极大地刺激了国内电梯企业的神经,激发和调动了它们的积极性、创造性,由此,民族电梯企业"揭竿而起",其势汹涌,成为中国电梯市场的新生力量,从此改写了由洋名牌一统天下的局面。而今外资、合资、民族品牌竞相争锋,犹如三国鼎立,风起云涌,你争我斗,热闹非凡,真是"风景这边独好"。

三股力量,三个方阵,就现状来说,洋名牌仍占优势,占据了80%的市场份额。但毋庸置疑的是,洋名牌的地盘正在日趋萎缩,光环逐渐淡化。特别是在奥的斯电梯发生几起事故后,国人对洋名牌的迷信开始有所改变,而风华正茂的民族电梯则不断抢占地盘,扩大根据地,燎原之势不可阻挡,本土优势发挥得淋漓尽致。

在我们国内抢占市场,争夺资源,民族电梯自然不甘寂寞,奋起追赶当是民族精神的体现。政府的精心呵护和全力扶持理应成为重要职责。政府为推动市场建设,培育市场经济,实施名牌战略,众多强势产品进入中国名牌行列,连老酒、酱菜、食醋也赫然在目,唯属机械装备工业的电梯没有名门,更使人不解的是连名牌目录也无法进入,争取了这么多年仍杳无音信。在我看来,中国电梯进入中国名牌目录的条件已经成熟。理由有三条。其一,中国电梯市场已经成为全球最大的电梯市场。电梯产量、保有率、年增长率均为世界第一。从需求来看,尽管电梯产量迅猛增长,但远未达到饱和的程度。截至2010年底,我国在用电梯总数达162.8万台,与发达国家相比,仅只有其11%—12%,按世界平均水平,我国电梯新增总量应在300万台左右,这意味着电梯总量还要翻一番。电梯行业至少在20年内会继续保持兴旺态势。这样大的电梯容量,民族电梯占有重要一席,是理所当然之事,中国名牌行列中有中国电梯的身影也是顺理成章的事。其二,这些年,依仗于核心技术和自主创新能力的培育和提升,以康力、博林特、东南、江南嘉捷、申龙为代表的中国本土电梯企业,开始突破外资品牌的重重包围,企业的生产条件和产品质量已经与外资企业趋同,大量产品已进入机场、铁路、地铁、大型超市、五星级酒店和高档别墅区等,更为可喜的是在国际市场上屡屡中标,这充分展示了中国本土电梯的后发优势和产品的不断优化。从这个意义上说,中国的民族电梯已不再是一个无足轻重的"小弟弟"了,而是正处于风华正茂的旺盛成长期。显然,在中国名牌中理应有本土电梯的地位。还须明白,在洋品牌抢滩中国市场的背后,中国的本土电梯企业为其作出了巨大的贡献。组成一台电梯的上百种部件、零件,它们的制造和供应商全是中国的本土企业,并且许多制造技术也全是我们中国的,如电梯主要部件的曳引机、安全钳、主板(电脑板)、扶梯的梯级,无一不是我们国产的。拼凑+组装+一块洋气十足的牌子,便是洋品牌的全部身家。同时,电梯是特殊的工程服务型产品,正是有了我们中国人辛勤地、负责任地安装、维护,这才得以正常运行。就这个意义上说,中国本土的电梯企业,连名牌目录上都空缺,岂非冤哉枉也。其三,中国的本土电梯工业在技术装备上已迈出了坚实而可喜的一步,完全凭自己的实力、技术装备、研发能力,并怀着一股为中国制造业创新的激情,奉献出全部的智慧和创造力,完成了世界一流水平的现代化工厂建设;组建了产学研结合的研发中心,广泛运用现代计算机技术和电子技术、变频变压调速和串行通信技术、永磁同步拖动技术,它们同样会制造 7m/s 以上的高速电梯。更重要的是它们建立了比洋牌子更快捷、更完善、更人性化的服务体系,就这个意义上说,名牌目录没有任何拒绝的理由。那种认为"洋牌子做得好,中国品牌做不好"的看法和"月亮也是外国的圆"如同一辙,实在是缺乏自信力的表现。如果连民族自信的理念都茫然,那我们中国人的自尊、自信、自强到哪里去了。就这而言,国产电梯列入名牌目录的意义十分重大,体现了一个民族的自尊和自信。

中国是"制造大国",要真正向"制造强国"并进而向"创造强国"跨越,唯有走中国特色的自主创新之路,方能摆脱"受制于人"的困境,也才能真正走向世界,而在这一具有历史性的跨越中,培育和扶植自己的品牌,大树特树自己的民族品牌,是政府和社会的重大使命和神圣职责。因为品牌是民族的、国家的,不只是哪一个企业的,更不是某一地区或某一个人的。中国改革开放的总设计师邓小平高瞻远瞩地指出:"我们应该有自己的拳头产品,创出我们中国自己的品牌,否则就要受人欺负。"

中国的电梯工业,要走中国特色的自主创新道路,同样不能受人欺负。市场已雄辩地证明,中国国产电梯企业的规模和技术优势,均可与洋牌子匹敌。我们完全可以相信,洋牌子的电梯最终会被质量好、价格优、服务完善的国产品牌所取代。改变洋牌子一统天下的局面,还国产电梯以公正、公平的市场环境,这是壮大我们自己力量的必由之路。

民族文化的精粹就包括扶植、培育和发展民族的自主品牌。日本前首相中曾根曾把索尼作为日本的国粹,韩国将三星视为"国之骄子",中国已有了"海尔"、"格力"、"联想"、"燕京"、"好孩子"、"波司登"等一大批世界名牌,这是中国品牌运作史上的光荣和可喜成果。如前所述,国产电梯的制造技术和质量,完全可与洋牌子一比高低,没有任何偏见的人都会认同这一点。创新的时代精神已融入到国产电梯的全部制造和技术研发过程中。若无视它在名牌目录中的存在，不只是对中国制造业创新成果的抹杀，也是对走中国特色的自主创新之路的一种严重误读。

中国的电梯业虽取得了迅速的发展，技术有了长足的进步，但不等于无懈可击，从此可以高枕无忧了。我们既不可妄自菲薄而失去自信力，也不可妄自尊大，以为洋牌子无足轻重，是纸老虎，千万不能这样认为。它们经历了一百多年的工业化历程、市场经济的充分洗礼。优秀的管理经验，先进的技术素养，永远是值得我们好好学习的。

就中国电梯企业的现状而言，还有不少软肋，亟待壮体强身。首先是上规模的企业不多，产业链还不够完备，技术储备和开发创新能力亟待提高，发展很不平衡。中国电梯业要真正走向世界，还有很长的路要走。国家的精心呵护、社会的理解和关心、政策的支持和倾斜，是至关重要的。任何事物的成长都需要辛勤浇灌、精心培育，国产电梯的强大也不例外。当然，我们的电梯企业要争气。不仅是为自己争气，更是为我们这个民族争气。要团结，要联合，要组成自己的联合舰队。兼并、重组、强强联合恐怕是今后市场化的选择。西方工业的巨无霸无不是通过市场化的兼并、重组而壮大的。最后，我们整个社会都要给我们自己的电梯企业多一点阳光的照耀和雨露的滋润。

总之，无论从哪个角度看，中国电梯企业进入名牌目录的理由是充分的、理直气壮的。可以相信，在璀璨如星的中国电梯企业中，必将跳跃出鲜明的旗帜，树起响当当的牌子。让我们期待并努力吧！

做企业要有小学生心态

　　大凡成就大事业者，都把自己看得很平凡，很渺小，总觉得自己做得还很不够，还是一个小学生。即使已经取得了很大的成绩，或在某一领域有了新的突破和建树，也始终虚怀若谷，认为自己只是"万里长征走完第一步"。

　　做企业犹如学生做题目，容易的要做，难的要做，更难的更要做，不然就没有进步，不会有好的成绩。企业管理者天天有做不完的功课，学不完的知识，走不尽的路程。一个企业要发展，你必须学习，你不学习的时候，别人就在学习，在努力赶超你。如此，"你懂得多少已经不是那么重要，重要的是你一直在学习"；"首先不要把学习当成一种奢侈品，要认为学习是非常必要和必需的事情"。世界天天在变化，有时候变到你无法相信的地步，只有坚持不懈地学习，才能适应新情况，挑战新变化。

　　以什么样的心态去学习呢？小学生心态。用一种甘当小学生的态度去学习。你千万不要以为自己水平高，资格老，或是个什么什么样的领导而放松自己的学习，就以为学习是下级的事情，与我无关。如有这种认识，那就大错而特错了。在管理者的队伍中不允许它的存在。这种自以为是的人，其求知的态度是连小学生都不如的。若用他来管理企业，十有八九是要出问题的。随着时代的进步、环境的变化,持这种态度的人今天已不多见。但那种蜻蜓点水、浮光掠影、不求甚解的学习态度和方法,还比较普遍,导致管理粗放,效率不高。你说他不懂,他懂一点;你说他"入门",谈不上,至于"精通",差得远。究其原因,是缺少"小学生"的学习心态。

那么,什么是小学生心态呢?

从认识层面上来说,要深知"学海无涯苦作舟"的道理,知识无止境,技术无止境,管理无止境,创新无止境。对于工业文明历程较短的中国企业来说,更是没有一点资本可以自满和夸耀。用中国平安的老总马明哲的话来说,就是要有一种"归零状态"。每一天都是一个原点,每一次工作都应该从零开始,也就是说,始终保持一种进取的心态,因为每天的太阳都是新的,每天都应以一种崭新的心态去学习新东西。这种崭新的心态就是小学生心态。

取得一点成绩,即使取得很大的成绩,也不要以为自己很了不起,就旁若无人,以为自己是"大学生"、"研究生"、"博士生"了,便趾高气扬、尾巴翘到天上,似乎做什么事都稳操胜券了。企业越向前发展,越要防止这种自满的心态。人往往是"顺境时趾高气扬,逆境时垂头丧气"。这就不是小学生心态。小学生心态的价值核心是永远保持进取状态。顺境时多一份冷静和谦虚;逆境时多一份反思和检讨。检讨"题目"究竟做错在哪里,是计算粗心,还是理解不清,或是审不清题意而根本无从下手。这时候要做到:不惊慌,仍从容;不泄气,有信心。坚持不懈地学习,殚精竭虑地思考,既踏实又有创造性地去做。实际上,落实"小学生心态"就体现在"学、想、做"这三个字上。

从操作层面上说，包括两个方面的内容：一是认真、踏实，"一横、一竖、一撇、一捺"，一丝不苟，认认真真。从产品设计、制造、营销到管理创新，都要认真，都要注重基础。牢固而熟练的基本功是企业发展的奠基石。二是要用脑子勤想，不管做什么事，要多问几个"为什么"。往往是想通了的事容易成功。盲目，就是没有想通。没想通干起来再说，失败的概率就大。因盲目而导致失误的教训要深刻记取。我想，在企业的发展过程中，谁也躲不过"盲目"，只是多少轻重而已。因为我们对事物的认识是有一个过程的，不可能一下子认识清楚，并且事物在不断发展，我们的思维往往会落后于事物的发展，所以要求全部想通也是不太现实的，所谓预言家也是不靠谱的。但是，这并不妨碍我们去想，尽量想得周密些、客观些、具有前瞻性些，还是可以做到的。李嘉诚在企业发展进程中，十分强调"想通"，但世界每天在变，变到他有时也会有失误，但更多的是成功，这恐怕也得益于"想通"。

最后还是那句老话，任何时候任何情况下都要保持谦虚的心态。古语说："谦受益，满招损"，就是最好的提示。最近，我听一张评弹唱片："评弹丽调演唱会"。"丽调"的创始人是评弹艺人徐丽仙。当时她已高龄，并罹患舌癌，说话结巴，吐字不清，但出奇的是唱起来仍然一副好嗓子，简直令人难以相信。她上台表演时竟说："你们要给我提意见，不要原谅我。"这样一位评弹大师，竟用"不要原谅我"来严格要求自己，这种虚怀若谷的精神，真令人折服。我在想，如果我们的企业在某一环节上做得不够，甚至出现失误，也能用"不要原谅"来严格审视自己，检讨自己；如果我们的企业在一个很微小的细节上做得欠缺，也能用"不要原谅"来审视自己，检讨自己；如果我们的企业在已经取得了很大的成绩，还要求大家提意见，"不能原谅我"，那我们的企业真正是把"小学生心态"的精神实质学到手了。

我再举一个例子。早在七八年前，我们公司自动扶梯上的一个主要部件已做得相当不错，颇有知名度，销售火爆，深受客户青睐。其中一位浙江的销售商特别对此部件感兴趣，学习该部件制造的技术，特别关注、用心。回去后就动足脑子制造，办起专业生产此部件的工厂，通过一两年的摸索、实践，产品质量也相当成功。我们对此也表示祝贺，为自己的产品能够得到推广而高兴。市场经济的核心就是竞争，没有规定你可以做，别人就不能做。问题的关键在于你能不能做，有何能力去做，有没有遵循市场的法则去做。这里就牵涉到一个"小学生心态"的问题。如果这位浙江的销售商在完成销售到制造的过程中，没有虚心好学的"小学生心态"，是断然不会成功的。联想到我们梯级的成功制造，也是以"小学生心态"去学习的成功范例。

做企业要有小学生心态，从理论上说，没有人会不赞成，可真正做起来却不是很容易。特别是当一个企业有了相当的规模和知名度后，就往往眼睛向上，瞧不起人。譬如你下面有许多为你产品配套的小企业，它们之中肯定有许多值得你学习的地方。你可能只把他们当"仆从"来对待，以"司令官"的身份自居，而忽视了学习他们的长处。又譬如对于比你弱小的企业，你是否想过，他们也会有比你强的地方值得学习。所以，要做到"小学生心态"，必须放下架子，诚心诚意地向其他公司学习。从内部学、从外部学,从上到下学、从下到上学,取人之长,补己之短。

还有就是怎么看待自身的问题。做大做强以后,往往把自己看得高人一等,所谓"一览众山小"了,"小学生心态"淡化了。记得美国戴尔公司的创始人戴尔说过这样一句话:"无论我的企业处于什么位置,无论我自己身处何处,我都对自己说:你是永远的'学生'。"在这样一位顶级的大师面前,再以为自己了不起,恐怕要脸红了。

做企业的"小学生心态",在企业遭遇重大挫折和危机时,也会受到挑战。这时候恐怕是埋怨的多,分析的少;泄气的多,自信的少。这时候从失误中学,以更快的速度去学显得弥足珍贵,"小学生心态"也显得更加重要了。

企业的小学生心态,应成为一种共识。不仅要成为领导班子的共识,更要成为所有员工的共识,形成整个企业组织的共识。同时,企业文化建设要把企业的小学生心态建设作为构建文化价值的重要组成部分。

在错综复杂、瞬息万变的社会背景下,企业的小学生心态,似乎显得格外重要。任何狂妄和盲目的市场行为,都将陷入难以自拔的困境。过去的经验有可能成为今天的包袱,过去的成功不能决定你未来企业的成功。

真正能忘记过去的成绩回复"归零"状态是智慧的;真正又从"零"开始重拾智慧和创造力是伟大的。而实现两个"真正"的重要路径之一,便是永远保持小学生心态。

转型是一场深刻的"自我革命"

变化要比感觉快。常常是等你感觉到了，早已面目全非，"老母鸡变成鸭"了。当今世界的经济格局已到了"老母鸡变鸭"的时代，变化比任何一个预言家所预测的都要快。"出乎意外"似乎已成了常态。

中国经济发展严重依赖于外部需求似乎已成了一相情愿，依赖于资源消耗、劳动力红利的路已经走到尽头。经济发展增长模式的转型将是大势所趋。经济增长方式的转变，似乎已经喊了几年，但效果不彰，其难度可以想见。观念的转变，认识的一致，是至关重要的。如果没有达成一种共识，没有成为一种急切的愿望，转型仅是一句华丽的口号。生活中也常常有这样的例子：大家都认为这是件应该去做的事，你问谁，谁都表示要去做，谁都认为这是一件正确的事，但就是没有行动。嘴动身不动，或者动了一下又不动。为什么？因为没有一种迫切的愿望——说得严重一点，就是缺乏历史的责任感。

转型的关键是人。一个人往往在"大兵压境"前仍不思变，可到了"兵临城下"就为时已晚。世上还没有找到一种"后悔药"，所以我们要防患于未然。转型就是为了更好地发展，筑起一道抵御风险的"风火墙"。

中国民营经济在中国经济高速发展的大背景下，经过这些年的努力,已达到前所未有的发展高度,其经济总量十分可观,已成为中国经济持续较快增长的稳定器和有力推手。但不容忽视的是,它的持续发展已经遇到了难题,以往那种低价的劳动力成本优势已经丧失,那种走"机会争夺战"、"资源争夺战"、"价格战"的路,现已越来越狭窄,通道渐次堵塞。日前,有人提出民企发展面临四大"天花板":一是人民币的升值,进一步压缩进口企业的盈利空间;二是原材料价格不断上涨;三是员工工资上涨,导致劳动力成本上升,靠廉价劳动力赚钱的模式似已走到尽头;四是企业管理层与员工的矛盾有所上升,管理方式的粗暴造成劳资双方的对立。所有这一切,都说明以往的发展模式亟须改变。人不舒服时才想到改变,企业遇到问题时才想到转型,现在也许正是不舒服和遇到问题的时候。

我们常说,办法总比困难多。办法可能有千条万条,但总有一条是起决定作用,牵一发而动全身的,那就是增长方式的转变。而转型的方向掌握在你企业家手中,这场生死攸关的搏杀将决定你企业的盛衰。为此,转型这条路,走得通要走,走不通也要千方百计想办法走通,因为这是大势所趋。趋势这东西,是不依人的意志而转移的。

笔者不是专家,也不是一位成熟的管理者,但是喜欢思考,喜欢从感性到理性去思考,喜欢独立地思考。虽然对于企业家转型的认识还很肤浅,如何转型也不是很清晰,但有一个很不成熟的思路,想与大家一起探讨。

转型是经济发展到了一定阶段的必然选择。举个不太恰当的例子,当年红军长征也是革命发展到某一时段的一种必然选择。当时如果不去过草地、攀雪山、强涉大渡河、金沙江,就没有"三军过后尽开颜"的喜悦,革命战争就不会取得胜利。今天的内外经济环境警示我们,企业不转型就没有生路,和当年红军长征的战略选择是一样的。所以,迟转不如早转,慢转不如快转。这既是一场应对危机的考验,更是一次面临机遇的良机。我们常说,机会总是属于有准备的头脑。未来强大的企业,必将在有准备的企业中脱颖而出。在此,笔者初步理了一个粗糙的思路,有待共同探讨和实践的检验。

一、从追求单纯利润最大化向社会利益最大化转型

有这样一件令我们深思的事。在2010年中国企业家年会上,万科董事长王石谈到本企业指导思想的问题。他在一番自我表扬之后话锋一转,出人意料地大谈做千亿级公司的陷阱——包括万科在内的所有房地产企业,如果设计理念都是以牺牲消费者居住感受为代价,"还是这样沿着追求利润最大化的路走下去,我相信在万科到了千亿级的时候,也是消费者开始抛弃万科的时候"。说这话时他大声而严肃。这传递了一个什么信息?很显然,企业如果在追求自身利润最大化的泥坑里难以自拔的话,必将为社会所抛弃。因为企业存在的目的不在自身,而在于社会之中,顾客决定了企业是什么。企业的功能就是通过产品和服务提供激发顾客需求的热情。这种"热情"一旦消失,你企业的产品也将消失,那你企业也就毫无存在的意义。如果一个企业为追求利润最大化,千方百计把成本转嫁给消费者,欺骗顾客,那最终会遭到市场的抛弃。最近,联想、华为、海尔等一大批企业都针对性地提出了"服务至上、顾客至上"的口号,正是对利润最大化的深刻反思。以利润最大

化为企业理念,是到了应该猛醒的时候。

现代管理之父德鲁克先生早就提出,利润最大化不是企业存在的目的,而是"顾客决定了企业是什么,顾客是企业存在的目的"。因此,我们企业的经营导向,应该转移到一切为满足顾客利益最大化的轨道上来,赚取应该赚取的利润,而不是向顾客"斩一刀"。

有专家提出,民营企业家转型的出路在于"一个根本"、"两个方向"。"一个根本"是:从低成本的产品制造,转向以客户需求为中心;"两个方向"是:消除生产中的浪费;消除管理中的浪费。消除这两个"浪费",是对从利润最大化转型的最好诠释,是一种不是利润最大化的最大化。而有些企业把生产管理中的浪费,计入产品成本,转嫁给消费者,那等于自绝其后路。

明白了上面的道理,就会自觉从单纯追求自身利润最大化中解脱出来,主动地转到真正以顾客为中心的正确轨道上来。

二、从注重个人影响的管理指令型向团队力量培育转型

企业能否成功转型,就看今后企业人均效益的增长能否大于成本的增长,这就要求释放员工的能量,充分调动他们的积极性和创造性。在一个追求创新、和谐的时代,企业家需要关注团队,关注人,真正实现与员工共赢,将自己个人的影响力更多地向公司内部释放。如果企业家只关注自己的指令风格,就会抑制员工的创造性智慧的释放和员工对企业的忠诚度。

就现状而言,在我们的大部分民营企业中,还是实行高度集中的管理制度。看不到员工真正的自我、真正的责任,同样

也就发挥不了员工创造对企业的作用。我们看到的只是控制、集权和规则,管理者除了金钱之外,就没有别的什么手段了。我想,如果一个管理者将金钱视作控制的唯一手段的话,那后果将是十分可怕的。把人当作"罐装的劳动力",等于把自己也用"罐"装了起来。

我记得华为的任总说过一句很深刻的话,我常常在琢磨这句话的深意。他说:"企业管理的根本目标是从必然王国走向自由王国。"这个由"必然"走向"自由"的过程,在我看来,就是企业家要不断为自己松绑,不要把自己看得很神圣,不要把自己看作"救世主",要更加注重培育团队的力量和责任,倾心于团队的创造性能量的释放。要看到人的力量,人心的力量;要看到机制和制度在起作用,而不是领导者的传奇故事和魅力的传播。企业家应该超越的是他自己。只有超越了自己,他的公司才能做强、做大、做久。这个"超越",我个人理解就是要树立团队而不是某一位个人的权威。只有这个团队才是"神圣"的。这就是我对从"必然"走向"自由"的初步理解。

三、从管理的粗放型向资源节约型、维护环境生态转型

世界工业文明的历程证明,在一个国家工业化刚起步之时,往往是粗放的,但逐渐会转向精细化,转向节约资源、关爱环境的低碳发展,这是工业文明发展的必然趋势。

在我们发展经济之初,在商品极端匮乏之时,粗放型的发展模式对经济的增长、满足人们的物质需求产生过一定的积极作用。但发展到今天,这种经济增长模式就成了进一步向前发展的阻碍,使发展的"持续性"受到了严重影响。这种几乎已

经走到了尽头的粗放型模式，已成为经济发展的不堪承受之重。高污染、高排放、资源大量消耗、环境遭受破坏，这已不仅是一个经济问题，而已威胁到人类的健康、社会的稳定和进步。至此，转型已经是大势所趋，势所必然。市场上绿色、节能的产品广受消费者欢迎，就说明了这一点。转型的必然性是无可置疑的。问题是如何转型。我想，企业家在这个问题上，要以当年创业时的激情和决心去对待这个历史性的转变。围绕这个转型主题，设计要创新，流程要变革，研发要强化。俗话说，没有不景气的行业，只有不景气的企业。要景气就是一条：产品要走低碳之路，绿色、节能、环保。这不但能增加产品的附加值，更重要的是满足了社会消费者的潜在需求。现在消费者对产品的要求越来越高，对节能环保的敏感度很强，媒体对企业产品的关注已达空前。大浪淘沙、优胜劣汰的市场，都在逼你转型。我们自己对产品最有数，不妨盘点一下，哪些方面原材料可以再节省一点，哪些环节电能消耗再降低一点，哪些流程经过改造可以环保绿色一点。脑筋一开窍，智慧顿生，点子也多了起来，会收到出奇的效果。总之，只要大家心往一处想，劲往一处使，没有办不到的事情，我想转型也是这么一回事。大家不要自堵思路，"难"字当头。只要你做企业，这场硬仗是必打的。迟打不如早打，被动打不如主动打。

四、从"低头拉车"向同时"抬头看路"转型

这里的"低头拉车"是指专心致志地埋头苦干，深入车间，辛勤工作。过去就是靠这种苦干拼搏的精神创业、立业，企业做大以后，仍然需要这种艰苦奋斗的精神。我们很多人都是白

手起家，一无资本，二无技术，就是有艰苦奋斗精神，摸索到了技术，积累了一定资本，企业在自己艰苦奋斗的手中渐渐成长。这方面的体会是非常深刻的。

"抬头看路"，这是指关心经济发展方向、宏观调控趋势、国际政经变化，以及给市场所带来的深刻影响。这方面我们可能关心甚少，也缺乏相应的常识。至于以上变化对我们企业带来的影响，可能更显得苍白。

我们知道，任何企业的产品和市场需求，都是与整个形势紧密相关的。从某种意义上说，市场的有效需求取决于宏观经济的走向。宏观经济往东走，你还在往西；宏观经济转向西了，你却还在往东奔，这就是背道而驰。背道而驰的结果是产品滞销、积压，资金链紧张，这时候，你越痴迷于"低头拉车"，就越倒霉，这叫"吃力不讨好"。

全球金融危机爆发以来，在世界环境动荡不安的背景下，要想中国经济独善其身不太现实。货币流动性收缩，各项调控措施不见松动迹象。在这样的大环境下，企业如果单是"低头拉车"，恐怕是要碰壁的。在2010年中国企业家年会上，联想老总柳传志的一席话，触动了许多人的心。他对商业外部环境的不确定性充满担忧，提醒大家："不仅要低头拉车，还要抬头看路，别把方向拉错了。尤其要关注中国的政治体制改革、社会改革和经济改革如何对接，经济改革中的市场力量和行政力量究竟如何平衡这些带有根本性的问题。"我想这对我们是一个有益的启示。鉴于此，习惯于埋头拉车的朋友，应该抬头看一下你拉车的方向是否对头，有否偏离宏观的走向。偏离的该纠正，错了的要掉头。

以上四个方面是我对转型的肤浅体会。每个人的理解可能不尽相同,但总体应该是一致的。不管我们从事哪个行业,转型的大方向应该是明确的,至于围绕这个大方向的具体路径,可能各有千秋,但"条条道路通罗马"。作为经济发展模式转型主体的我们来说,历史的重任已经放在我们的肩上,责无旁贷。"铁肩担道义,妙手著文章",这是一篇大文章,看谁写得更精彩?

寻找"潇洒"

有首歌叫"潇洒走一回",或许大家都听过,可是做到却不易。现实生活中,真正"潇洒走一回"的人很少。在特定的情况下,"潇洒"和"财富"之间不是正向关系。财富越多,越觉得累,越感到压力重,倒是那些财富并不多、却有一份稳定收入的人较能"潇洒"得起来。所以,你不要看企业的老板,进出豪车,穿着讲究,大小宴请三六九,其实他们是与"潇洒"最远离的人,是"活得很累"的一个群体。奔波于各种会议之间,应酬于大小宴席之中,各方"菩萨"无一得罪得起,穷于应付,累得苦不堪言。至于企业内部管理又是千头万绪,任务繁重,责任重大。内外环境的压力使很多老板身心交瘁,健康严重透支。有业界人士说,全世界数中国的企业家活得最累,工作最辛苦。

据报载,企业家这个群体的健康状况每况愈下,大多处于亚健康状态,有的被各种慢性病所困扰,更有甚者,心血管病、脑溢血、各种癌症发病率持续上升。"过劳死"现象也时有所闻。前几年,浙江均瑶集团董事长王均瑶,年仅38岁就因积劳成疾,过早离世。对此,社会如果不加以严重关切、充分理解,企业家本人如果不积极调整好心态,"王均瑶悲剧"就会持续上演。

究竟是什么原因使企业家"潇洒"不起来呢?我想原因有

很多,有些问题是可以得到解决或缓解的,但更多的问题就中国目前的商业环境而言,还没有具备解决的条件。

　　举个例子,董事长想找一个职业经理人以减轻自己的工作压力。这样的情况有没有?有,而且不会少。但因为我们的职业经理人的市场机制没有有效发育和建立,这就导致缺乏商业精神中应具备的契约意识,不诚信现象就会发生。有些职业经理人就会过多地考虑自己的利益,娴熟地施展为其谋取财富的多种很难一时被人发觉的把戏,使企业受损。当老板有所警觉时,可能就是这位职业经理人收益颇丰之时,正在等待"卷铺盖"走人。有的被聘职业经理人因别人介绍,但水平一般,能力平平,根本不能授予"帅印",但既来之辞退又难以启口,这种"占着茅坑不拉屎"的现象恐怕不是少数。当然,也不排除有些职业经理人的确很敬业、尽职,但无论怎样说,当这种市场机制还未发育健全,仅靠道德的力量是无法解决根本问题的。道德在制度面前有时显得较为苍白。在此种万般无奈情况下,只好亲自出马,董事长、总经理集于一身,权力高度集中。在许多重要问题上也只好来个"一票否决制"。凡此种种,你说能"潇洒"得起来吗?

　　我们现在的企业环境有个特点:社会方方面面都偏重关注发展良好的企业。政府各部门理所当然偏爱有加,工商、质检、环保自然责任在身,公安、消防、城建等部门也绝不甘落后;至于媒体更是紧追不舍,而且都开口闭口要亲见董事长。你说咋办?不应酬吧,有碍情面;一应酬就是大半天,且大多免不了要干几杯。有时想躲也躲不过。如此,岂能不累?至于各种各样名目繁多的大小会议更是应接不暇,若不去,人家会说你企业做大了，架子也大了，请也请不动了，真是人言可畏，常被弄得哭笑不得。至于聘请你担任各种社会"角色"，更是多如牛毛。掏点钱出来不算，心烦得真不好受。这些礼遇在西方工业文明的进程中都是没有的，所以也可称之为"中国特色"。我又想，如果一个企业在十分窘迫困难的境况下，也有如此之多的部门和领导关心那就好了，这给这个企业的精神鼓励有多大。一方有难，四方帮助，共渡难关，这个企业就一定会转危为安。

造成很累的因素很多，其中最主要的恐怕是中国传统的"家长制"的文化。转到企业，那就是老板指令决定一切，老板的一言一行就是职工行动的法令。这样必然事事躬亲，不管大事、小事，眉毛胡子一把抓，每件事都要牢牢抓在自己手里，似乎只有对自己最放心、最踏实，如此能不累吗？细想起来，如果一个企业只有你老板有积极性，员工总是跟在你老板的屁股后面陀螺般转，那这样"累"的结果只能是吃力不讨好。更重要的是，社会经济正处在转型时期，经济环境变数很大，政策不确定性增多，这常常使大家深感困惑，穷思竭虑，夜不能眠，怎能潇洒得起来？

那到底有没有办法改善呢？办法还是有的，办法总比困难多嘛！仔细琢磨，有这么几条：第一是培育团队力量，团队中培育核心力量，让团队中的核心力量充分发挥主动性、积极性，充分给予信任，鼓励他们敢说、敢做、敢负责、敢纠错。除了特别重大的事情，都能独当一面。这种独立处理事情的能力，一定要在核心队伍中培养好。第二就是发挥制度的作用。要用制度去规范企业的行为。制度就是"尚方宝剑"。大家都羡慕万科的王石，每年都要去爬山。爬山当然也很累，但你不得不佩服他这种爬山的"潇洒"。我想,万科如果缺乏具有独立处理事情能力的核心团队,没有制度在发挥作用,王石是断不能如此潇洒去爬山的。还有没有别的例子,尚未调查,没有发言权。但可以肯定的一点是,有效的制度,会让董事长相对"潇洒"。第三,董事长有时不妨"躲进小楼成一统",集中精力去只考虑大事、要事。一个人的精力是十分有限的,把精力消耗在没有大必要的应酬接待上,或是一些枝节小事上,是一重大损失。有时只能硬硬头皮,让人家说去。若卖了张三的情,那李四咋办?这样没完没了,能应付得过来?索性一概不领情。但若有人来献"锦囊妙计",或别的特殊情况,就另当别论了。

最重要的,是深刻领悟生命的价值远大于财富的积累。如果拼了命去追逐财富,是否对自己的生命有些怠慢?上苍赐予人的生命只有一次,如果连自己的生命都漠视,那么再可观的财富也毫无意义。所以,要珍惜生命,关爱健康;戒烟限酒,适量运动,尽量减少赴宴,远离喧闹。透支了健康,实质上对企业是一个损失。乔布斯56岁就早早去世,不是对苹果公司的重大损失吗?如果乔布斯能活到八九十岁,那苹果公司会有多强就有多强,真正成为天下英雄无敌手了;而对世界信息科技的贡献将更加重大。

当下,最难把握的要数经济发展趋势。很多经济学家认为,全球经济将步入一个较长的动荡不安周期。当今的全球经济一体化是你中有我,我中有你,谁也无法独善其身。中国经济的发展有其共性,但也有它的特殊个性:经济总量庞大,消费市场广阔,内需潜在能量充足。全球经济的动荡,在使我们中国的企业家面临挑战的同时,也带来了商机。如何把握这个商机,是对我们能力和智慧的考验。从这个层面上说,企业家就不会轻松,也很难"潇洒"。但我们也可以这样认为:这是不是另一种"潇洒",一种更有深刻内涵的"潇洒"呢?这种"潇洒"的意义,既在于征战危机的艰难过程,更在于持续成长的美好前景。这实在是一种更深广意义上的"大潇洒",不知你是否认同。

其实,"潇洒"无须寻找,"潇洒"就在你脚下。问题在于对"潇洒"的理解。和对"幸福感"的理解一样,有人认为这是人的一种内心感受,一种心态。而我认为,折服对手,征服市场,感动消费者,服务民众,感恩社会,是最大的"潇洒"。这种成就感的"潇洒"是用钱买不来的,把它理解为"潇洒走一回"也是有滋有味的。

不过,话又说回来,长期处于紧张状态的内心,一定要有喘息的机会,正如奔跑的战马,总得要有驿站停歇,才能继续前行。再以乔布斯举例,如果他能注意停歇,如果他在发现胰腺癌时及早治疗,也许会对人类贡献更大。而今这个无可弥补的损失,是否提示我们潇洒的另一层意义。

在当前的经济环境下,企业要保持增长态势确实不易,真正做到潇洒也很难。但能有几分潇洒还是可以做到的。过去最艰难、最穷苦的日子也过来了,现在的经济状况、生活水平毕竟上了几个台阶,进取中保持平稳的心态,竞争中留有几分从容,我想能留住几分潇洒还是不难的。再退一步想,在经济增速遇到障碍的情况下,急也无用,做"拼命三郎"更是枉然无益,不如调整好心态,修炼心志,养精蓄锐,有序的"退"是为了更好的"进",大踏步的"进"是缘于有谋划的"退"。进退的辩证法也为我们获得几分潇洒提供了有益的启示。

　　前路漫漫,重任在肩,几分潇洒为大度,闲庭信步是智慧,让我们大家活得更加长久灿烂。

让员工感受温暖和幸福

让员工感受温暖和幸福，并非是一句奢侈的口号，这是现代工业文明的核心价值思想。现代工业文明和传统工业的最本质的区别在于，前者关注的是人，后者关注的是工具和机器。人是生产力诸因素中最有活力的元素，只有让掌握了机器的人释放他们全部的智慧潜量，生产力才能得到极大提高。也只有人的发展，才有企业的发展。明白了这个道理，充分满足员工的最大追求，大力提高员工的幸福指数，就成为企业成就辉煌的最宝贵的动力资源。就这个意义上讲，让员工感受温暖和幸福，同时也应成为企业的最大追求和愿景。

要让员工进入企业就有一种"家"的感觉，而不是挣钱卖苦力的地方。随着"家"的观念的深入，员工便会处处为这个"家"添砖加瓦、站岗放哨，并为其兴旺发达付出全部的努力。要是一个企业把员工视为会说话的机器、灌装了的劳动力，试想员工会把企业当作"家"吗？恐怕他们会随时随地逃离这个虐待人的地方，也会拿起维权的武器讨伐这个企业，这样，劳资双方的矛盾就会激化，更谈不上企业的发展。

让员工感受温暖和幸福，是否有实现的可能，这要看企业家的胸襟和价值观。如果把企业存在的目的建筑在一己私利上，千方百计敛取财富以满足自己和小部分人的享受，这当然绝无实现的可能。但可以肯定的是，他的企业也一定长不大。原本他可能认为的"聪明"招数，最后却是"聪明反被聪明误"。时代文明在向前发展，他的认识却停留在自己当奴隶主、地主的时代，把员工看作是他的奴隶、长工，那么不仅失败是必然的，还留下了社会的骂名。

  现实中有众多事例说明，我们很多企业在让员工感受温暖和幸福方面，作了很多卓有成效的努力。如为员工办理养老保险、医疗保险、提供住房、提高工资福利待遇等。有的还积极地开展各种文体活动，活跃员工业余生活，开放图书阅览，扩大员工知识视野，还为员工生日晚宴送去一份温馨，为困难职工提供募捐援助。凡此种种，都说明企业在关注员工幸福指数方面做出了可贵的实践，企业与员工共赢正成为彼此的共识。我想，随着这种共识的形成，让员工感受温暖和幸福，便有了实现的可能。但要明白，改善员工的物质水平，不是幸福的全部，更重要的是，企业要为员工搭建一个施展创造性才华的平台，创造一个有利于员工成长的企业环境。80、90后的员工，文化水平都较高，他们似乎更关注的是自己有"用武之地"，实现自己的人生价值。他们希望得到尊重——人格的尊重，诉求表达的尊重，创新发现的尊重。因此，一切粗暴式的管理方式都将成为他们的"天敌"，这种类似于"嗟来之食"的傲慢和蔑视，不仅毁灭了他们对企业的希望，同时也毁灭了企业本身。应该说，我们企业的管理正在不断摆脱这种粗放式的模式，取而代之的是更加人性化的方式。现代工业文明的核心思想是文化的价值发现。从这个意义上说，让员工感受温暖和尊重，不应成为一句空洞的口号，而是企业的一种价值追求。

另外，从员工的层面来说，对幸福的理解应从单纯对物质生活的追求转变到自身价值的体现上来，树立正确的人生观、幸福观。事实上，人们在基本满足了衣食住行的需要后，精神追求会达到至高无上的地步。

我看过一本叫作《活法》的书，作者是日本企业家、两个世界 500 强企业的创始人稻盛和夫。他过去也是一个穷人，一个曾萌生加入"黑帮"念头的穷人，可他最后选择了努力工作、辛勤创业的道路，任何穷困他都不计较，只要填饱肚子就行。他对人生的态度就是认真工作。他说："工作本身就是最好的修行，每天认真工作就能塑造高尚的人格，就能获得幸福的人生。"这就是他的人生观、价值观。他常对员工讲，必须"极度认真"地过好每天每日，人生只有一次，不可虚度。认真的程度要达到"极度"好像很"傻"，但只要坚持这种人生态度，一个平凡的人就能脱胎换骨，变成一个非凡的人、幸福的人。他这段话对我们理解幸福观很有启发。所以企业要营造这样一种氛围，员工的认真工作完全是为了实现价值的需要。幸福来自辛勤的劳动，幸福只有通过辛勤的劳动才能获得。

提出"让员工感受温暖和幸福"这个命题包含两个层次。从企业来讲，要从物质和精神两方面来满足员工的幸福感。这既是构建和谐社会的需要，也是现代工业文明的必然趋势。改善员工的物质待遇、提高工资水平，做起来相对比较容易些，只要公司盈利水平允许，企业又有这种意愿。但营造一个有利于员工成长的环境，以及构建一套相应的制度，做起来就不那么简单了，而这恰恰是这个命题的中心所在。企业光有强烈的愿望还不够，重在这方面的制度建设。但只要真正从工业文明的高度、企业持续发展的需要去认识这个问题,我想,就能找到很好的办法,构建很好的制度,员工的温暖和幸福感就会得到提升。

关于让员工感受温暖和幸福这个主题,在认识上也不是都清晰的。理念决定一切。有些企业采取一些对员工有利的措施,更多的是出于政策上的压力和其他企业的推动。这样,就缺乏主动性、自觉性、积极性,员工的幸福感也不会持久,企业真正的创新活力就不会被有效激发。只有真正确立了员工的主体地位,真正有一种出自内心的构建现代工业文明的渴望,这个目标才能实现。其实,在员工感受温暖和幸福的同时,企业也会同样感受到此种温暖和幸福。这两股合力是企业持续成长的原动力。

此命题的第二层是从员工方面来说的。对员工来说,要确立正确的人生观和幸福观。那种认为"我出力你给钱"的狭隘雇佣观念是确立正确幸福观的障碍,也不利于个人智慧潜能的释放和人生价值的实现。所以,员工要加强对这方面的修炼。这位拥有两家世界 500 强企业的稻盛和夫关于"人活着的目的"说了一段极其深刻的话,他说:人生的目的和价值在于,今天比昨天做得好,明天比今天做得好,每一天都付出真挚的努力,不懈的工作,扎实的行动,诚恳的修道,在这样的过程中就体现了我们人生的目的和价值。在大多数情况下,应该这样认为,当自己找到合适的工作后,就等于自己的幸福寄托在那里。全神贯注地工作,拼命努力,持之以恒,精益求精,丰富和深化幸福的内涵。

企业的文化建设要在提升员工的人生观和幸福观方面,作出自己的努力。

　　我常想,我们做企业的要有良知,要懂得感恩,所以我提出"让员工感受温暖和幸福"这个命题,并非想入非非,空穴来风。我深深体会到,企业所以有发展,最大的功劳应归于全体员工和关爱企业的每一位社会人士,是他们哺育了企业的成长,不要把个人的功劳夸大到十分神奇的地步。"财散人聚,财聚人散"应成为盈利企业的一条重要分配原则;发展成果由全体员工共享,应成为企业的高尚理念;员工的人格、素养、技术的全面提高,应成为企业制度建设的根基。

　　记得日本索尼公司创始人盛田昭夫说过这样一句十分深刻的话。他说:"人并不是单纯为了钱而工作,如果你要发挥人的作用,钱并不是最有效的工具。你要发挥人的作用,就应该把他们融为一家,对待他们像对待受尊敬的家人一样。"这段话为我们新时代员工的幸福内涵注入了新的时代内容,也为我们满足员工的幸福感提出了时代的责任。但这正是一件不太容易做到的事情。你想"融为一家"是一种什么境界?但索尼做到了,所以才有今天的索尼。世界500强中这样"融为一家"的企业肯定不止索尼一家。对照起来,我们中国的企业似乎差得远。但这并不妨碍我们去追求、去不懈地努力。因为这是有关员工幸福的大问题,也是关于企业持续成长的严肃主题。

　　在结束本文之际,让我们重温文章的主题:让员工感受温暖和幸福。这既是对我们良知的叩击,也是对我们感恩心态的考验。

浅议"天人合一"

——经济、社会发展的原点

一

源远流长的中国古代文化,千百年来,长存于天地之间,伴随着中华民族的生存、发展,凝聚了炎黄子孙的智慧和创新,并不断丰富着世界文化的宝库,推动了经济社会的进步。

中国古代思想文化的价值核心是"天人合一"。历史进程说明,"天人合一"是人类社会生存和发展的"护身符",一旦离开了它,不但社会发展将停滞不前,还会因大自然的报复而招致毁灭性的打击。从这个意义上说,中国古典的"天人合一"论,为世界历史的发展作出了特殊的贡献。现代文明的进步,离不开对"天人合一"理念的有机融合。"天人合一"论是中国思想文化对人类的重大贡献。

何谓"天人合一"?"天",比较普遍一致的理解是指大自然,"人"即人类。它的意思是,人类要生存、发展,必须与大自然合一,即和谐相处。大自然繁衍了人类,人类是在大自然的环抱里发育成长的。人类社会的发展、现代工业文明的进步,无不沐浴着大自然的恩泽。人类离开了大自然提供的各种资源和物品,一刻也活不下去。

德国伟大诗人、19世纪欧洲文化代表人物之一歌德高度赞扬东方文化的"天人合一"。他说,"中国人真了不起,人跟宇宙合二为一"。中国学者钱穆曾说:"我深信中国文化对世界人类未来求生存之贡献,主要亦即在此(指"天人合一"观——笔者注)。"他又说:"以过去世界文化之兴衰大略言之,西方文化一衰则不易兴,而中国文化则屡仆屡起,故能绵延数千年不断。这可说,因于中国传统文化精神,自古以来即能注意到不违背天,不违背自然,且又能与自然融合一体。"

打开两千多年来的中国文明史,无论是儒家还是道家,抑或其他诸子百家,"天人合一"的思想是始终贯穿其中的。再纵观西方文明史,"天人合一"的观念也不断被融合其中。因为我们都生存在天地之间,谁也不能超脱大自然而存在。即使在科技发达的今天,依然离不开大自然的包裹。"战胜自然"是一个看似令人激动的口号,而它带给人类的,也许是一场灾难。人类生存、发展的唯一途径是适应自然、关爱自然、利用自然。"天人合一"的思想应成为人类社会生存发展的不二选择。企业的发展,也概莫能外。

保护环境,珍爱自然,并不是抑制科学技术的发展。大力发展科学技术,促进经济的可持续增长,是人类文明进步的物质基础。但脑筋里必须有一根弦,一个不可或缺的指导思想,而这个指导思想就是"天人合一"。事实已经证明:科技绝非万能,物质丰富并不必然促进文明自低向高发展。只有同大自然交朋友,人类才能健康幸福地生存下去。

二

在西方工业文明正如火如荼地上升时,英国浪漫主义诗人雪莱就以惊人的敏感,预先看到了它可能产生的恶果。恩格斯也早有预见,他说:"我们不能过分陶醉于我们对大自然的胜利。对于每一次这样的胜利,自然界都报复了我们。"一百多年以前,大自然对人类的报复还不十分明显,可到了今天,大自然的报复已是触目惊心,举凡全球变暖、淡水短缺、生态失衡、物种减少和灭绝、资源匮乏、新疾病产生、环境污染等等,其中任何一项如得不到有效控制,都有可能影响人类的生存前途。全球变暖引发的各种极端天气事件愈加肆虐,气候变化的危机已迫在眉睫。世界各地越来越多的民众,也已清楚意识到气候危机的紧迫,全球数以百计的民间组织、环保团体、扶贫和社会发展机构纷纷奔走呼号,提醒人们:如不能有效控制气候危机,全球将面临灭顶之灾。

　　看看我们国内吧,这些年由于盲目追求经济的高速发展,已使环境不堪重负。例如,自2009年入秋以来,西南五省市连遭罕见旱灾,其中云南涉及面积最广。"彩云之南"变成了"黄土高坡",河水干枯,草木枯死,田地荒芜。原因是各地的水电厂竞相"跑马圈水",而为了发展木浆造纸工业,大力引种橡胶、桉树这些不属于云南本土的植物,这两台巨型的"抽水机",日夜不停地将土壤里的水分抽走。再加上抗旱基础设施建设滞后,水源工程不足,灌溉设施不配套,岂有不旱之理。前几天,中央电视台采访了中国的一位水专家,他称中国的水危机已经严重到令人震惊的地步。在许多发达国家,沿江地区是不允许办企业的,而我国沿江企业星罗棋布,水资源的短缺和污染就可想而知了。

　　水污染尤其触目惊心,这方面的报道屡见报端。相关的大型水污染事件已众目昭彰,有的违规排污甚至已长达十余年之久。由于水污染,催生了饮用水企业的崛起,但不知是好事,还是坏事?

空气污染,有目共睹。灰尘飞扬,烟气缭绕;空气中悬浮粒增多,成千上万的小烟囱、大烟囱释放的这些黑色"魔鬼",横行无阻。以后不知会不会有卖纯净空气的企业,让我们拭目以待。

总之,盲目追求经济的高速发展造成的环境破坏的代价也是人所共知的。这是对"天人合一"这个神圣的价值观的漠视,这种发展模式是不可持续的。须知,对大自然过度索取,必将遭到大自然的报复。人们应该牢牢记住这个教训。

三

无数大自然报复的惨痛教训使人们猛醒:经济的发展只有大自然相协调才可持续,人们才能真正享受到经济发展带来的幸福。

近几年来,随着政府和各界人士对环保的高度重视和关注,已经取得了许多可喜的成绩。如控制企业碳量的排放,严禁散发有毒物质的垃圾发电厂的开工,从都市区搬迁化工和钢铁企业,扶植和建设环保产业,不断扩大绿色环境的生态区。凡此种种,都说明"天人合一"的观念正在逐步深入人心。这个东方文化中的古老思想重新焕发出它的光彩,展示了新的生命力。

全社会的觉醒和政府的高度重视,是实践"天人合一"理念的切实保证。有一个很生动的例子。香港有一位年迈的老太太上诉法院,状告一大型建筑工程要在她家居住区附近建造一座大铁桥,理由是那座大铁桥建成后将导致附近居民区空气质量严重下降,空气中悬浮颗粒污染严重。最后这位老太太胜诉,此项工程停工。要知道这项工程耗资巨大,而这位老太太能够胜诉,足以说明香港政府对环保的高度重视和对"天人合一"理念的认真实践。

  作为企业应担当起怎样的重任,如何在"天人合一"的指导下规范企业的行为,怎样去努力寻找既保护好大自然,又使企业永续健康发展的正确途径,这是对我们理性智慧和对历史负责任态度的考验。

关于企业发展"快"与"慢"的辩证法

"快"与"慢"是个相对概念。有"慢"才有"快";同理,有"快"才有"慢"。拿企业发展来讲也是这样。刚创业时,人员七八个,破旧厂房两三间,旧机器几台;可过了两三年,人员逾百,厂房一新,机器数十;再过两三年,人员近千,圈地建房一片,装备更为先进,盈利能力大增。就这样,企业沿着慢—快—更快的发展步子奋进。

"快"与"慢"是动态的。不等于今天快了,明天还会快;今天慢了,明天一定慢。世间没有一成不变的事物,企业发展亦同样。

决定企业发展快与慢的关键因素有两个:一是企业自己的努力状况,包括技术、质量、文化、人员整体素质、管理水平、品牌建设等等;二是外部的市场环境。中国自加入 WTO 后,已融入全球一体化轨道,全球经济的变数都将影响到企业的发展前景;此外还有国内的市场需求。市场环境的变化是不依企业的意志为转移的。因此,发展的"快"与"慢"也不可能固化不变,有时想快了还要快,只是一相情愿,一种美好的憧憬而已。

"快"与"慢"还具有个性化特征。在外部市场环境相同的情况下,企业发展也有快慢之别,有的甚至反差很大。拿制造业为例,有的一跃走到前头去了,把原来规模和盈利水平不相上下的企业远丢在后面；有些企业却依旧江山未改，发展甚微。为何外部的市场环境相同，而你的企业却不进反退？究其原因在于内部管理不善，技术缺失，理念落后。即使在2008年金融危机以来的这段时期内，各企业的表现也差异极大，有的稳住脚跟，业绩反有所攀升，而有些企业则不同，盈利水平下降明显。究其原因，在于对宏观经济调控没有很好把握，品牌建设的力度不够，销售网络未有拓展，技术创新滞后。

"快"与"慢"还具有阶段性特征。由于市场供需的变化，某阶段可能发展快一点，某阶段可能慢一点，这都是很正常的。而不正常的状况是当市场需求旺盛时，别的企业都大步向前，而你的企业却徘徊不前，或虽有所增长，但极其缓慢。这就不是外部市场环境的问题了，恐怕要从企业的内部寻找原因，制定对策。同理，当市场需求疲软时，有些企业仍有所增长，至少还能保持稳定，但有的则不然，业绩严重滑坡，除了外因变化之外，恐怕内因是主要的。当然，外因也是变化的重要因素。

那么，会不会出现这样一种情况：大多数企业将无法支撑，甚至连生存也都困难。这种可能是存在的。历史的经验值得注意。君不见，美国在1929年以后，经历了一场令所有人都刻骨铭心的经济大萧条。在1929年以前，美国工业狂飙突进，商业高度繁荣，白手起家的工商业巨子层出不穷，用当时美国总统柯立芝的话说，美国人民已达到了"人类历史上罕见的幸福境界"。可是，经过一段长时期的繁荣之后，经济转入衰退。经济衰退的主要表现是企业丧失了盈利能力。产能严重过剩，产品卖不出去。产品严重过剩，需求极度萎缩，衰退自然不可避免。借鉴历史经验，当繁荣—再繁荣—繁荣到极致，完成了这样一个周期后,衰退也并非不可理解。你只要这样想:世上哪有一种事物可以一直无止境地向前的?向前到了一定阶段后,它的能量已经消耗殆尽,就会向它的相反方向转化。如果再加上其他不利因素,这种衰退就会提前到来。笔者在前面提到,企业真正的成功是做"不死鸟",久经风浪,仍然健在,等风浪一过,又是冲锋陷阵的先锋,那种企业才是了不起。纵观世界500强企业就是这样闯过来的。它们真正叫作经风雨见世面。它们能躲过危机一劫的真正武器,就是及时作好战略调整。了不起的地方就在于此。

经济一下滑,发展一缓慢,有些人便诚惶诚恐,似乎大厦将倾,神经高度紧张。其实,你只要回想一下十几年前是啥模样,今天还不是有很大发展吗?前进了百来步,退下来四五十步,总的还是前进的;完全用不着紧张。一遇到经济下滑、盈利能力下降就找不着北,是懦夫的表现,是理智的缺失。但你不想想在市场如此疲弱的情况下,照样有盈利能力颇强的企业,为何不向它们去"借剑"呢?

综上所述,对企业发展的快与慢,要辩证地去分析,冷静地去思考,切不可让自己的思维凝固起来,故步自封,不思进取。也难怪,因为我们的企业自市场化以来,没有经历过大风大浪、充分的市场洗礼、极度痛苦的磨难,所以一遇到挫折就灰心泄气。但其实磨难是一笔宝贵的财富。

有一句古语,叫作"祸兮福之所倚,福兮祸之所伏",它的意思是灾祸至极也许是幸福正在孕育;福至极祸也正酝酿,埋伏其中。这就是一个问题的两个方面。它明白告诉我们,事物发展至顶峰,就要回落,红得发紫,就有可能褪色。这时就应有所警觉,有所防备。那就叫防患于未然。当事物跌至谷底,就会慢慢积聚人气,重聚能量,使事物重又发展。这时你可要有敏锐的察觉,如再感伤于下滑之痛而不知所措,那就失去了机遇。所以我们常说,机会总属于有准备的头脑。就看你准备得如何,是否充分。不但应对危机要有充分的准备,就是顺应发展,也要有充分的准备。故而,我们头脑中一定要有善于思考的能力和智慧。征兆总是最先显山露水,所谓"春江水暖鸭先知",就看你有没有敏锐的眼光和嗅觉。胜利时,谨防冲昏头脑,失败时力避泄气丧志,这虽然是一种常识,但真正做到者,却是少数人,少数大智大慧者。那些百年老店的掌门人所以十分了不起,恐怕他们就是掌握了一套"进能攻,退能守"的策略。这套本领不是在短时间内可以学会的,是长期修炼的结果。

要明白,那些百年企业,世界500强,并非是神仙,为什么它们始终能驾驭市场?不管这个市场有多大的变数,它们都能独占鳌头,究其原因,除了上述因素外,这些企业的创办者是把企业当成终生最挚爱的事业去做,从没有把自己的企业当成赚钱的机器。所以他们办事有道,诚实守信,敢于负责,市场也自然对他们有一种天然的亲和力。正是这种亲和力使他们从一个高度跨向更新的高度。即使暂时退两、三步,以后便前进了几十步。这种"退二进三"的发展,有可能是最健康的发展方式,也符合人类社会不断进步的发展规律。

在企业发展进程中,我们不妨回顾一下自己走过的路,总结一下发展"快"与"慢"跟外部市场环境和自己努力的关系。在市场环境好时,发展的速度和自己努力状况如何;在市场环境不太好时,发展速度和自己努力状况又如何。从中或许可以发现许多问题。市场需求旺盛时,你是否反思过发展为何不如别人;在市场疲软时,你是否寻找过比别人落后的内因。对这些"快"与"慢"的内因和外因的分析、比较、总结,或许对今后的发展大有裨益。

综上所述,发展速度的"快"与"慢"是辩证关系。发展速度的上下波动是正常的。俗话说"胜败乃兵家常事"。一个健康的企业,是不断向前行进的,只是在前进中暂且退了几步。但退是为了更好的进。

我们常说发展要有新思路,这个新思路就包括辩证地看待事物的千变万化,并对这种千变万化拥有主动、积极应对的方略。

"思路决定出路"辩

我们常说,思路决定出路。但细究起来,这句话的逻辑不甚严密。因为不是所有的思路都能决定出路。有些思路可能非但不是出路,反而是一条绝路。所以,不能判断思路的正确与否,就难言出路。

那么,什么样的思路才是正确的,才能决定出路呢?要让思路长耳朵,生眼睛鼻子,有头脑。即眼观六路,耳听八方,嗅觉灵敏,深邃明察,大智若愚,机灵敏捷。唯此,方可有出路。

思路的标杆就是市场的方向。市场方向往东,思路不能往西;市场方向往西,思路不能向东。市场具有阶段性变化的特征,思路便随之适应。所谓适者生存,就是这个道理。最大的失误是市场正在转向,思维却还停留在原地不动,甚至还在往原来的方向扩张。当市场转向的信息十分明朗时,为时已晚。因此,思路的转向要随着市场的转向而转向。

思路的真正价值在于机敏,所谓随机应变信如神,并非贬义。而机敏的功底并非来自什么高深的学问和经济学家复杂的理论,而恰恰来自你敏锐的直觉和常识。常识直观而朴素,明白而易懂。这里,我举一个十分浅显的例子。某城郊一小镇工商业颇发达,餐饮业很兴旺,各类水产品销路非常好。它的最大市场容量为4吨/天,当市场供给只有2吨左右的时候,养殖户均不需要担忧卖不出去,且还能卖到比较好的价钱。而当市场供给扩大至 4 吨时,供需尚平衡,还能适应,不至于过剩。但当市场供给量扩大至 6 吨以上,问题就产生了,销售就有难度了,2 吨左右的水产品成了过剩品,必须向外寻找出路。这时,质量和品种十分重要,如果不能及时调整思路,必然会使一些养殖户受损。但如果市场供给量以几何倍数增长,灾难就降临了。严重的过剩将使这个地区的养殖户灾难深重。道理就是这样简单。任何一个市场,当它不能容纳你扩张十分迅速的产能时,市场就必然萎缩,衰退的步子也伴随而来。

这个日常的例子告诉我们,当市场需求旺盛时,也就是我们所说的短缺经济时代,各类产品销售无忧,盈利增速自然可观;当市场供需已达平衡时,扩张思路就有风险;当市场已面临严重产能过剩时,思路应转向产品差别化优势上,也就是我们平常所说的"同中取优,优中取特"和"忠诚到永远"的优良服务上。此时扩张的步子应该收缩,创新就成为迫切的主题。如果市场环境变了,你的思维仍停留在原来的老地方,即使规划得如何天花乱坠,也不过是"痴人说梦",难逃产品积压、周转受阻的困境。如没有有效的措施补救,企业将面临生存危机。故而前面所说的"眼观六路,耳听八方"的意思就是要紧盯市场的变化,以变化来调动思维中的机灵因子,从而产生驾驭市场的能量。我们又常说,机会总是属于有准备的头脑,这个"有准备"就是要随时转变思路,切勿将思路固化,过去的经验往往是以后前进的绊脚石。凭老经验办事,在市场环境急剧变化之时,只会坏事。所以,有危机并不可怕,不用胆战心惊,天不会塌下来,关键是你的思路要与时代合拍,与趋势共振。狂风巨浪正是孕育英雄的时代。"吹尽黄沙始见金","沧海横流,方显英雄本色"。

人们往往依赖于以往的经验,而经验是以往思考的总结。唯经验论会陷入思维的误区,窒息思考的活力,导致思维惰性化。须明白,事物在不断变化,特别是从美国次贷危机以来,世界经济不确定性剧增,欧盟陷入债务危机深潭,世界经济的衰退似乎已成定局,这种弥漫在一片危机之中的阴霾何时散去,目前还是扑朔迷离。以往的经验对正在经济转型的艰难时期,恐怕将不再适用。如果将经验视为一种真理,将误大事。经验离不开思考,不经思考的经验是教条,是坐井观天的愚昧。如果将以往的经验固化起来,那么经验也将失去原有的价值。在回答什么是经验的时候,韩国现代集团创始人、董事长兼总裁郑周永有一段精彩的论述。他说:"人们常说经验、经验。可经验是什么呢?如果遇到了事情,只是照着去做,这种经验是没法用的。我们应该学会思考,要带着思考去做每一件事。这样,就会获得经验,这时,经验也就成了有用的东西。"这段话告诉我们,经验是思考的产物,经验是随着思考的深入而积累的。经验的生命就是思考。

但现实情况往往是,当一种思维成了定式以后,往往不易改变。市场环境变了,企业的生存环境也受到了挑战,但他还沉湎于自得其乐之中,思维似乎还完全没有作好应对危机的准备,甚至还不知道危机是什么。原因是他把以往的经验当作万世不易的教条。

须知,经验具有阶段性的特征。在某一发展阶段,可能是经验,但到了另一个发展阶段,可能就不是经验,而是继续发展的重大障碍。如果仍在按老经验办事,摆脱不了原有"思路"的羁绊,难免会出事。所以,经验是一定经济发展周期中思考和实践的产物。

那么,为何人们总喜欢停留在以往的经验上?那是因为思考是一项极其艰辛的工程。在积累了相当多的感性材料后,须经由此及彼、由外到里的分析综合。这不是常人都能具备的能力。因此,每一轮经济发展,总是由少数具有思考头脑的人拔得头筹。正如美国福特汽车的创始人亨利·福特所说,"思考是最艰苦的工作,这也许是为什么只有这么少的人进行思考的原因"。须知,这样的思考,不是一般意义上的想问题,而是富有远见的对事物本质意义的思考。回到本文的题目上,也只有这种思考,才决定其出路。

这种思考能力的培养,对于企业发展至关重要。那么,如何培养自己独立思考的能力?

笔者以为,思考的高贵品质在于独立,独立的思辨能力,独到的见地。这种思考能力的培养,首先来自独立的人格,不依附于各种人云亦云的纷扰,不绝对相信某些所谓经济权威的预测。"相信自己的大脑,尤其不要轻易相信电脑"(美国沃伦·巴菲特语)。思考能力的培养,还来自对经济学、社会学、文化、哲学、历史的全面了解和基本通晓。这样,正确的思考便有了功底。无数丰富的感性材料,经过这些知识的一一分析过滤,才能保证思考的正确性,也拥有了独立思考的能力。

对于企业的发展,有两种思考方式。一种是当市场环境好时,便容易被胜利冲昏头脑。认为前面的路永远是越走越宽广,前景永远是越来越美好,将奋进路上的坑坑洼洼、荆棘丛生全置之脑后。我们常说"前程是美好的,道路是曲折的",可惜它只记住前一句话。但当危机袭来,因思想上没有充分的准备,便慌了手脚,不知所措。认为光明已经过去,风光似乎不再,觉得路会越走越窄,发展没有希望。而对外部市场环境变化带来的商机视而不见,对寂静中出现的一缕曙光两眼闭塞。另一种则坚持独立思考,顺境时,势如破竹;逆境时,从容自若,及早作好了应对各种危机的思想、物质的准备,并且早嗅到了发展再度起飞的信息。两者的思考真有天壤之别:前者是不肯改变固有的思维模式,失去了思维的机灵和智慧,思维的价值也便终止;后者是随事物的变化而变化,"春江水暖鸭先知"就是这个道理。上面我已讲过,此种思考能力是各种因素综合作用的结果。无可置疑,文化、历史、经济、哲学的功底是起关键作用的。

伟大的思想家、哲学家、科学家培根说过这样一句话:"读史使人明智,读诗使人灵秀,数学使人周密,物理学使人深刻,伦理学使人庄重,逻辑修辞使人善辩。"这是一句对培养独立思考能力颇有教益的名言。

"思路决定出路",这句话经常挂在我们嘴边,但要深刻领悟其真谛,若没有思考的深刻性、灵敏性和前瞻性,断然毫无出路可言。故而,具有独到眼光的思考能力,绝非来自突发奇想,而是一个人长期文化、哲学和实践的积累和沉淀,犹如鲁迅先生在论述写作经验时所说,"烂熟于心,一挥而就"。培养和拥有独立思考能力也莫不如此。

对"华为"忧患意识的再认识

我不认识"华为"的任总,但我很敬佩"华为",敬佩任正非。其原因恐怕在于:第一,"华为"也是民营企业,和我们在同一条战壕里;第二,它是名列前茅的中国500强企业,并且成功地在海外市场上布局立足;第三,它凭借自身技术研发优势,迅速成为仅次于爱立信的世界第二大电信设备制造商。但最令我震撼的是任正非非凡的忧患意识。很少有企业领导能像他那样有如此的忧患意识。

早在2000年任总就说了这样一席令人震惊的话:"华为的危机、衰落甚至破产即将到来,我们虽然处在春天,但是离冬天不远了。请不要忘记泰坦尼克号是在一片欢呼声中起航的。"十多年过去了,华为不但没有衰落、破产,反而成为在世界通信设备领域升起的一颗璀璨的明星。2010年销售额达到了280亿美元,与领头羊爱立信只差20亿美元。

为何越胸怀忧患,却越发展迅猛呢?道理并不深奥。好似一个人做事,越深知其风险,如履薄冰,他就越稳重、谨慎,越能激发他的创造性智慧去战胜风险,也越能去捕捉机遇获取成功。企业也是如此。华为正是时时提防着自己衰退、破产,所以步子就更坚实,目光就越发锐利,嗅觉越发灵敏,捕捉商机的能力也就愈强,创新的动力也更充沛。创新结硕果,华为率先提出了 Single RAN 技术,一个可为各种无线标准提供可设计移动网络的基站,还首次推出了使用方便的即插即用型笔记本电脑无线网络适配器。2010 年,华为已拥有接近 1.8 万项专利,其中包括 300 项从国外获得的。它的竞争优势是通过技术先进且价格低廉的设备,获得国内外市场的青睐。当时中国沿海大城市的网络通信设备市场都被国有和外资设备商占据了,很难把自己的产品卖出去。于是,任总就用"农村包围城市"的商业策略,通过提供技术先进但价格低廉的设备,雇用庞大的销售队伍,迅速占领了除许多沿海大城市以外的市场。

因为心怀忧患,华为非常重视员工的思想教育,这是我们很多企业所忽视的。新来的员工都要接受长达六个月的思维模式训练和现场操作培训课程,包括两周左右的文化培训,以此来培养华为"狼的精神"。

华为的下一个十年目标,不仅要成为技术领头羊,更要像惠普、思科与 IBM 那样加入 IT 业千亿美元俱乐部。这对华为来说任重而道远,"长征"才刚刚开始。但不管怎么样,华为如履薄冰似的忧患意识是常备不懈的。这使它在追赶的过程中,步履更加坚实,超越也更加立足稳健,拥抱梦想也会更加理性和充满智慧。

因为忧患,所以更加专注。华为没用一分钱在房地产和股票市场进行投机性的投资,而是专心将创新技术和服务顾客放在第一位。

因珍惜来之不易的发展成果,故常怀忧患;因常怀忧患,故发展的步履更加坚实,员工们更以一种忘我的境界助推企业的发展。华为"狼"的进取精神便发挥得淋漓尽致。

那么，华为的忧患意识带给我们什么有益的启示呢？

做企业首先是要常怀忧患之心。哪怕是发展很快的企业，也得常常有一种"如履薄冰"、"如临深渊"的感觉，这样就会有一种使命感、紧迫感和责任性。犹如一支队伍，当面临前有拦截、后有追兵的困难境地时，唯一的出路是突围。企业的突围便是降低运营成本，加快科技创新，完善财务体系，拓展市场渠道。收缩应该收缩的战线；扩张需扩张的阵地。而阵地之中最为义无反顾的是科技研发。华为的发展有力地昭示了这一点。敢于和全球通信设备业的巨无霸爱立信较劲，你想想志向该有多高，产品的科技含量该有多高，再加上相对的廉价，何愁没有市场？

市场似乎天生与目空一切、好大喜功和那些思维锁定在一个点上的行为是天敌，而始终把机会给予那些心怀忧患、步履稳健、持续创新的企业。华为的发展证明了这一点。正如前面所说，人越是战战兢兢，办事便越会谨慎，越能激发忘我精神。也正如在狂风巨浪中行驶的航船一样，时刻意识到前有触礁和沉没的危险，就会高度警觉，智慧和创造潜能的闸门便会打开，最终使这艘船能安全到达目的地。泰坦尼克号是在一片永不沉没的欢呼声中起航的，它迟来的警觉性使它悔之莫及。所以，"防患于未然"、"防微杜渐"，对于企业成长的每一步都显得至关重要。这给尚处在乐观中的人们敲响了警钟。

作好应对危机的各种思想和物质的准备，同样重要。过冬有了棉被、棉衣，就不怕寒潮来袭。要知道，任何事物的发展，跟大自然四时变化一样，都是有周期的，这就是周期律，任何人力都无法抗拒。但不等于穿了棉衣就不能战斗，无所作为。市场的商机无处不在,即使在阴霾密布的危机时期也是如此,不然就无法解释为何在经济下滑时还有盈利可观的企业。"马放南山,刀枪入库",就永远不会有市场的机会。

管理学上有一个"木桶理论",木桶由长长短短的板组成,而最短的那块板才是最使人担心的。如果最短的那块板塌掉,整个木桶也就垮了。我们企业有长处,也有短处,而那个短处也正如"木桶理论"中的那块短板。从这个意义上说,我们怎能不胸怀忧患而去加固这块短板呢?

早在2002年,在中国企业家年会上,任总就说了这样一段令人深省的话。他说:"危机并不遥远,你一定要相信。从哲学上,从任何自然规律上来说,我们都不能抗拒,只是如果我们能够清醒认识到我们存在的问题,我们就能延缓这个时候的到来。繁荣的背后就是萧条。玫瑰花很漂亮,但玫瑰花肯定有刺,任何事物都是相对的,不可能有绝对的。"他又说:"10年来我天天思考的都是失败,对成功视而不见,也没有什么荣誉感、自豪感,只有危机感。也许是这样才存活了下来。我们大家要一起来想,怎样才能活下去,怎样才能存活得久一些。危机这一天是一定会到来,大家要准备迎接,这是我从不动摇的看法,这是历史规律。"所以,华为对待社会媒体十分低调。他告诫员工:"媒体有他们自己的运作规律,我们不要去参与,媒体说你好,你也别高兴,你未必真好。说你不好,你就看看是否有什么地方可改进,即使报道有出入,也不要去计较,时间长了就好了。希望大家要安安静静的。"正由于华为的"安安静静",只埋头于自己产品的科技研发,质优价廉的销售,管理的强化、优化,才有能与爱立信匹敌的今天。

综上所述,华为的忧患意识给我们的启示是十分有益的。

在现实生活中,像华为这样的忧患意识是不多的,这也许就是我们大家没有华为这样骄人业绩的原因。

因此,我们应把危机意识和压力作为企业管理的重要理念,把它传递到每一个员工,通过无依赖的压力传递,使企业的内部机制永远处于激活状态。要把每天视作一个新的起点,谁也没有资格骄傲,谁也没有资格躺在过去的成绩上而保证永远平安。这就是华为这个危机偏执狂对我们发出的忠告。

由于中国特殊的历史背景,企业家的生长、发育,比之西方的企业家,有着更多的艰难与障碍,更需要我们多一个心眼,多一份危机感,这样也更能激活我们的智慧和才能。"勇敢地走出去,进入世界,锐意拼搏,跌倒了爬起来,继续前进,继续尝试,即使又一次失败,也毫不气馁,竭力再试,敢于直面困难,历尽千辛万苦,摆脱困难,将困难踩在脚下,最终走向胜利"。

让哲学成为我们的精神财富

我们都想拥有智慧。因为事业的成功是需要用智慧的头脑去完成的，而哲学就是提供智慧的源泉。哲学的智慧能为你提供新的思路和视角，助你事业成功。

记得音乐大师贝多芬对哲学的意义说过一句十分经典的话。他说：人们的头脑是需要借助哲学才能达到崇高境界。

哲学并不神秘，也不是什么很高深的言论。哲学就在我们的身边，就在我们日常的生活、工作里。只是哲学让人想得深一些、看得远一点，指引人们明智地选择自己的道路。企业家要带领自己的企业一步步向前走，不畏艰险，披荆斩棘，不断迈向新的高度，这期间，太需要哲学的智慧了。所以很多有作为的企业家，都十分喜爱哲学。乔布斯说过一句十分独到、深刻、令人深思的话。他说："我愿意把我所有的科技去换取和苏格拉底相处的一个下午。"苏格拉底是一位大名鼎鼎的哲学家，是"他把哲学从高山仰止高高在上的学科变得与人休戚相关"。乔氏更是把哲学提升到与科技并肩的重要地位，可见哲学在这位伟大企业家心中的分量。记得中科院院士、著名物理学家、教育家、复旦大学原校长谢希德教授甚至认为：一所大学如果没有哲学，这所大学就没有必要存在。她肯定了哲学在科学研究及人才培养过程中的重要作用。

那么,哲学究竟是什么?哲学是一种寻根问底的思维;哲学是一种推动人类思想、文明向前发展的学问;哲学是一种随着实践发展而深化的真理;哲学又是一种科学,它不仅解决科学的认识问题,还解决价值取向问题;哲学还是一种境界,达到人类最高智慧目标、人生价值最高自觉的境界;哲学也是一种方法,是一种高层次的方法,是方法的方法,揭示真理、探索真理的根本方法,发展思维能力、确立价值观念、改造人的主观世界的根本方法。

学懂了哲学,脑子就灵,眼睛就亮,办法就多;不管什么时候、从事何种工作都不会迷失方向。你的工作越变化、越新,它显得越有用;你的地位越高,它所发挥的作用越是关键。哲学的意义在于不断从感性认识到达理性认识,从感觉到达理解,理解属于事物本质和规律性的东西。

我们不是哲学的理论工作者,也不是某种哲学流派的追随者。作为企业管理者,笔者认为确立哲学上的三个观点,对我们企业的发展至为关键。

第一,确立事物不断变化发展的观点。回顾我们企业起伏、曲折的成长历程,充分说明了这一点。这些年我们看到,有的企业不断成长,一步一个新台阶,得到市场的广泛认同和消费者的青睐;可有的企业,业务渐次萎缩,市场份额逐渐缩小,科技创新缺乏活力,原先发展良好的势头风光不再;但也有的企业重整旗鼓,一改颓势,发展势头扶摇直上,令人刮目相看。所以,我们不能以一种凝固的思维和眼光看待变化着的事物。我们的每一位员工,也是在变化中不断成长进步。落后的不会总是落后,先进的也不一定老是先进。我们管理者的责任就是做好转化工作，变消极因素为积极因素，最大限度地调动其主观能动性，发挥他们的潜能，让落后变先进，让先进更先进。企业的整体运作亦如此，在"内因"和"外因"的双重作用下，有可能发展的步履更加稳健，但也有可能停滞不前，甚至退下阵来。所以，我们在前进时莫要自满、骄傲；遇到挫折时莫要畏难。推动你企业不断向前的关键是，在变化中调整好心态，在变化中追求完美。牢牢掌握其主动权。唯物辩证法认为，"内因"是事物变化的依据，"外因"是变化的条件，"内因"是主要的。这个"内因"对企业管理而言，就是牢牢掌握其调整的主动权，做到退可以守，进可以攻，进退兼备，攻守皆宜。这就是掌握了事物发展变化规律给予你的智慧。

第二，确立矛盾无处不在、无时不有和矛盾统一的观点。无论何地何时，事物间的矛盾无处不在。可以这样说，没有矛盾就没有世界。只因为有了各种矛盾，人们才想拥有智慧去解决，战胜了矛盾，事物就前进了一步。但一个矛盾解决了，还会出现新的矛盾。人们总是在战胜一个个矛盾中进步。联系我们企业实际，无论是企业管理、技术创新还是营销方法，都会碰到各种各样矛盾，只是矛盾的大小不同而已。遇到各种矛盾，当然不能绕开，也没有法子绕开，你越是想躲避矛盾，矛盾越会找上门来。只有正视矛盾，直面矛盾，智慧地解决矛盾，企业才能一步步前进。有人总抱怨矛盾怎么这样多，在众多矛盾面前无所措手足。这是对矛盾无处不在的一种不理解。要知道，矛盾是推动我们前进的一股动力。你解决的矛盾越多，你就越有本领，距离智慧的大门又逼近了一步。

我们在企业实践中，有可能碰到的矛盾不止一个，众多矛盾纠合在一起，细究起来，其中必有一个主要矛盾。其他矛盾都归结在这个主要矛盾体内。如果能抓住主要矛盾并想方设法解决，其他各个矛盾有可能迎刃而解。企业营销这一块，常常是矛盾的多发地，但是公司对营销管理，常常只限于头疼医头、脚疼医脚，缺乏较长远的制度安排和战略考虑。也就是没有抓住主要矛盾，枝节的问题考虑较多，有关制度的安排欠缺。

但要发现这个主要矛盾，恐怕要有智慧的头脑、理智的判断，以及长期管理经验的积累。若舍本求末，纠缠于枝节，淹没在无伤大雅的众多小矛盾中，反而会使矛盾积累越来越多，解决也越来越难。但无论如何，我们不能回避矛盾。所以，我们要学好哲学。

第三，确立"实践第一"、"实践是检验真理标准"的观点。实践是一切知识和经验的源泉。理性认识也只有在感性认识的基础上方可形成并深化。人类的认识是在"感性（实践）—理性—感性—理性"的无限往复循环中得到提高的。离开了实践，别说财富的创造和积累，恐怕连日常简单生活都不能进行。

做企业亦如此。这方面大家一定深有体会。没有实践，哪来创业；不去实践，哪有流程的改进和优化；同样，技术创新、工艺改进、营销突破，一步也离不开实践。"纸上得来终觉浅，绝知此事要躬行"。需要指出的是，我们所说的实践，并不是简单的无休止的重复。如果只是简单重复昨天的事，那样的实践是没有意义的。实践的可贵品质就在于实践的创造性，不断把实践推向新的高度，有所发现，有所创造。回顾那些成功企业的成长过程，无不在创造性实践基础上不断迈出新的步伐，从量变走向质变,实现新的飞跃。

在实际生活中,人们对实践的认识不尽一致。更多的是停留在一般层次,缺乏思考和总结,没有提升到理性认识的阶段,从而再回到实践中去。这样重复原地踏步,就不会产生创新的能量,企业也就缺乏做强做大的底气。

所以,我们对实践的认识,要丢弃浅表的理解,提升认识的档次和深度,遵循"感性(实践)—理性—感性(再实践)"的认识方法,把握事物的本质,取得最大的实践效果,从而将企业不断推向新的高度。

我认为,确立以上三种哲学观点,无论是我们自身的修身养性,还是所从事的事业,都将受益匪浅。对于我们企业管理者而言,加深对上述三个基本观点的理解,对于企业的持续成长关系极大。我个人对此有深刻体会。

我们学哲学关键在于实际应用,让智慧为我所用,为创造财富所用,否则就失去了哲学的意义。

下面就提高三个方面的能力,说一说我的体会。

首先,要提高适时调整战略思维的能力。辩证法认为,事物都处于不断变化发展之中,作为关系企业全局的战略,也该随实际环境的变化而适时调整。一定的发展时期就有相应的战略,一定的战略是一定发展时期和环境变化的产物。僵化教条的思维方式将扼杀战略调整的生命力。举个简单的例子,当市场上某种产品出现严重过剩,并且这种产品缺乏市场前景的时候,还在采取盲目扩张的战略,将会对企业造成极大的伤害。所以,对企业决策者来说,对市场的发展动态,对经济环境的变化趋势,要有全盘和周密的考虑。这方面我们民营企业者肯定要比国有企业做得好。须明白,早先我们之所以发展,就是顺应市场和经济环境的变化。以后的发展,能否持续顺应社会经济环境的变化,成了我们的研究课题,而且这个课题变得越来越复杂化。因为全球一体化的经济环境变化也越来越复杂化了。可以肯定地说,唯具有应对复杂变化能力的智慧者方能胜出。淘汰思维僵化者、狭隘者、陈腐守旧者,优胜劣汰为市场洗礼的必然。

多变的市场环境催生多谋的头脑,多谋的头脑源于多变的经济环境,所谓"适者生存"恐怕就是这个意思吧。

其次,不断提高企业持续创新和追求卓越的能力。创新也是个动态并不断更新的概念。不同经济发展时期,有不同的创新内涵和外延,有不同的创新理念方法。今日之创新为明日之创新;明日之创新又源于今日之创新。创新不衰,创新日新;企业不衰,企业长青。创新是企业持续成长的命脉,已经成为大家的共识。

创新并不神秘,并非高不可攀,更不是大企业的"专利"。创新不分大小,不分先后。创新的大门对我们所有企业敞开着。任何人都无法握有垄断权,但创新却一定属于富有哲学智慧的实践者。

什么是创新?笔者认为,乔布斯对创新的理解和实践,对我们大有启发。

乔布斯关于创新有两个关键词:"借用"与"连接"。完全创新几近于冒险,而在模仿基础上的创新,则能收到最佳的创新效果。能推动和摇撼世界的人,往往都是那些擅长模仿的人。"使用人类已有的经验和知识来创造是一件了不起的事"。要用看似"异端"的创意去"轰炸"大脑,才可以激发创造力。为了创新,就必须打破常规,去制造"与众不同",要有一种甘冒失败风险却矢志不渝坚持创新的胆识,看似冒险,实际是超越。要是大家都不愿冒险,那又怎么超越?超越就意味着冒险,拒绝平庸。很多时候,创造性的突破往往是在一次次冒险中找到的。

大家只要回顾一下,当关键问题无论是管理、营销还是技术取得突破性进展时,谁的手心里不攥着一把汗呢?

我认为,创新的主攻方向,应放在提升企业核心技术的关键因素上。一方面,应不断丰富和发展现有支撑产品核心优势的技术,并应用高新技术或先进适用技术,形成主导产品关键技术的自主开发能力,拥有自主知识产权,并要具备超前3—5年的产品和技术开发能力。这就是我对企业创新的理解。

最后,不断完善人格和提升思想境界的能力。哲学是一种境界,也是对优秀价值观念的自觉,不断完善人格,不断提升思想智慧,让哲学成为我们精神财富的柱石。

我们知道,做企业就是做人,做人就要做具有哲学智慧的人。只有这样,企业才会在智慧的哺育下长成参天大树。如果观念陈腐、心胸狭窄、见利忘义、因循守旧,那他的企业必定是人心涣散、众叛亲离、销路萎缩、产品低劣。在事物发展变化中,会有偶然性的因素,但在一般意义上,有其因则必有其果。差异的只是时间上或推迟或提早。这和佛教中"善有善报,恶有恶报"的说法有某种异曲同工之处。

哲学的深度决定境界的高度,也决定企业成长的速度和强度。有人说,做小生意靠精明,做中生意靠谋划,做大生意靠哲学。哲学也是谋划,却是谋划中的谋划。

哲学属精神范畴,是精神财富,但在一定条件下可转变成巨大的物质财富,所谓精神变物质就是这个道理。称之"精神核能"也不为过。所以,企业管理者要有哲学头脑,让哲学的智慧在你驾驭企业前进的航程中发挥方向性的舵手作用。

用乔布斯的思想武装自己

乔布斯去世了。这位最值得世界为他唱生命赞歌的伟大企业家离开了我们,令人扼腕痛惜,他才56岁呀!虽然我们无法将他从死神那里夺回,但在他引领下的这场伟大的计算机革命,深刻改变了现代通信、娱乐乃至人们的生活方式,其伟大贡献在世界工业发展史上镌刻下了最辉煌的篇章。他的思想智慧是世界工业文明的共同财富,并为企业永续发展、持续创新、做强做大提供了取之不尽、用之不竭的智慧源泉。学习乔布斯的智慧,成为企业界谋求发展的共同主题。下面就我的学习体会,与大家共享。

命运就在自己手里

> 时间有限,不要浪费时间活在别人的阴影里;不要被教条所惑,盲从教条等于活在别人的思考中;不要让他人的噪音压过自己的心声。
>
> ——乔布斯

我们常讲企业家精神,何谓企业家精神?我的体会就是乔布斯所言的三个"不要",即把命运掌握在自己手中,而不是在别人嘴里。把主要精力和资源投入到自己的想法上。当乔布斯准备创业的时候,当时全美各大公司都把研发和生产的重点放在大型计算机上,而乔布斯不重复人家的老路,独辟蹊径,专注个人计算机。缺乏资金,乔布斯变卖了汽车,他的搭档沃兹卖掉了计算机,凑了1300美元。没有办公地点,就在乔布斯父母的车库里日以继夜地工作。就因为把命运牢牢掌握在自己手中,1976年研制出了苹果1号,立刻引起市场的轰动。质优价廉的苹果电脑,使乔布斯的"让普通老百姓也能拥有电脑"的梦想成为现实。

"命运就在自己手里",使他发现了又一座"金矿"——MP3播放器。2001年11月10日,历史上最具传奇色彩的便携式MP3播放器ipod,以它卓越的使用效果和独树一帜的时尚设计,在音乐领域带来了革命性的改变。1999年"苹果"推出了第二代imae,那种可提供红、黄、蓝、绿、紫五种水果颜色的款式,一面市即引发一场新的抢购热潮。

因此,要拥有自己的思想、信念,不管你为坚持自己的思想受到多大的委屈和磨难,都要坚持。因为这个思想来自你深刻的洞察力、独到的前瞻性,是智慧火花迸发出来的创造力,所以绝对不能让他人的噪音压过你的心声。

回顾自己的成长历程,也无不证明"命运就在自己手里"的正确。想当初创业时,七八条汉子,三四间破屋,一两台老掉牙的机器,两三年后,建立了"根据地",队伍上百,机器更新,厂房连成一片,从铺子变成了厂子,"赵公元帅"又真让你发了点小财。此时,"小富即安"的噪音在耳边响起,不过并未就此止步,没有故步自封。自己给自己加压力,迅速把企业做大。一个提供电扶梯制造成套部件的企业诞生,几年后站稳了脚根,亮出了旗帜,占领了市场,原始积累的家底也随之厚实起来。此时,如果浅尝辄止,注定只能做市场的配角,处于产业链的低端。因为相信"命运就在自己手里",经过十数年的努力,才有了康力牌的电梯,才有了中国驰名商标、国家技术中心,并成功登陆资本市场。而今7m/s的高速电梯面世,海内外订单纷至沓来。真正意义上的民族电梯"康力牌"开始崛起。

因此,只有坚信"命运就在自己手里",心中才有主心骨、方向盘。命运这东西应该是属于自己的,这才有勇气跟着自己的内心和直觉走,给自己一个培育创造力的机会,走自己选择的道路,做自己的老板。

永远保持进取的旺盛斗志

> 失败中培养自己的乐观精神,赶走消极情绪,就能获得成功。
>
> ——乔布斯

乔布斯所以引来无数的崇拜者,其中一个重要的原因,就是他始终保持进取的旺盛斗志,充满乐观精神。他说:"即使世界明天毁灭,我也要在今天种下我的葡萄树。"他把每一天当作一个新生命的开始,又把每一天当作生命的最后一天,而倍加珍惜。很难想象一个刚接受肝脏移植的人,竟身着标志性的蓝色牛仔裤和黑色套头衫,亲自主持一次苹果新款的发布会,丝毫也看不出是个病人。神采奕奕的他,使大家肃然起敬。这种奋力进取的旺盛斗志,真可以说发挥到了极致。这就是伟大的乔布斯精神。

回顾自己走过的路,思想中有一个主旋律,这就是始终保持进取的旺盛斗志。即使遇到了困难和挫折,也从没灰头土脸过,没打过一次退堂鼓。记得在资金周转不畅时,毫不迟疑变卖苏州的房产,但仍劲头十足,保持乐观向上的精神。兴许是我旺盛的精神状态,感染了全体员工,让他们看到了公司的希望和未来美好的前景。

试想,要是一个指挥官精神不振、满脸沮丧,怎么能率领他的部队去取得战斗的胜利?战士们的勇敢精神是靠指挥官去调动的;同理,企业员工的积极性、创造性是靠老板去点拨和点燃的。所以,在某种意义上说,老板脸上的神采就写着企业的精神风貌。

可是,有些人则不然。顺境时,神采奕奕,豪气冲天;一遇挫折,就哭丧着脸,摸不着路,像掉了魂似的。员工们如果看到老板灰头土脸,会有旺盛的精神状态吗?

所以,良好的心态,乐观的精神,旺盛的斗志,在任何情况下,都要坚持。只有坚持,才能主宰自己的命运,率领自己的企业舰队一步步驶向成功的彼岸。在这漫长曲折的过程中,遇到风浪是不可避免的,但这并不可怕。最可怕的是自己的斗志松懈,情绪消极,精神颓废。故而我们要从乔布斯始终保持乐观精神、旺盛斗志的生动事迹中,汲取巨大的精神力量。

不断挑战自我

面对生活,只有接受不断的挑战,你才能成功。

——乔布斯

当你被某种欲望封锁时,你就会故步自封起来。因为在你看来已达到目的。如此,就不会进入新的领域,就会在新的挑战面前望而却步,缺乏挑战自我的勇气和决心。

乔布斯的成功,就在于他不断挑战自我,不断向新的高度进发。1977年初那个时期,个人电脑沉重粗笨,设计复杂,操作难度较大。乔布斯以小巧轻便、操作简便的特点,向消费者提供了一部只有12磅重,仅用10只螺丝组装,塑胶外观极其美观大方的漂亮的电脑,一下子轰动了全美整个计算机市场。乔布斯抓住机会,主动出击,这完全是建立在不断挑战自我的基础之上。因为他是挑战自我的高手,所以他的人生便变得更加精彩,"苹果"也随之腾飞。以后的"苹果",激情四射,生机盎然,创造性的神话接连不断,屡被刷新。对此,我也有深切体会。有人问,你电梯配件已做得很不差了,为何还要搞电梯?这就是一个挑战自我的问题。不断拓展新高度,成为我挑战自我的新目标。当电梯做到3m/s—5m/s时,在质量稳定的前提下,又挑战更新的高度,现在7m/s超高速电梯刷新了"挑战自我"的新纪录。满足了吗?止步了吗?我相信挑战自我是一个永续的话题。一个想活得更精彩、更有价值的成功人士,这种挑战自我的境界是永远也不会停滞的。"不要害怕成为榜样,要抓住出头的机会,让人们知道你的所作所为。"乔布斯如是说。

我体会到:创新的过程就是一个不断挑战自我的过程。挑战自我的终结也意味着创新生命的枯竭。因此,你要创新,就必须有勇气不断挑战自我。这方面,乔布斯为我们树立了光辉的榜样。他的伟大就在于将"不断挑战自我"的境界到达一个无人逾越的高度。让我们以乔布斯不断挑战自我的智慧激励自己,把人生价值推向新的高度。

有勇气直面困境,保持高度危机感

> 如果没有一些警觉,苹果可能,可能,可能——我在找合适的词——可能,可能死掉。
>
> —— 乔布斯

在企业发展的风风雨雨中,没有困境是不可能的,不出现危机也是不现实的,是违背发展规律的。害怕困境,害怕出现危机,是懦夫的表现。一个人的成长,不走过一段坑坑洼洼的路,就没有经验和智慧,就不会珍惜,就不能成大器。这是一个十分简单的道理。可就有人在现实困境面前,惶惶然不知所措。说到底,人生是一种博弈,做企业也如此,哪能保证你招招取胜呢?陷入困境了,失败了,想办法取胜,换来了经验和智慧,这是其乐无穷的事情。要紧的是如何去从容应对,变挫折为机遇,踏上你成功的通途。

信念是一种无坚不摧的力量,人只要拥有坚定的信念,就会产生战胜一切困难的智慧和勇气。记得美国的石油大王洛克菲勒曾经说过一句话:"即使拿走我现在的一切,只要留给我信念,我就能在十年之内又夺回它。"可见,一个人的信念是何等可贵!不理解这一点,你就根本无法想象,乔布斯在身患癌症的情况下,还在不断地创造奇迹。要有勇气直面困境,敢于与失败"接吻"。不要把暂时的失败看得十分可怕,要记住:遇到的挫折越多,越能提升你的意志和能力。在挫折面前站起来，就证明你是一个无比刚强的人。我们搞机械工程的，免不了要出点事。出了事，从容应对、解决，认真总结，不就是"吃一堑，长一智"么！规模比较大的企业，要想万无一失，是幼稚的想法。当然，我们要尽力防患于未然。制定一套应急预案是十分必要的。

关于企业的危机意识，前面已经讲了很多。今天给我们以深刻启发的是，像苹果这样大的公司，像乔布斯那样的世界顶级创新和赢利大师，尚且有这样深重的危机意识，这难道不值得我们一般企业或正在做强做大的企业深刻反思而警钟长鸣吗？

成功需要想象力

想成功，就要把梦做得大一点。

——乔布斯

想象力是成功的翅膀，也是把梦做得大一点的推力。要想成功，需具备更多、更丰富的想象力。当一个迪斯尼高管寻求乔布斯的建议时，乔布斯回答说："把梦做得大一些。"早在1976年，当乔布斯和几个高中同学在家中车库里开始装配电路板时，他当时的梦想就是："让普通老百姓也能拥有电脑。"在当时，乔布斯普及电脑的梦想是一个大胆的、令所有人欣喜若狂的大梦想。这个大梦想，不是在他的引领下实现了吗？为什么人必须要有大梦想？因为任何事情在实践过程中往往是要打折扣的。中国有这样一句老话："取乎其上，得乎其中；取乎其中，得乎其下"，就是讲这个道理。

想当初，我们在做电梯配件时，就做梦要做整机。因为只做配件，形成不了一个完整的产业链。在某种意义上说，也就不是一个完整的电梯集团，更谈不上圆电梯王国的大梦。后来，整机上马了，一步一个脚印，重研发、重设计、精制造，圆了做整机的梦。这个梦圆了，又一个美好的梦在脑海里盘旋起来。高端楼层需要高速和超高速电梯。通过艰辛的努力，高速电梯这个梦又圆成了。所以，梦想一定要大一点。大胆构想，精心论证，创新实施。我们有句宣传标语，叫作"不止电梯，还有梦想"。就是要不断圆自己的大梦、美梦。

成功需要想象力，企业必须有一大批敢于创新、敢于挑战的开拓型人才，让那些平庸、固守陈规的人走开。因为他们恐怕连小梦也很难圆成。

企业在不同发展阶段，有着不同色彩的梦。梦一个接一个，发展也不断进入新阶段。让我们记住乔布斯的话："想成功，就要把梦做得大一点。"

追求完美的极致

> 我们把屏幕上的按钮做得漂亮到让人忍不住想要舔一舔。
>
> ——乔布斯

完美是一种态度，更是一种境界。虽然绝对的完美是不存在的，但我们做任何事情，都应力求做得最好，尽善尽美。

"追求完美是前进者最好的动力"，尤其在今天竞争激烈的市场经济中，是否完美往往决定事情的成败。"把屏幕上的按钮做得漂亮到让人忍不住想要舔一舔",此种完美程度可谓无与伦比。难怪乔布斯被称为"残酷的完美主义者"。他对完美的追求近乎一种疯狂的状态。因此,他的团队与合作伙伴都树立了很高的标杆。"苹果"的成功就是一个不断追求完美的典型范例。我们也在不断追求完美,但比起乔布斯那种坚忍不拔、执著追求完美的精神来,差距还十分遥远。尽管如此,并不妨碍我们去追求完美。

我一直在想,要是我们电梯制造上的每一道工艺,都达到让人有一种"享受之感"的程度,那离乔布斯所言的"让人忍不住想要舔一舔"的程度又接近了一步。但我知道,我们在不断进步中,我们扶梯上的前沿板和把手以及轿厢的人性化设计都比过去大有进步,让人觉得更舒适、更美观、更妥贴,在追求完美的路上又迈出了一步。

我们做事,无论大小,在力求完美的过程中,决不可有一种"还可以"或"差不多"的态度。满足于"还可以"和"差不多",是无法做到完美的。

在追求完美者的字典里,没有"差不多"和"还可以"这几个字。

关于学习乔布斯的智慧,我择要写了上述心得体会。我们要知道,这是一座取之不尽、用之不竭的金矿,而只有勇往直前的勇士才会领悟它的真谛,才会使自己顿生灵气、勇气、浩然之气。

此外,造就乔布斯这个桀骜不驯的天才形象,除了他自身的因素之外,完善的法制环境十分重要。关于这个问题,冯仑有一段高论。他说:"冒险、偏执、想象力甚至古怪的性格,中国民营企业家都有。那为何长不出苹果这样的企业？所以不是说中国企业家能不能成为乔布斯，而是中国企业家这种素质能不能长出苹果。它的关键是一个充分竞争、鼓励创新、权益保障、法制完善的环境。"

但我们一定要深信，这个环境是一定会到来的。温家宝总理说："不改革开放只能是死路一条。"站在21世纪中国市场经济的大舞台上，打拼不已的中国企业家们，正是一个民族不屈不挠寻求改革复兴之路的生动写照。时代呼唤"中国的乔布斯"和"中国的苹果"。

企业家·小说家及其他

　　优秀的文艺作品,是人类文明的瑰宝。它的艺术感染力、震撼力、影响力,反映社会的深刻性,塑造人物的典型性,对推动人类历史进步起着很大的作用。其中不乏众多描写企业家题材、弘扬企业家精神的作品,这些脍炙人口的杰作,对推动全球工业文明进程具有极其深刻的启示和促进作用。

　　小说家汲取企业家精神的素材,从企业家艰辛创业、创新的历程中提炼主题,表现他们为社会创造财富的那种可歌可泣的精神风貌,并为之提供了强有力的精神支柱和力量。企业家筚路蓝缕、坚韧不拔、披荆斩棘的实践活动,也为小说家反映生活、塑造人物提供了取之不尽、用之不竭的创作源泉。可以这样认为,在浩如烟海的小说中,塑造企业家形象的作品是世界小说史中不可或缺的浓墨重彩。从这个意义上说,小说家与企业家结下了难解的情缘。

　　关于企业家与企业家精神

　　中国文学巨匠茅盾在他的小说《子夜》中,为我们描写了一位雄心勃勃,希冀以实业救国的企业家形象。丝厂老板吴荪甫为振兴民族工业,为实现他成为"中国机械工业时代英雄"的梦想,卖掉了在日本的两家丝厂,毅然回国。他说:"只要国家像个国家,政府像个政府,中国工业一定有希望的。"他最大的理想在于扩大自己民族工业的资本,以振兴实业来救中国贫弱的经济,志向可谓宏大。小说的背景是在20世纪20年代到30年代中期,当时的中国社会矛盾复杂,政治局面黑暗、腐败、动荡,军阀武装混乱,帝国主义侵略企图渐显。在这样一个时代背景下,作家为我们塑造了一个有着过人胆略和智谋的中国民族工业的代表人物吴荪甫,意义是十分深远的。但由于历史的局限,吴荪甫空有一腔实业救国的热血,最终在封建主义、官僚资本、买办资本的围剿下惨败。吴老板也终于体会到在当时的中国社会里,想要发展民族工业是何等艰难。但尽管如此,我们从吴荪甫的身上,从他立志于民族工业振兴的鸿鹄之志上,从他义无反顾、披荆斩棘、呕心沥血的企业经营实践中,还是嗅到了中国企业家精神的气息。

关于企业家精神有多种意义上的诠释,而在小说主人公吴荪甫看来是"立志+行动"。吴荪甫立的是振兴民族工业的志,走实业救国的路。行动时胆气和智慧过人,赴汤蹈火在所不辞。即使老父患病期间,还在含辛茹苦、呕心沥血从事建丝厂的调查,谋划企业发展。然而在那个黑暗的时代,这位发誓"为男儿要以强国富民为己任"的丝厂老板吴荪甫,丝厂虽建起来了,发展也很迅速,但最终难逃惨败的下场,真是"出师未捷身先死,长使英雄泪满襟"。但他留给后人的思考却带有时代性的意义。

从历史上看,中国在很长时间内不缺发明家,拥有"四大发明"的中国,在当时技术和知识上是领先的,但缺的是企业家,所以也无法转变为一次工业革命。中国人是很有智慧和创造力的,是最早发明银行(钱庄)的民族,但也无法转变为现代金融。关键在于制度,封闭的制度抵消了技术的进步和潜在市场的作用。故而,长期以来,中国企业家的成长、发育比西方企业家,有着更多的艰辛和障碍。这就是长期以来中国企业家的生态环境。故步自封、"祖宗之法不能变"的制度使我国的民族工业长期处于窒息状态。红顶商人胡雪岩说过这样一句痛心疾首的话:"我同洋人商战,朝廷在那里看热闹,甚至还要说冷话、扯后腿,我这个仗打得过、打不过人家?"通过这句话,当时企业家的悲壮命运便可想见了。

改革开放30多年来,中国社会发生了天翻地覆的变化,旧貌换新颜。市场经济解放了生产力,人民大众的创造性智慧如火山般爆发出来。一大批深有影响力、号召力的企业家,理直气壮地登上中国民族经济发展的舞台,令人欢欣鼓舞。纵然道路并不平坦,但航道已经开通,坚冰已经打破,民族经济的崛起是历史的选择。描写中国企业家浩然正气的鸿篇巨制,正在小说家的心中掀起波涛,那如椽的大笔担负着历史的重任。倘若《子夜》中的丝厂老板吴荪甫地下有知,也会羡慕当下这个伟大的时代。

理性·创造力·自豪感

有一部小说,在美国人看来,其重要性、影响力仅次于《圣经》,被认为影响并推动美国商业文明历史进程的力作。这部小说的作者是个女人。小说篇名为《阿特拉斯耸耸肩》。这部长篇小说对许多美国商界领袖、财富500强企业产生了强烈而独到的影响。作家的名字叫安·兰德,一个不被许多中国人所熟悉的名字。可就是她及她的作品,影响到诸如美联储前主席格林斯潘、甲骨文公司创始人拉里·埃里森等一些重量级人物的理念和运作方式。也许你会问,一部小说能有那么大的影响力吗?是的。这可以用格林斯潘对小说的评价和感慨作证。他说:"《阿特拉斯耸耸肩》是一部宣扬生命、快乐和创造力的小说,书里的人物都具有创造力,又以理性的方法去实现目标。"格林斯潘称自己遇见安·兰德后,在智慧上才茅塞顿开。

在这部小说中,作者把企业家视作财富的创造者,是支撑这个世界的巨人。她认为如果将经济的运转交给企业家,将会带来一个既繁荣又合乎正义的社会。《华尔街日报》的专栏作家摩尔甚至撰文指出:"只要要求每位奥巴马政府官员与国会议员都阅读《阿特拉斯耸耸肩》,那么我相信,我们会加快摆脱当前经济危机。"

作者特别强调企业家要理性,"理性是人类生存和发展的根本手段"。对于企业家来说,能促进企业利益、长久提升企业声誉的,就是理性的策略原则。人的生存离不开理性,那么企业家作为社会的栋梁,更需要拥有理性的美德。一个企业在激烈的商业竞争中能否长盛不衰,屹立不倒,关键在于企业家的决策是否理性。

在作者强调的理性原则中,十分注重互惠互利的原则。市场不是动物厮杀的丛林,而是公平和自愿交易的场所。作者说:"人们的理性利益并不互相冲突……交易者通过自由、自愿、不强迫、不压制的交换方式和人打交道,通过自己的独立判断来进行交换,这对双方都有利。"这就是我们常说的"双赢"。兰德认为,社会不应该强加给商人一种所谓的"必须利他"的社会责任。不能使自己成为"利他"的祭品。只有通过交换实现互惠,通过交换彼此创造出来的财富,人才能获得真正的幸福和成就感,这才是合乎理性的生存方式。

作者认为财富源自发现和创造,企业家应该具备这样的能力。财富的创造者同时也是发现者和创新者。

大家熟悉的世界通信业巨无霸甲骨文公司,其创始人埃里森就是这样一位具有非凡创造力的英雄。埃里森没有好的出身,读大学连学位也没拿到,工作也极不稳定,陆陆续续换过十几家公司。但这些并不成为他创造力的障碍。他通过自学电脑编程来养家糊口。1977年,他和他的伙伴凑了2 000美元创办了甲骨文公司。充满无穷智慧的创造力,铸造了他事业的辉煌。

在小说《阿特拉斯耸耸肩》中,商人德安孔尼亚说:"人们一直把财富设想成一个静止不变的数量,从而去占有、去乞讨、去继承、去分享、去掠夺或者当成特权一样去得到。但首先要理解财富是创造出来的。创造'金钱'这句话抓住了人类道德的精髓。"他同时说:"金钱是交换的工具,如果没有生产出来的商品和生产商品的人,它就无法存在。"所以,理性生命的存在方式是人的思考和创造性的工作。如果商人不愿意思考,缺乏开拓和创新的精神,他们的企业怎么能在瞬息万变的市场竞争中生存和发展呢?

自古以来,商人追求财富的巨大热情一直受到传统道德的蔑视。兰德则认为,人创造财富和拥有财富,是为了自身的幸福,追求自己合理的个人利益和幸福,才是每个人的道德目标。商人应拥有远大的事业心,在不断地创造财富中实现自我价值,获得自身的幸福。作者认为对自己财富和利益觉得羞耻的商人是伪商人。

在作者的另一部小说《源泉》中,主人公里尔登说:"我就是为了自己的利益在工作——为了这个目的,我把产品卖给愿意买并且可以买的人。我不是为了他们的利益而花自己的钱去生产,他们也不是为了我的利益而花自己的钱来买我的产品;我们彼此都不会为了对方去牺牲各自的利益;我们做的是双方同意和互惠的公平交易——我对用这种方式所挣的每一分钱都会感到自豪。我很富有,对我拥有的每一分钱都很自豪。"

成功的企业家需要自豪感、成就感,这是实现自我价值的最高庆祝。他有权利为自己拥有的财富感到骄傲。自豪感是对自身价值实现的肯定。如果缺少了自豪感、征服感、成就感,那赚钱就变得无聊乏味和毫无乐趣了。兰德说:"在人所享受的各种愉悦中,最伟大的是自豪感,这是人们从自己的成就以及自己性格的创造物中获得的愉悦。"

关于积累金钱、积累信誉、积累人心

这三个"积累",在做企业的过程中经常碰到。也许你认为积累金钱最重要,也许你认为三者都很重要。但不管怎样,这是个无法绕开的话题。

有一部被誉为亚洲史诗式的作品《商道》,作者是韩国作家崔仁浩,作品一经问世,发行量迅速突破了 200 万册。《商道》中文版一经出版,犹如一股强劲旋风,迅速在中国企业界引起强烈反响,被中国企业界推崇为"探究商业终极不败之境界"的佳作。

小说《商道》的主人公林尚沃,是位朝鲜巨商,以他的赚钱之道或花钱之道,智慧地回答了上述三个"积累"问题。在他看来,三者是辩证的统一。如果没有信誉的积累,没有人心的积累,就谈不上金钱的积累;有了信誉的积累,人心的积累,才可能有金钱的积累。

小说中有一个极其感人的情节。林尚沃在经商过程中,一个经商的朋友在妓院里给他送来一个漂亮的小女孩,钱是他的客人付的。小说是这样描写的:"林尚沃被安排在一个很窄小的单间里,和小姑娘待在一起,动动身就得肌肤相接。房间里摆着一张中式床,床上齐排放着两个枕头。红光映照下女人轻啜香茗的美姿,恍若天上仙子。这样一个美若天仙的女子,怎会落到这酒色之地,沦为卖身卖笑的娼妇? 待女人开始平静下来,林尚沃慢慢问起。女人一声长叹,诉说起来:"我叫张美龄,今年15岁,今天到大人身边是我第一次接客。我还是个黄花姑娘。所以,请您救救我,救救我吧!"林尚沃简直不敢相信自己的耳朵。原来这女孩子是给人拐骗出来的,张美龄的卖身钱是70两白银。今天张美龄第一次出面接客就遇到了林尚沃。张美龄害怕极了,不禁悲惧交加,恨不得咬舌自尽。她哭诉着央求"救命"。张美龄的身体再次颤抖起,嘴里又发出那种纤细的呻吟,"救命啊,大人救救我!"女人的呻吟匕首般直插林尚沃的心脏。林尚沃一夜未眠。恐惧得发抖的张美龄终于因疲劳睡去,林尚沃无论如何也不能合上眼睛。林尚沃面对已入睡的女人的身姿,情欲的火焰已渐次熄灭,对幼小妹妹一样的怜悯之情在心中萦绕。他保护她,替她守护处子之身。但过了今天,她还得像一块肉团一样再次被抛到一个不知为谁的陌生男人面前,无论如何挣扎,终会被毁坏,被玷污,面对残缺、荒芜的人生。……一夜思索,林尚沃第二天早晨终于做出了足以影响其一生一世命运的抉择。他决意出钱买下张美龄。张美龄的赎身价是白银 500 两。林尚沃当即将 500 两白银付给了鸨主。为了支付其赎身的 500 两银子,林尚沃主动放弃了独立开店经商的千载难逢的机会。

真是善有善报,无巧不成书。五年后,林尚沃在北京邂逅了张美龄。此时的张美龄却成了光禄大夫周炳的正房夫人,并生下一个儿子。而林尚沃根本没有想到她是当年他救出火海的张美龄。张美龄之于林尚沃,是生命中的大恩人;而林尚沃之于张美龄,也是一生中最大的恩人。当年,林尚沃救张美龄时没有一丝要留下痕迹的念头。后来,张美龄成就了林尚沃一笔又一笔的大生意,使他成为朝鲜首屈一指的贸易大王。

林尚沃之所以能够成为巨商,正是因为他赚了钱却不执著于金钱,获得了荣誉而不享受荣誉,愉悦于风流却不贪溺于快活。生平财富万千,却从不把它当作自己的东西,走了一条一活俱活的活人之路,正是这样,林尚沃才终于选择了张美龄得生、自己亦得生的道路。

这个故事非常有说服力地解释了三个"积累"的因果关系。任何时候、任何情况下,积累信誉、积累人心都要比积累财富来得重要。SOHO 中国有限公司董事长潘石屹是这样评价《商道》的,他认为《商道》自始至终就是贯穿应该怎么做生意。他的故事给我的启发是要做好生意,最重要的不是积累金钱,而是积累信誉,积累人心。如果你真正拥有了人心,也就有了钱。韩国三星电子副会长尹钟荣这样说:"书里的林尚沃浓缩了几十个企业家的经历,非常真实,不能把他当作单独的一个人,而是韩国企业家、商家非常典型的例子。"韩国《京乡新闻》如此高度评价这部小说的价值:"这部小说所揭示的并非是着眼于小利的'商术',而是着眼于商业真谛的'商道'"。因此,该小说是一部非常优秀的经营教材,它揭示了我们今天所有企业人士所应遵循的"经营之道",同时更包含了我们时时处处应遵循的"做人之道"。

总之,描写企业家艰难创业历程,展示其胆识智慧的小说,还有很多很多。企业家群体是推动社会进步、构建社会文明、增加社会财富的重要力量,小说这一观念形态的文艺作品,必然将他们作为自己关注的写作对象。从这个意义上说,企业家与小说家天生结下了情缘。小说家从企业家广阔的创业舞台上汲取和提炼素材;企业家从小说家的人物塑造中,开拓视野,提升境界,获得生命动力。

其实不仅是小说,当我们看到一首气势磅礴的诗,一幅无比壮丽的画,听到一首如"爱拼才会赢"那样的歌,都会激起我们无穷的想象力和创造性。

所以,我们企业家在创造的同时,也要提升我们的文学素养,让文艺的乳汁滋润我们的心田。

"踏平坎坷成大道，斗罢艰险又出发"

"踏平坎坷成大道，斗罢艰险又出发"是电视剧《西游记》中两句主题歌词。它生动地展示了唐僧师徒西天取经的艰辛历程，表现了他们惊天地、泣鬼神的不折不挠的坚强意志和决心。战胜了"白骨精"，又来了"牛魔王"，"魑魅魍魉怎么这么多"，但对取经斗志坚如磐石的唐僧师徒们来说，千难万险何足惧。"踏平坎坷成大道，斗罢艰险又出发"。

现在回顾我们民营企业，数十年成长中的风风雨雨，坎坷磨难，其"难"，其"苦"，其"累"，堪比唐僧取经。我们虽没有碰到"白骨精"，也没见过"牛魔王"，更没有"玉皇大帝"、"观音菩萨"的帮助。我们走的是一条前人未走过的路，一路上同样充满艰辛和风险；我们这种风雨兼程、沾湿重衣的精神，同样可歌可泣。

30多年来，我国约有70%的技术创新、65%的国内发明专利和80%以上的新产品，均来自95%以上的民营经济。从20世纪90年代中期以来，城镇新增就业岗位70%以上由民营企业提供，从农村转移出的劳动力70%以上也在我们民营企业就业。从国内生产总值所占比重来看，民营经济占半壁江山。

如果没有我们民营企业这一主角的登台，则中国速度、中国崛起、中国故事不能成篇。

天行健,君子以自强不息。30多年来,我们用自己的诚信、自己的创新、自己的品牌,为中国经济的高速发展谱写了辉煌的篇章。与此同时,也涌现出一大批改革开放的弄潮儿,敢突破、敢战斗、敢跨越,为社会经济作出了巨大贡献。

实现中国经济的真正崛起,就一定意义而言,是中国民营经济的崛起,中国民营企业家群体的崛起,企业家精神的崛起,有了此三者方有中国经济的真正崛起。

纵观当今的民营经济,虽总量可观,前景灿烂,但困难重重,障碍不小,创新动能不足,真正的企业"帝王"(对比世界强企而言)还未形成。"又出发"成了我们不能不面对的严峻课题。为何要"又出发",以何种精神状态"又出发",选择什么样的路径"又出发",出发到哪,这一系列的问题是我们无法回避、必须回答的。笔者想就此谈一点极其粗糙的看法,并就教于企业界同行。

先说为何要"又出发",理由有三条。一是出于"不进则退"的自然法则。从社会文明的进程来看,倒退是没有出路的,正如"不持续进行改革就死路一条"一样。企业也是如此,停滞不前或倒退,与走向死亡没有什么两样。所以要"又出发"。二是我们要突围。在洋企和央企的双重夹击下,谋求突围。我们要争气,自己营造优势,"可上九天揽月,可下五洋捉鳖",自己给自己壮胆。三是世界500强企业的榜样作用和鼓舞。我们祖先留给我们"四大发明"的智慧财富,要发扬光大。是到了应该发扬光大的时候了!再像蜗牛那样爬,真给先哲们耻笑。以什么样的精神"又出发"呢?四个字:自强不息。何谓自强不息?也是四个字:刚、韧、柔、谦。遇到困难、挫折乃至失败,不尤天,不怨人,不叹息;自尊、自爱、自强,跌倒了爬起,爬起后奋勇向前,此谓之刚。风吹不倒,雨折不断,外因冲不垮,内因更坚固,此谓之韧。不刻板,不守旧,"绵里藏针",灵活机智,审时度势,此谓之柔。成绩面前找差距,顺境之中存危机,虚怀若谷不称霸,永远只当小学生,此谓之谦。个人认为,此四者可谓之自强不息。

"又出发"的路径在哪?两个字:创新。这里我强调一点,首先是公司治理制度的创新。制度创新是带动技术创新、管理创新的火车头。殊不知,英国的工业革命首先是制度的变革,而后才有蒸汽机的发明。试想,在一个不好的公司治理制度环境下,会有技术创新吗?

目前经济的主要问题是产能过剩,如果以原有的经济发展模式去消化过剩的产能,依然以高消耗和损害环境为代价去消化,只能是积累的矛盾越来越难以解决。唯一的出路是创新,走节约能源、资源,改变经济结构,绿色环保、生态平衡之路。我们企业的产品才有广阔的市场。

"又出发"去何处?战略目标要清晰。每个发展阶段,都要有发展目标,若干个阶段目标服从于总的战略目标的实现。

经济环境的变化会影响目标的实现,这时,要不时做好调整,不能硬拼死撞。灵活机智的战略战术恐怕是面对环境变化的正确方略。以退为守,以守为攻,攻守兼备,以防备不确定因素对我们的困扰。如果对发展目标一片模糊,摇船摇到哪里算哪里,那是十分危险的。失去了航向的船只,不是被风浪掀没,就是被暗礁毁灭。这种案例并不鲜见。

但可以肯定地说,中国经济发展的前景是十分美好的,中国这头古老的雄狮,已经从沉睡中苏醒,崛起是必然趋势。我们要满怀信心,雄赳赳、气昂昂地迎接美好的明天。

企业的发展离不开国家的制度建设。营造一个有益于民企真正脱颖而出的制度环境,是千百万民企的殷切期待。或许可以这样说,一个国家经济的真正强大,主要是非公资本的壮大;这已为国际经验所证明。所以,继续解放思想、大胆去实践,实践是检验真理标准的思想和实践,值得我们永远记取。

这些年正是在国家大力扶植民营经济的环境下,我们才踏平了一个又一个坎坷,战胜一个接一个的艰险。现在我们要"又出发"了,坎坷肯定还会接二连三,艰险也肯定会接踵而至。而且,困难和挫折有可能远远超过我们的想象。对此,我们需要有足够的认识和清醒的头脑。

我在想,民营企业的真正崛起,民营经济真正在国民经济中独占鳌头,或许需要几代人的不懈努力。因为我们的传统文化对此还不太适应,传统文化中的习惯势力不是在短时间内可以扭转的。所以,坚持韧的精神,准备持久战的战略战术,或许是最佳选择。

然而,中国经济已融入世界经济,全球经济一体化将促进中国经济体制的改革。世界经济发展史告诉我们,明晰了私有产权的民营经济登上经济发展的舞台,是一个不可扭转的潮流。如果没有私有产权的保障,创新就会缺乏动力。在某种意义上说,只有民营经济的创新,才是国家意义上的创新。在此用得上毛泽东的两句名言:"前途是光明的,道路是曲折的","万里长征只走完了第一步,以后的路更长,更艰巨,也更光荣"。

希望我们这些有志于民营经济崛起的同仁,要在历史的长河中看问题,从世界大趋势演变中谋发展。千万不要在中途倒退,更不要在半途中落马。我们不妨自比去西天取经的唐僧师徒们,去万里长征的红军战士们,这样一比,就不会被困难所吓倒,而只能被我们所攻克,如此,坎坷就会踏平,艰险就会战胜,"又出发"信心倍增。你说,对不对?

睿智·机会·勇气和价值发现
——有感于"大连·中国经济论坛"

"大连·中国经济论坛"已连续举办四届,已成为中国最具影响力的论坛之一。商界、学界、政界及社会各界的精英人士,将大智慧融入其中,目光精准锁定中国经济领域关注度最高的焦点、热点,以十分细致、宽广深入的视角,探寻并分享思想碰撞的智慧成果。

我很遗憾没有机会参与,但十分关注。认真学习了论坛的所有资料,有如聆听各位论坛者的高见宏论,茅塞顿开,深受教益。现在把我的一些感受体会分述于下,以就教于大方之家。

一、中国经济减速并非坏事

前些年,中国经济高速发展,GDP 保持两位数增长,"大干快上"成了高速发展的代名词,2007 年 GDP 增长最快,中国公司市值最高,资本市场达到顶峰。殊不知在这些增长背后隐藏着极大风险。资源过度消耗,环境污染严重。这种粗放性的增长方式注定不可持续,必然要进行调整。回归理性的增长,放缓增长的速度,提高增长的质量,或许是今后一个较长时期的战略选择。

北京大学国家发展研究院院长、著名经济学家周其仁在论坛上称:萧条是曾经发生过度繁荣的结果,起起落落是必然发生的。他认为中国经济最危险的时候正在过去。他同时告诫我们,在起和落之间一定要调整好心态,中国有句老话,好没有那么好,坏也没有那么坏。如果不善于进行反周期调节,就很容易被起落伤害了。

什么是反周期的调节,我的理解是在发展腾飞之时要想到隐藏的风险,作好应对可能到来风险的准备;在发展滞缓时要想到机会的来临,做好大展拳脚的准备。

中国经济的减速是为了发展更稳健、更健康,这种蓄势式的减缓,为中国的真正崛起积累更多的发展能量。因此,减速并非坏事。时任摩根士丹利大中华区首席经济学家王庆认为:经济发展的内在规律决定了中国经济会出现持续发展、增长减缓的趋势变化。如果要乐观,就要将自己的期望、预期降下来。所以,后危机时代,我们民企不能把期望值的胃口吊得很高,而是要稳扎稳打,苦练内功,谋求创新,也算是"卧薪尝胆"吧。因此,减速并非坏事。

二、民企要创造条件走出去

走出去需要胆识。任何新事物的成长,都是在不断探索中前进的,"走出去"也是这样。改革开放和全球一体化为我们"走出去"创造了良好的市场环境,我们很多企业也都具备了走出去的条件。企业的做强、做大,"走出去"是一条必由之路。世界500强企业,无不在"走出去"路径上独占鳌头。

全国政协委员、全国工商联副主席、万达集团董事长王健林,在论坛上列数了"走出去"众多优越条件。

第一,国际市场上极少有垄断,绝大多数国家都出台了反垄断法,当企业的市场占有率足以影响到这个市场的时候,就要被分拆或处罚。第二,国际市场上法制相对健全,政府或法律部门,不会随随便便没有证据就把企业老板抓起来了,或者几分钟把企业给灭了。当然,我们走出去以后要认真学习海外市场的规则。这方面我有深切体会。我们的电梯产品这些年出口海外,质量、服务也逐年提高,运作也很规范,受到海外用户的一致好评。

东软集团股份有限公司董事长兼首席执行官刘积仁认为,中国将内需当作未来发展的基础,不是一个长远之道。他认为,中国需要突破,中国的品牌、中国的企业要在全球范围内,充分发挥传统优势,将中国的市场内需与世界范围内的需求作一个完美的结合。他认为这才是中国企业的未来,也是中国经济发展的未来。刘总的观点,我十分赞同。这个"完美的结合",恐怕是中国企业发展壮大的正确选择。既然中国已经融入世界经济,作为一个大国,如果没有自己的企业在海外立足,那就有负于大国崛起的理想和责任。

三、经济转型的动力在于创新

创新这个话题,这些年已经喊得滚瓜烂熟了,可收效似乎不甚理想。我们已经习惯了在原有的轨道上行驶,掉转方向总觉得别扭,迈不开步子。但如果不创新,就只有死路一条。

北大纵横管理咨询集团创始人、论坛理事王璞,在论坛上回顾整个经济百年来所走过的路线。他指出,经济发展有三种模式:第一种是投入土地资源发展经济,包括原来的闯关东拓荒;第二种是投入资本资源,使工业化大生产成为可能(无论是土地资源还是资本资源,都是投入型的);第三种模式是靠创新,包括技术创新、管理创新。

我在想,投入型的发展,总会是有限度的。因为不可能总靠投入。资源不能再生,资本过度扩张会带来无穷危害。只有创新,方可使发展持续,发展也才有永恒的能量。

但使王健林担心的是,民营企业家大批移民海外,大家没有在国内发展创新的能力。另外,企业界当中有很多人不想做实业,转型做投资。他说,如果中国的民营企业家转型投资,10个人里面7个人做投资,3个人做实业,你投给谁?所以,我们要在创新问题上达成共识,政府应该完善和优化民企创新制度环境,对创新企业给予各项政策上的倾斜和优惠。如果企业的创新动力不足以至枯竭,国家崛起将是一句空话。很多学者认为,这个问题已到了时不我待、亟须解决的地步。原国家经济统计局总经济师姚景源,强调这场危机对中国经济而言是件好事,因为这逼着你去改变增长方式,提高自主创新能力,优化产业结构。这些话正说到了点子上。

四、真正启动内需的关键是城市化

启动内需,已经喊了很多年了,几乎年年不绝于耳,但收效不甚理想。各种说法,莫衷一是。更多的倾向是,国民收入水平不高,而住房、教育、医疗费用居高不下,对于13亿人口的大国,消费严重不足确是制约经济发展的严重问题,大家一时似乎也找不到很好的解决办法。

北大副校长、著名经济学家海闻在论坛上指出:真正的内需不是家电下乡,而是在改变社会结构的同时,改变大部分中国人的生活方式,创造出新的需求,这就是城市化。所以在现有城乡结构的情况下,他们也没有能力产生需求,真正的需求是让农民进城。假定有50%的农民,这个比例要逐渐降到6%,每年转移的人口将近2 000万,就住房本身这一件事,创造内需就非常可观。

毋庸置疑,这些年城市化率在不断提高,但和GDP的增速仍不相协调,并且有的地方有政策性的限制。借鉴发达国家的经验,国家的发展、崛起,离不开城市化。那种牧歌式的乡村经济是强国之路上的路障。"三农"问题从某种程度上说,就是城市化进程不够快造成的。实践证明,哪个地区城市化率高,哪个地方的经济发展就较快,基础也就越稳固。

城市化的加速,将给我们民营企业带来历史性的机遇。大家要准备好啊!

论坛内容丰富精彩,几乎涉及社会经济领域的每个角落,给人很多启发教育。有人提出,后危机时代中国既要防通胀,又要保民生、促增长,近忧和远虑并重,告诫企业要未雨绸缪。有的提出商业文明的概念是共享,财富由社会共享、员工共享。有的着重说了要为股东创造价值。股东支持我们,为公司股东创造价值是经营层必须要做到的。中国经济改革研究会兼经济研究所所长、著名经济学家樊纲,对宏观调控作了极有见地的评论,他称:宏观调控只能解决总量平衡关系,它解决不了结构问题,解决不了制度问题,它不是包罗万象的经济学,用宏观政策来解决所有问题,几乎是不可能的。这使我们对宏观经济调控有了新的理解。

广东志高空调有限公司董事长李兴浩在论坛上提出了一个引人注目的话题,这就是对年轻人的教育。现在的年轻人都没有经历过危机,也不懂得什么是危机,他们的成长似乎太顺利了。这场深刻的金融危机,对他们来说是很好的教育。姚景源也指出:后危机时代的一个大动作就是教育,因为有的年轻人不知道成功要靠自己去创造。要教育他们勤劳、勇敢、务实、真诚,需要做最具体的事。我们要教育年轻人,第一要学习法律,要学进去;第二就是学好创造社会价值的本领,第三就是爱国。这些话,对我们企业如何教育年轻员工有很好的启示作用。

总之,论坛对我启发很大,使我受益匪浅,仿佛亲临参加一样。在这个信息时代,你想学习,机会多多,就看你想不想学习。这次论坛,就给了我们睿智、机会、勇气和价值发现。

最后,让我以全国工商联副主席王健林先生在论坛中的两句话作结,这对我们的民营企业是莫大的鼓舞和鞭策:

"我寄希望于中国民营企业,国际化希望于中国民营企业"。

"革命尚未成功,同志仍须努力"

值此辛亥革命一百周年之际,四十六集电视剧《辛亥革命》闪耀面世,给国人耳目一新之感,也带给我们更深沉的思考。

这部全景展示20世纪中国历史性巨变的电视剧,场景恢宏,气势磅礴,人物塑造逼真,真实地展现了中国近代民主革命的艰难历程,生动再现了伟大先行者孙中山先生坚定的革命信念以及屡败屡战、九死不悔的奋斗精神,感人至深,催人泪下。我看了后,心潮澎湃,思绪翻滚,为中国民族工业崛起而争气、争光的宏大信念,在耳畔回响。

五千年悠久的历史文化,国人引以为自豪,但同时也给我们背上了沉重的思想包袱。落后挨打的屈辱,唤醒了这块古老的土地,辛亥革命叩响了几千年封建王朝的丧钟,拉开了中国民主革命的序幕,民权、民生、民主成了无数志士仁人的崇高追求和理想。然而,这条民主之路并不平坦。我们这块封建土壤,实在是板结太久,因袭的负担实在太重,思想的启蒙还有很长的路程。洋务运动失败,民族经济被扼杀,一系列卖国条约签订,便是明证。回头来看我们的民营企业,改革开放给我们带来勃勃生机,强国之路开始启程,为更进一步拓展,就要求我们在追求国富民强的道路上达成共识,筑起一道持续进行大手笔改革的铜墙铁壁,并使一批又一批具有世界级影响的民企崛起。这样,进入世界强国之列才有切实保障,真正不辱于我们中华民族几千年灿烂的历史文化。

伟大的先行者孙中山先生,深刻洞察世界历史的发展潮流,为中华民族翻开新的历史性一页指出了正确的道路。这是长期的历史任务,这条路不是一代人能走完的,需要几代人矢志不渝、百折不回地走下去,正如他所言"革命尚未成功,同志仍须努力"。我想,我们这些正在茁壮成长的民营企业,要完成我们的历史使命,也是"路漫漫其修远兮,吾将上下而求索"。

另外,在此我要感谢北京金源集团的黄如论先生,他为这部《辛亥革命》巨片,作出了重大的贡献,并且还是重要的策划人。

我们企业家同仁,对如伦先生为这部史诗般的作品作出的贡献,表示极大的敬意。为出色的文艺作品面世而鼓掌喝彩,尽献绵薄之力,是我们的责任。

回到原题,我们一方面对暗夜下追求民主自由的民族精英,表示由衷的感佩,对伟大先行者孙中山先生的崇高信念和奋斗精神,由衷敬服;另一方面对我们伟大中华的前程充满信心,对立志于改革的民族精英,致以最崇高的敬意,并以此来激励鼓舞鞭策自己。

前程一片光明,道路崎岖曲折;路漫漫迢迢,志自强不息。壮哉!吾伟大之中华;美哉!吾可爱之炎黄。

跋

　　本书以一个企业家的全新视角和在实践中的深切体验、思考，就后危机时代民营企业的战略抉择、实务操作、机遇把握及风险规避，均进行了较全面、深刻并具前瞻性的探索，以期与有志于民营经济振兴的同仁志士们共求索。

中国管理科学研究院
学术委员会特约研究员
凌晓仙
2012年8月

图书在版编目(CIP)数据

求索——谨与竞争最激烈却最具活力、创造力的民企同仁共求索/王友林著.—上海:复旦大学出版社,2012.10(2021.6 重印)
ISBN 978-7-309-09220-2

Ⅰ.求… Ⅱ.王… Ⅲ.民营企业-经济发展-研究-中国 Ⅳ.F279.245

中国版本图书馆 CIP 数据核字(2012)第 217366 号

求索——谨与竞争最激烈却最具活力、创造力的民企同仁共求索
王友林 著
责任编辑/岑品杰

复旦大学出版社有限公司出版发行
上海市国权路 579 号 邮编:200433
网址:fupnet@fudanpress.com http://www.fudanpress.com
门市零售:86-21-65102580 团体订购:86-21-65104505
出版部电话:86-21-65642845
浙江新华数码印务有限公司

开本 890×1240 1/32 印张 11.875 字数 234 千
2021 年 6 月第 1 版第 3 次印刷

ISBN 978-7-309-09220-2/F·1867
定价:58.00 元

如有印装质量问题,请向复旦大学出版社有限公司出版部调换。
版权所有 侵权必究